Michael Walsh
Keine Angst vor Opern

SERIE PIPER

Zu diesem Buch

Manchem wird schon mulmig, wenn er das Wort »Oper« nur hört. Viele denken beklommen an Galazwang, Pomp und Prunk, an melodramatische Liebesduette und nicht endenwollende Todes-Arien – das sind die Leser, die Michael Walsh im Sinne hatte, als er seine launige, respektlose und durchaus einseitige Einführung schrieb. Er ist ein Liebhaber, dem die Zauberwelt der Oper schlechthin das Größte ist, und er will diese Liebe seinen Lesern weitergeben, Befangenheiten lösen, Hemmschwellen abbauen. Also hält Walsh die Glut seiner Opern-Leidenschaft zurück und beantwortet mit manchmal bissigem Witz auch die Fragen, die wir nie zu stellen wagten: Warum braucht Tristan so lang, bis er endlich tot ist? Was ist wichtiger: die Wörter oder die Musik? Woran kann man eigentlich einen großen Sänger erkennen?

Michael Walsh, geboren 1949 in Jacksonville, North Carolina. Studierte Komposition und Musikwissenschaften an der Universität von Rochester. Journalist für Politik, Außenpolitik und Soziales sowie Musikkritiker, schrieb unter anderem über James Levine, Andrew Lloyd Webber, Vladimir Horowitz. Auf deutsch liegt außerdem seine Webber-Biographie vor. Walsh lebt in München und Lakeville, Connecticut.

Michael Walsh

Keine Angst vor Opern

Aus dem Amerikanischen
übersetzt und bearbeitet von
Corinna Steinbach

Piper München Zürich

Von Michael Walsh liegt in der Serie Piper außerdem vor:
Andrew Lloyd Webber (8353)

Deutsche Erstausgabe
September 1997

Titel der amerikanischen Originalausgabe:
»Who's Afraid of Opera?«, Fireside Book, Simon & Schuster,
New York 1994

Umschlag: Büro Hamburg
Simone Leitenberger, Susanne Schmitt, Andrea Lühr
Umschlagabbildung: Archiv für Kunst und Geschichte, Berlin
Foto Umschlagrückseite: Foto Justa, München
Redaktion und Satz: LektyreVerlagsbüro
Olaf Benzinger, Germering
Druck und Bindung: Clausen & Bosse, Leck
Printed in Germany ISBN 3-492-22317-6

Inhalt

Für Clare Veronica Walsh, eine geborene Künstlerin

Einführung
oder
Warum Opern?

Es gibt Leute, die behaupten, die Oper sei tot. Wenn das stimmt, wozu dann noch dieses Buch? Doch die Oper hat sich unverwüstlicher gezeigt, als viele Konformisten es sich vorstellen konnten. Trotz heftiger Proteste ist sie in den letzten fünf Jahren wieder aufgeblüht, und sie hat neue Blüten angesetzt: nicht nur Philip Glass' Minimalismus, sondern die Vielfalt eines John Adams; nicht nur John Coriglianos verschnörkelter Konservativismus, sondern der eines Bill Bolcom. Überall haben sich junge Komponisten mit Macht der Oper und dem Musiktheater zugewandt. Was hat sie an der Oper plötzlich so fasziniert? Vermutlich die Tatsache, daß sie hier ihre schöpferischen Phantasien ausleben konnten. Sicher, Änderungen an der Form waren notwendig, aber die haben der Oper nur gut getan. Denn sonst hätte sich die musikalische Kultur wohl nicht einmal mehr torkelnd ins 20. Jahrhundert retten können.

Heute zeigen sich selbst die amerikanischen Opernhäuser weit unvoreingenommener neuen Werken und neuen Produktionen gegenüber denn je zuvor in der jüngeren Vergangenheit. In Chicago etwa hat sich der Direktor der Lyric Opera, Ardis Krainik, auf ein ehrgeiziges Programm neuer amerikanischer Opern eingelassen – und das in diesem Haus, das man zuvor nicht unbedingt schmeichelhaft »La Scala West« genannt hatte. Sogar die sehr gesetzte Metropolitan Opera in New York, die Mutterkirche der europäischen Opernkultur in den USA, überraschte in der Spielzeit 1992/93 mit den Premieren von Glass' *The Voyage* und Coriglianos *The Ghosts of Versailles.* Neue Opern sind plötzlich zum heißen Tip geworden, eine Entwicklung, die denen entgegenkommt, die gern sehen würden, daß inhaltslose Singwettbewerbe wie Francesco Cilèas *Adriana Lecouvreur* aus dem Repertoire verschwinden, und zwar zugunsten von Werken mit, sagen wir mal, etwas mehr Substanz.

Lassen Sie mich also meinen Standpunkt von vornherein klar darlegen: Wenn Sie so ein Stimmenfanatiker sind, wenn Sie nur in die Oper gehen, um Ihrer Lieblingsdiva zu huldigen, wenn Sie den Mittelgang nach vorne rasen und einen Blumenstrauß von der Größe des

Telefonbuchs von Manhattan dem Objekt Ihrer Leidenschaft entgegenwerfen, dann ist dieses Buch nichts für Sie. Auch wenn auf diesen Seiten viele zeitgenössische Sänger erwähnt werden, ist das hier kein Forum für Debatten darüber, ob Pavarotti besser ist als Domingo oder umgekehrt. Ich werde auch bei der für manche so existentiell wichtigen Frage, ob die Callas eine größere Diva war als Renata Tebaldi, nicht Partei ergreifen. Und auch wenn ich in der Diskographie einige Operneinspielungen empfehle, ist das hier kein Leitfaden für die besten Plattenaufnahmen, denn nichts altert schneller als eine Liste, die schon überholt ist, noch bevor sie veröffentlicht wurde. Wenn Sie so etwas suchen, dann müssen Sie sich woanders umsehen.

Was ich statt dessen anbiete, ist eine Philosophie des Zuhörens und Verstehens einer Oper. Es gibt ein altes Sprichwort, das besagt: Gibst du einem Verhungernden einen Fisch, hast du ihn gefüttert; bringst du ihm dagegen bei, wie man fischt, kann er sich selbst nähren. Es wäre einfach, Sie mit ein paar Operninfos zu versorgen – Repertoirestücke, Interpreten, Opernhäuser, Aufnahmen – und Sie dann mit dem Buch in der Hand in die Welt zu schicken (so wie früher in den Sechzigern die amerikanischen Billigtouristen mit Arthur Frommers *Europe on $ 5 Dollar a Day* nach Frankreich geschickt wurden). Aber das wäre falsch.

Im Grunde ist der beste Weg, sich dem Thema Oper zu nähern, der, den Sie bestimmen. Ihr Geschmack hat Vorrang. Auch wenn Sie und ich vielleicht eine Vorliebe für bestimmte Komponisten oder Werke teilen, den exakt gleichen Geschmack können wir nicht haben. Eine der ersten Opern, die ich gesehen habe, war Alban Bergs *Wozzeck*, das allgemein als dornigstes und schwierigstes Musikdrama des 20. Jahrhunderts gilt (was es nicht ist – doch das ist eine andere Geschichte). Ich würde nicht unbedingt empfehlen, mit Berg anzufangen, aber da mir damals niemand von ihr abgeraten hatte, ist sie mir sehr vertraut geworden. Für mich hatte sie keine Schrecken, und bis heute ist sie für mich eine der schönsten, bewegendsten Partituren des Jahrhunderts. Vielleicht möchten Sie aber mit etwas »Einfacherem« anfangen: Puccinis *La Bohème* etwa oder Verdis *Troubadour*. Das liegt ganz an Ihnen.

Was ich auf den folgenden Seiten versuchen will, ist, Ihnen die wunderbare Vielfalt der Oper darzulegen und Ihnen Werke vorzustellen, die ich besonders lohnend oder bemerkenswert finde. Was aber noch wichtiger ist: Ich werde versuchen, Ihnen dabei zu helfen, eine persönliche Opernphilosophie zu entwickeln, die immer die Musik über den Interpreten stellt.

Sie werden also erfahren, was Oper ist und was nicht und wie man sie sich anhört. Sie werden einen Überblick über die Operngeschichte bekommen und erfahren, wie und warum diese Kunstform sich so entwickelt hat. Wir werden die uralte Frage diskutieren: Was ist wichtiger – der Text oder die Musik? Im zentralen Kapitel 5 schlage ich Ihnen ein Grundrepertoire vor. Danach werden wir unter anderem opernuntypische Opern untersuchen und uns mit der Physiologie und Psychologie des Singens befassen. Ich begleite Sie außerdem in die Oper und erkläre Ihnen, was da so alles passiert.

Also: Höchste Zeit, daß wir es uns in unseren Sesseln bequem machen, die Programmhefte unter unseren Sitz stecken, unsere Hände auf dem Schoß falten und zusehen, wie die Lichter im Haus ausgehen. Vorhang auf!

1

Was Oper ist – und was sie nicht ist oder Wie ich hierher gekommen bin

Die Oper ist wie ein Ehemann mit ausländischem Titel: teuer im Unterhalt, schwer zu verstehen und deshalb eine der allerhöchsten gesellschaftlichen Herausforderungen.

CLEVELAND AMORY

Oper ist wie eine Auster: Man muß sie im ganzen herunterschlucken oder gar nicht.

SPIKE HUGHES UND BARBARA MCFADYEAN

Die Schauspielerei ist bei der Oper sehr, sehr wichtig. Aber natürlich nur, wenn man auch eine Stimme hat.

OPERNSÄNGER TITO GOBBI

Fangen wir der Einfachheit halber damit an, was Oper *nicht* ist.

Oper ist keine – wie Dr. Samuel Johnsons berühmter, wenn auch nicht verbürgter Ausspruch besagt – »exotische und irrationale Unterhaltung«. Noch ist sie – wie Mark Twain witzelte – »so schlecht, wie sie klingt«. (Er sprach von Wagner, hätte aber auch jeden anderen damit meinen können.)

Sie ist nicht langweilig. Sie ist nicht nur etwas für reiche Leute oder Schwule, für Mittelalte oder durchschnittlich Begabte. Es geht gewiß nicht darum, zur Metropolitan Opera nach New York, zur Mailänder Scala oder zu sonst einem der berühmten Opernhäuser der Welt zu reisen, um dort eine Aufführung ehrfürchtig zu bestaunen, wieder nach Hause zu fliegen und das ganze bald zu vergessen.

Auch wenn Sie gedacht haben, Oper sei vielleicht doch genau so, wie eben beschrieben. Tatsache ist: Sie ist nichts von alledem. Fraglos aber ist sie:

– die großartigste Kunstform, die die Menschheit je erfunden hat,
– die schönste Musik, die je für die Stimme geschrieben wurde,
– das gewaltigste bestehende Bühnenspektakel.

Stellen Sie sich eine Kombination aus traumhaft schönen Liedern, herrlicher sinfonischer Musik, fesselndem Theater und brillantem Tanz vor, dann kommen Sie auf ... Oper. Schon ihren »Erfindern« ging es darum, eine Synthese aller Künste zu bilden, und über die Jahrhunderte hinweg hat sich die Oper immer weiter in diese Richtung entwickelt. Ich glaube, man kann getrost behaupten, daß die Oper die Königin aller Künste ist, das künstlerisch höchste und nobelste Unterfangen.

Wenn Ihnen das ein bißchen überspannt vorkommt und Sie denken, ich würde hier doch etwas zu weit gehen, dann lassen Sie uns die Fakten betrachten. Sinn und Zweck der Oper war schon immer, alle Kunstformen zur Vollendung zu bringen und aus den besten Eigenschaften jeder Form ein aufregendes Ganzes zu bilden.

Oper vereint in sich die Dramatik des Theaters mit der emotionalen Kraft der Musik und der Grazie und Schönheit des Tanzes. Vor der

Oper mußte man jedes dieser Elemente einzeln suchen. Als sie aber schließlich erfunden war, gab es alle zusammen im praktischen Kombipack.

Ein Vorwurf, der gern erhoben wird, ist, daß die Oper nicht realistisch sei – schließlich liefen wir nicht singend durchs Leben. Außerdem faßten Leute normalerweise ihren innersten Gedanken (in der Oper drehen die sich fast immer um Sex) nicht in Worte oder sängen zehn Minuten lang, obwohl sie eben von einem Dolch oder einer Kugel tödlich getroffen wurden, oder sänken genau in dem Moment, wenn der Vorhang fällt, gebrochenen Herzens tot zu Boden.

Na, entschuldigen Sie! Natürlich ist die Oper künstlich und stilisiert: Genau das ist doch der Witz daran. Seit wann ist das ein Verbrechen? Goethe erkannte einmal in einem Brief an Schiller ganz richtig, daß die Oper frei sei von jeder »knechtischen Nachahmung der Natur«. Ihr Wert läge vor allem darin, »die Seele in Einklang« zu bringen. Wir dürfen den Fehler nicht bei der Oper suchen, sondern bei uns.

Bedingt durch Kino, Fernsehen und einer immer verblödenderen Populärkultur, die den »Realismus« zum Ideal erhebt – und damit Realismus mit Kunst verwechselt – hat das westliche Publikum in den letzten dreißig Jahren die Fähigkeit verloren, Kunst von künstlicher Effekthascherei zu trennen. Der Triumph des bewegten Bilds über das geschriebene Wort, der in Wirklichkeit der Triumph eines rohen Empirismus über die Kraft der Vorstellung ist, hat zu einer Kultur geführt, die zwischen Realität und Phantasie nicht mehr unterscheiden kann.

Vor hundert, ja sogar noch vor fünfzig Jahren hat sich kaum jemand an der eklatanten Mißachtung »realistischer« Details gestört. Man wußte, daß es in der Oper um mehr geht als nur darum, sich Menschen auf der Bühne anzusehen. Im Gegenteil, Oper hat durchaus Wirklichkeitssinn. Nur ist die Opernrealität nicht die der Straße und der Gosse, sondern die der Gefühle und des Geistes. Haben wir uns das einmal klar gemacht, ist alles andere nur folgerichtig.

Dieses Buch soll Ihnen vermitteln, daß es in der Oper nicht um extravagante Stories und kunstvolle Bühnenbilder geht, auch wenn es sie durchaus gibt. Es geht auch nicht um Personenkult, der die größten Stars dieser Kunstform von Patti bis Pavarotti schon immer umgeben hat. Es geht nicht darum, eine Loge an der Met zu haben – auch wenn die Met gegründet wurde, weil die feine Gesellschaft Manhattans vor den primitiven Sitzen der alten »Academy of Music« zurückschreckte – oder darum, zur Premiere einen Smoking oder ein neues Abendkleid anzuziehen.

Es geht in der Oper nicht einmal um den schönen Gesang, auch wenn er sicherlich eine ihrer wichtigsten Komponenten ist. Es geht schlicht um Musik und darum, wie wir durch die Musik unsere gemeinsame menschliche Natur erforschen.

Erstaunlicherweise übersehen viele Leute diesen hervorstechenden Aspekt der Opernpraxis. Sie begeistern sich für all die oben aufgelisteten vordergründigen Punkte, doch ihnen entgeht die tiefere – und wichtigere – Ebene, auf der die Oper ihre Macht über unsere Phantasie ausübt. Klar macht es Spaß, dem neuesten Stimmwunder ein »Bravo!« oder »Brava!« entgegenzubrüllen oder sein Programmheft in kleine Streifen zu zerreißen und selbstgemachte Konfetti auf die Köpfe derer, die auf den Orchesterplätzen, Sperrsitzen oder im Parkett sitzen, regnen zu lassen. Klar macht es Spaß, nach der Oper über die jeweiligen Meriten des Dirigenten, des Regisseurs (der heute in der, wie Huizinga oder Spengler es genannt hätten, Spätkristallisationsphase unserer Musikkultur immer wichtiger wird), des Bühnenbildners und der Besetzung zu debattieren.

Bei der Oper geht es um nichts von alledem. Dagegen geht es in der Oper um die Erforschung des Herzens und der Seele, darum, wie unsere innersten Wünsche und Sehnsüchte unser Benehmen beeinflussen und wie sie das Leben der Menschen um uns berühren. Durch das Medium Musik erreicht uns die Oper auf einer Ebene, von der das Schauspiel, das an das gesprochene Wort und die dargestellte Handlung gebunden ist, nur träumen kann. In der Oper gibt es gleichzeitig immer zwei Bedeutungsebenen, und ich bin mir sicher, daß die wirklich guten Komponisten sich dessen durchaus bewußt waren.

Nehmen wir ein Beispiel: In der großen Briefszene im ersten Akt von Tschaikowskys *Eugen Onegin* [sprich: O-nje-gin], schüttet Tatjana, eine junge Frau voller unterdrückter Sehnsüchte, in einer außergewöhnlichen Epistel ihre Gefühle aus. Dieser Brief ist an den kalten und unnahbaren Onegin gerichtet, der plötzlich in ihr wohlgeordnetes Leben trat und es vollkommen auf den Kopf gestellt hat. Tatjana ist nicht in der Lage, falsch zu sein; sie ist in jeder Hinsicht rein. Mit diesem Brief also vertraut sie ihr Herz Onegin an. Jeder, der die Gewalt wahnsinniger Leidenschaft gespürt und die Feder angesetzt hat, diese zu Papier zu bringen, wird genau wissen, was sie fühlt, wie nervös und verletzlich sie ist.

Ich sollte an dieser Stelle bemerken, daß *Onegin* keine ganz typische Oper ist: Keine der beiden Hauptrollen begeht am Ende Selbstmord, weil das Objekt seiner oder ihrer Leidenschaft seine oder ihre Gefühle nicht erwidert, wie etwa bei Massenets *Werther*. Keiner von beiden wird von einem eifersüchtigen Ehegatten oder einer Geliebten oder einer Möchtegern-Geliebten getötet, wie das bei fast allen Opern, vor allem bei den italienischen, der Fall ist. Nein, beide Hauptrollen überleben im *Onegin* – überleben im Elend mit der schrecklichen Erkenntnis, daß, was hätte sein können, jetzt niemals mehr sein kann.

Denn, man glaubt es kaum, der blasierte Playboy weist Tatjana ab. Das Landleben langweilt diesen Stadtmenschen, und sie ist eben nur ein dummes Mädchen vom Lande. »Wenn ich in Häuslichkeit mein Leben verbringen wollte fernerhin«, so sagt er ihr, »wenn mir als Gatte und als Vater beschieden wär' ein friedlich' Los, dann wählte ich vor allen ander'n Sie als Braut und Gattin mir. Doch dieses Glück ist nicht das meine.«

Na, vielen Dank.

Jahre später, als Onegin Tatjana bei einem Ball in St. Petersburg als Prinzessin Gremina wiedersieht, wird ihm klar, warum sein Leben all die Jahre so unglücklich verlaufen ist – daß er seinen besten Freund Lensky bei einem Duell getötet hatte, war seiner Lebensqualität nicht gerade zuträglich gewesen. Jetzt schreibt er ihr einen Brief. Diesmal ist sie es, die ihn abweist. Sie ist jetzt eine verheiratete Frau, ihr Mann, der Prinz, liebt sie abgöttisch. Wer kann sagen, was hätte sein können? Das letzte Bild dieser Oper ist das des nun weiseren, aber traurigeren Onegin, der, den Hut in der Hand, darüber lamentiert, wie sehr er alles verpfuscht hat.

All diese Entwicklungen sind in der Briefszene des ersten Aktes schon angedeutet. Die, die Ohren haben, zu hören, wissen es zu schätzen, wie fachmännisch Tschaikowsky Tatjanas hemmungslose Leidenschaft umsetzt: Die Musik ergreift des Hörers Herz mit solcher Macht, daß es einem fast peinlich ist, Tatjanas Qualen mitansehen zu müssen. »Tu's nicht!«, wollen wir ihr zurufen. »Er wird dir das Herz brechen.« Aber sie fällt ja doch auf ihn herein.

Wenn sie mit dem Brief fertig ist, donnert das Orchester mit ihrem Hauptthema weiter und unterstreicht noch einmal jedes einzelne Wort, das sie geschrieben hat. Dann bricht die Dämmerung durch, und wir hören aus der Ferne die unbeschwerte Melodie einer Hirtenflöte, genauso unberührt von Tatjanas gewaltigem Wechselbad der Gefühle wie Onegin in der darauffolgenden Szene. Das ist schon ein brillanter Geniestreich, der genau auf den Punkt bringt, wie die Oper auf einer tieferen Ebene als jede andere Kunstform funktioniert. Mit anderen Worten: Die Rolle der Musik beschränkt sich in der Oper nicht allein darauf, das Medium zu beschaffen, mit dessen Hilfe die Handlung vonstatten geht. Sie kann das zwar sehr wohl, und die Zahl der berühmten Opernmelodien ist Legion. Doch die Musik kann noch mehr: Sie kommentiert die dramatische Situation aus der Perspektive einer allwissenden dritten Person – manchmal mitfühlend, manchmal ironisch. Wollte man diesen Effekt im Theater erreichen, bräuchte man einen Kommentator, der am Seitenrand der Bühne steht und immer, wenn er Gelegenheit zu Zwischenrufen hat, irgendwelche Beobachtungen einstreut. In der Oper sitzt der Kommentator im Orchestergraben und gibt pausenlos seinen Senf dazu. Sie müssen nur genau hinhören.

Womit wir zu einem anderen Vorteil kommen, den die Oper gegenüber dem Schauspiel hat: Sie ist in der Lage, mehrere Gespräche gleichzeitig zu führen. Versuchen Sie das mal in einem Theaterstück – das Ergebnis ist Chaos: Das Ohr kann einfach nicht zwischen verschiedenen Worten, die gleichzeitig gesprochen werden, unterscheiden. Machen Sie einen Selbstversuch, wenn Sie das nächste Mal in einer großen Gruppe sind. Versuchen Sie bei einer Unterhaltung, die sich auf zwei Gruppen aufteilt, beiden Gesprächen gleichzeitig zu folgen. Klar, Sie können hin- und herspringen. Jedes einzelne Wort aber zu verstehen ist nicht möglich.

In der Oper aber schon, und zwar mit Hilfe des Mediums Musik. Die Oper geht sogar noch weiter: Bei ihr können Sie sogar vier (beim Quartett), fünf (beim Quintett) oder sechs (beim Sextett) Monologen gleichzeitig folgen – sogar inneren Monologen, bei denen die Person eigentlich nur denkt. Nehmen wir beispielsweise das großartige Sextett im 3. Akt von Mozarts *Figaros Hochzeit*. Jede einzelne Figur kämpft mit starken Gefühlen. Der unehelich geborene Figaro hat eben erfahren, wer seine Eltern sind: Dr. Bartolo und Marcellina, die, gerade »enttarnt«, jetzt etwas verlegen vor ihm stehen. Der Graf, der gehofft hatte, er könne Figaro dazu bringen, Marcellina zu heiraten, um damit eine alte Schuld zu begleichen (und um so die reizende Susanna, Figaros Verlobte, für sich zu haben), ist wütend, weil das nun offensichtlich unmöglich ist. Der Advokat, Don Curzio, ist verständlicherweise völlig verblüfft. Dann kommt auch noch Susanna mit dem Geld angelaufen, findet Figaro in Marcellinas Armen und kann sich erst mitfreuen, nachdem man ihr die ganze Geschichte erklärt hat.

Ziemlich kompliziert, oder? Nicht in der Oper und nicht in den Händen eines Meisters wie Mozart. Selbst wenn Sie kein einziges Wort von Lorenzo da Pontes italienischem Libretto verstehen - das macht nichts. Denn der Komponist führt uns Zuhörer so sicher und so einfühlsam durch die Verschlingungen der verschiedenen Beziehungen, daß wir immer genau wissen, was gerade passiert. Uns ist sogar klar, was wir von alledem halten sollen. Mozart hat uns ganz einfach in seiner Musik den Schlüssel zu den Gefühlen seiner Figuren hinterlassen.

Und das ist es schließlich, was die Oper so großartig macht. Sie ist ein Fenster zur Seele, durch das wir die Persönlichkeit und die Beweggründe, die innersten Gedanken und Träume der Figuren in einer Weise beobachten können, wie es bei keiner anderen Form – außer der des Romans – möglich ist. Wenn wir uns ein Gemälde ansehen, können wir nur raten, was in Herz und Kopf der Dargestellten vorgeht. Kann Cranachs Lucretia sich wirklich mit einer solchen Gleichgültigkeit umbringen? Ist Rubens wirklich so zufrieden mit sich und seiner Frau, wie es das Porträt suggeriert? Und was hat es mit dem Lächeln der Mona Lisa auf sich? Emotionale Zweideutigkeit ist eine der größten Stärken und Reize der Malerei. Doch die Antwort auf unsere angedeuteten Fragen wird auf ewig Schweigen sein.

Der Film kann ein bißchen tiefer auf Beweggründe und Gedanken eingehen. Die Figur des William Holden in Billy Wilders *Boulevard der Dämmerung* ist, obwohl zu Beginn des Films bereits tot, durchaus in der Lage, zu uns zu sprechen, um uns die Geschichte zu erzählen, warum sie gestorben ist. Allerdings erfordert das einen auf Dauer ermüdenden Trick, nämlich den Off-Kommentar, den ich persönlich immer nervend finde. Denken Sie an all die berühmten Filme, die ihn einsetzen: Coppolas *Apocalypse Now*, Scorseses *Good Fellas* und *Zeit der Unschuld*, Ridley Scotts *Blade Runner*. Doch auch wenn Off-Kommentare manchmal notwendig sind, sie verlangsamen meist die Handlung und lenken von der Bestimmung des Filmemachers ab, die doch eigentlich darin besteht, eine Geschichte in bewegten Bildern zu erzählen. Schließlich ist ein Film keine Vorlesung.

Die Oper braucht, wie ich oben erwähnt habe, nicht extra einen Erzähler, sie hat schon einen. Das Orchester erfüllt sogar zwei Aufgaben auf einmal: Es sorgt für die musikalische Untermalung der

Sänger (ganz allein würden sie sich doch ziemlich albern anhören) und kommentiert mit musikalischen Mitteln die Handlung.

Mag sein, daß ich hier die Meinung einer Minderheit vertrete, aber die Erfahrung vieler Jahre hat mir gezeigt, daß man Opern am besten zu begreifen lernt, wenn man sich ihnen über die Musik nähert und sich nicht den Lockungen von Bühnenausstattung, Regie, Kostümen oder Sängern ergibt. Sänger kommen und gehen – hört man auf Opernfans jenseits der fünfzig, dann hat man den Eindruck, sie gehen fast nur –, und Dirigenten werden abwechselnd hochgelobt oder verrissen. Die Musik dagegen bleibt.

Und bleibt und bleibt. Wenn wir hier von Oper reden, dann reden wir von einer Kunstform, deren Geschichte vierhundert Jahre alt ist. Innerhalb der Künste ist das kein Alter. Die Literatur ist weitaus älter, genau wie das Schauspiel, dessen Repertoire bis ins alte Griechenland zurückreicht. (Die Oper entstand, wie wir später sehen werden, in der Renaissance vor allem durch die Bestrebungen intellektueller Kreise, den Geist des griechischen Theaters wiederzuerwecken, bei dem sich schon 2000 Jahre zuvor Dichtkunst und Musik vermischt hatten.) Und die Malerei ist mindestens so alt wie der Höhlenmensch.

Dennoch sind vierhundert Jahre schon ein ziemlicher Brocken Geschichte, mit dem wir es hier zu tun haben. Deshalb halte ich es auch für so wichtig, daß wir in die ganze Sache mit einer klaren Vorstellung darüber einsteigen, was Oper sein kann, was sie sein sollte und was sie im besten Fall ist.

Egal, welchen Hintergrund Sie haben, Oper ist auch etwas für Sie. Der wahre Opernfreund ist keinesfalls ein flatterhaftes Wesen, dem nur der gesellschaftliche Aspekt einer Aufführung wichtig ist; ihn interessiert nur die Musik und die Erfahrungswelt, die die Oper ihm vermittelt. Er begnügt sich nicht mit der Durchschnittskost einer *Bohème* oder *Tosca*. Er lebt nicht dafür, Abend für Abend mit anderen Trotteln die jeweiligen Meriten einer Callas oder Tebaldi zu diskutieren und alte Aufnahmen auszugraben, um seine Ansichten zu belegen. So ein Benehmen verschafft der Oper einen schlechten Ruf. Aber Oper ist nicht so.

Im Gegenteil: Der wahre Opernfan steht neuen Erfahrungen immer offen gegenüber. Er hat einen guten und klar definierten Geschmack, ist aber auch durchaus bereit, dazuzulernen, wenn ihm etwas überzeugend erscheint. Immer ist er auf der Suche nach neuen und ungewöhnlichen Werken, die das Repertoire bereichern und erweitern – und so auch sein Verständnis dafür erweitern, was es heißt zu leben. Der wahre Opernfan liebt Mozart für sein mitfühlendes Verständnis, Verdi für seine Menschlichkeit, Puccini für seine sinnliche, unverfälschte Leidenschaft und Wagner für seinen Mut, die dunkelsten und abartigsten Geheimnisse des Herzens aufzuzeigen und vorzuführen, daß sie in uns allen stecken.

Meine Theorie über das Wesen der Oper habe ich vielleicht nicht erfunden – und die Menschen haben über dieses Fabelwesen im Grunde vom Tag seiner Geburt an gestritten –, aber ich bin selbst darauf gekommen. Ich wuchs an verschiedenen Standorten des US-Marinecorps auf und hatte natürlich wenig bis gar keine Chance, als kleiner Junge Bekanntschaft mit der Oper zu machen. Meine erste Oper habe ich erst mit Anfang zwanzig gesehen, als ich im Raum Washington D. C. lebte – und das war, wenn ich mich recht entsinne, eine Aufführung des *Bajazzo* mit Franco Corelli und dem Tournee-Ensemble der Met.

Bei der zweiten Oper, die ich gesehen habe, Prokofjews *Liebe zu den drei Orangen*, hat es mich dann erwischt.

Und wie. An der Eastman School of Music in Rochester, New York, die ich während meiner College-Zeit besuchte, gehörte Oper nicht zum Lehrplan für Komponisten. Ich nehme an, daß die Eastman-Leitung, wie damals fast jeder, der Meinung war, daß nur ein toter Komponist ein guter sei. Wozu also das Ganze? Im übrigen hatte in den mittsechziger Jahren die Zwölfton-Schule bei ihren Jüngern gerade ihren Zenit erreicht.

Doch Dodekaphonie und Oper paßten einfach nicht zusammen. In *Lulu* hatte Alban Berg zwar bewiesen, daß das – in den richtigen Händen – durchaus gehen kann. Doch damals lag der dritte Akt der Oper immer noch ungehört in den Archiven des Komponisten, und erst in den späten siebziger Jahren konnte Bergs Meisterwerk in seinem ganzen Glanz gewürdigt werden.

Wir aber haben alle gelernt, nicht wie Berg zu schreiben, sondern wie Schönberg, Webern, Boulez, Charles Wuorinen (der alte, ernste Wuorinen, nicht der verspielte Wuorinen von heute) und all die anderen radikalen Anhänger der seriellen Musik, die damals in Mode war.

Die Opernabteilung in Eastman war zwar ganz aktiv, scheint aber im Rückblick ein doch ziemlich unbedeutender Teil der Schule gewesen zu sein. Wer nicht Gesang studierte oder im Chor sang, kam eigentlich nicht mit ihr in Kontakt. Zu meinem einzigen Erlebnis auf einer Opernbühne kam es, als der Schulchor den Prokofjew aufführen mußte. Ich habe darin, glaube ich, einen der Schirmmänner gespielt, die ganz am Anfang herumrennen und eine richtige Oper statt des Märchens, das dann folgt, fordern und schließlich gütigerweise wieder verschwinden.

In Eastman waren die Sänger für uns andere – wie soll ich mich ausdrücken – keine richtigen Musiker. Einer verbreiteten und im Rückblick snobistischen Ansicht nach hielten wir sie für eitle, dumme Wesen, denen es wichtiger war, gut auszusehen als gut zu sein.

Studenten, die im Hauptfach Gesang studierten, vor allem die Mädchen, erschienen schon zum Frühstück mit makelloser Frisur, fertig geschminkt und in Klamotten zum Totlachen. Selbst wenn man sie nicht sah, man konnte sie hören. Ein Sänger, der seine Stimme jeden Tag testet, indem er Aufwärmübungen macht, klingt wie jemand, der sich von einem Felsen stürzt: Er setzt auf einem mittelhohen Ton an und saust dann rasend schnell bis zu seinem tiefsten Ton herab.

Etwa so:

Ahh Ahh Ahh
h h h
h h h
h h h
h h h
h h h
h h h
h h h
h h h
h h h
h h h

Das entspricht etwa einem Kaltstart bei Ihrem Computer. Diese Art von vokalem Diagnosetest soll feststellen, ob alles soweit in Ordnung ist.

Und dann sind alle diese gutaussehenden Menschen um sieben Uhr morgens schon fidel und munter, stolzieren in ihrem Putz umher und geben irgendwelche Räuspergeräusche von sich. Kein Wunder, daß sie auf uns andere etwas sonderbar wirkten.

Und nicht besonders hell im Kopf. Das ist, wie ich heute weiß, eine Ente, reine Verleumdung, eine verdammte Lüge. Nichtsdestotrotz kam es uns damals so vor. An der Eastman School of Music sah die Hierarchie der Musikergattungen folgendermaßen aus:

Komponisten und Musikwissenschaftler
Pianisten
Geiger und Cellisten
Flötisten, Oboisten, Fagottisten
Kontrabassisten und Percussionisten
Blechbläser:
  Trompeter
  Tubisten
  Posaunisten
.
.
.
.
Sänger.

Der springende Punkt war, daß wir nicht viel Kontakt zu den Sängern hatten, und sie wiederum hatten nicht viel Kontakt zum Rest der Schule. Bis zu dem Tag, an dem man als Komponist ein oder zwei von ihnen auftreiben mußte, um einen neuen Liederzyklus aufzuführen. Danach wiederum gab es niemanden, der zu den Sängern netter gewesen wäre und mehr Respekt vor ihnen gehabt hätte. So erging es auch mir.

Zum Beispiel mit meiner Freundin Julia. Abgesehen davon, daß sie eine sehr gute Sopranistin war, spielte sie auch noch ausgezeichnet Klavier und konnte sich deshalb beim Rollenstudium selbst begleiten. Außerdem war sie immer dafür zu haben, etwas Neues auszuprobieren. Wenn sie etwas nicht ausstehen konnte, dann Leute, die behaupteten, Sänger seien dumm.

»Versuch doch einfach mal«, forderte sie eines Tages einen hochnäsigen Instrumentalisten heraus, »versuch doch mal, dir jede Note, die du spielst, einzuprägen,« – Orchestermusiker spielen niemals auswendig – »während du auf einer Bühne herumläufst. Versuch doch mal, dir nicht nur jede Note einzuprägen, sondern deine Stimme in zwei oder drei verschiedenen Tonarten parat zu haben, um sie kurzfristig transponieren zu können. Versuch doch mal zu spielen, während du pfundweise Make-up mit dir herumschleppst und in ein enges Kostüm gezwängt bist. Versuch das mal, und dann komm her und sag mir nochmal, Sänger seien dumm.«

Ich mußte zugeben, da war was dran. Denn Sänger müssen nicht nur ihre Rollen auswendig können – oder können Sie sich vorstellen, daß Musette mitten im zweiten Akt der *Bohème* aus den Noten singt? –, sie müssen sie auch noch in mehreren Sprachen beherrschen: Italienisch, Deutsch, Englisch, Französisch und Russisch. Zumindest mußten sie das früher. Heutzutage ist die Wahrscheinlichkeit, Mozart in Übersetzungen zu hören, wesentlich geringer als noch vor zwanzig Jahren, denn nahezu überall akzeptiert man es heute, wenn die Übersetzung des gesungenen Textes zum Mitlesen auf einen Monitor oberhalb der Bühne projiziert wird. Bestimmend für das Repertoire eines Sängers ist sowieso nicht seine Nationalität, sondern der Stimmtyp, das sogenannte Fach. Die Musik, sagen wir mal für einen Tenor, gibt es in allen Formen und Größen von Puccini bis Mussorgsky.

Als ich 1977 Rochester verließ, um zum *San Francisco Examiner* zu gehen, verließ ich eine Stadt der Orchester- und Kammermusik, um in eine Stadt zu ziehen, deren Leidenschaft die Oper war. Und ich meine wirkliche Leidenschaft. Das Opernhaus von San Francisco unter der Leitung des inzwischen verstorbenen Kurt Herbert Adler war zu einem der größten Opernhäuser des Landes geworden. Es scheint ganz so, als sei jeder in dieser Stadt ein Opernfan. Die Vorankündigung des Herbstspielplans wird jedes Jahr mit Spannung erwartet. Wenn dann Premiere ist, tun alle ganz vornehm und fahren in die Stadt. Heteros und Schwule, Junge und Alte, Reiche und Halbreiche treffen sich am War Memorial Opera House an der Van Ness Avenue zu den traditionellen Freitagabend-Premierenfeiern, begeben sich dann am folgenden Sonntagnachmittag zum Golden Gate Park, um sich das traditionelle Gratiskonzert »Oper im Park« anzuhören. Die Nachrichtenmedien rasten aus. Es ist das musikalische und gesellschaftliche Ereignis der Saison, mit dem San Francisco alljährlich seine hohe Meinung über sich selbst bestätigt.

Ich wußte: Wenn ich meinen Job gut machen wollte, mußte ich mich entsprechend vorbereiten. Also studierte ich eifrig Partitur und Libretto aller Opern, die auf dem Spielplan für diese erste Saison standen. Eine von ihnen war – ich erinnere mich noch gut daran – Verdis *Don Carlos*, ein in mancher Hinsicht unzulängliches, aber herrliches Werk, das Aufführende wie Kritiker vor besondere Probleme stellt, da es in einer vier- und einer fünfaktigen Fassung, in verschiedenen Ausgaben und sogar in verschiedenen Sprachen existiert.

Ich habe alles, was ich in die Finger bekam, über *Don Carlos* gelesen, auch und gerade Andrew Porters Forschungen zur Partitur. Porter hatte viele Teile gefunden, die Verdi ursprünglich für die Premiere der Oper in Paris geschrieben, dann aber kurz vor der Erstaufführung doch wieder gestrichen und nie veröffentlicht hatte. Als es dann so weit war und *Don Carlos* meine erste Saison eröffnete, war ich bereit.

Während meiner Zeit in San Francisco gewann ich auch einen ersten bleibenden Eindruck von der Psyche der Opernsänger. Gelegenheit dazu fand sich am Premierenabend einer Neuproduktion von Ponchiellis *La Gioconda*, mit Luciano Pavarotti und Renata Scotto – oder sollte ich lieber sagen: mit Renata Scotto und Luciano Pavarotti? – in den Hauptrollen. Diese Frage hat mich damals in Schwierigkeiten gebracht.

Renata Scotto sang zwar an der Oper, stieg aber aus dem Konzert im Golden Gate Park aus, womit Pavarotti als einziger Star übrig blieb. Der *Examiner*, der das Gratiskonzert sponsorte, hat keine eigene Sonntagsausgabe, und die Sonntagsausgaben der anderen Zeitungen sind nur ein blasser Abklatsch der wochentäglichen. Wir kamen also schon am Freitagnachmittag mit unserem Opernspecial heraus, in dem wir natürlich Pavarottis Auftreten in beiden Aufführungen der *Gioconda* – sowohl im Park als auch im Opernhaus – groß ankündigten.

Kurz vor Beginn der *Gioconda* wurde ich von einer Mitarbeiterin der PR-Abteilung in den Presseraum der Oper gebeten. »Signor XY möchte Sie gern sehen«, wisperte sie schüchtern. Sie nahm mich an der Hand und führte mich in die Eingangshalle, wo ich einem gutaussehenden italienischen Herrn vorgestellt wurde. Seinen Namen bekam ich nicht mit, über dessen Beruf aber – Renata Scottos Ehemann zu sein – gab es bald keinen Zweifel.

»Es gibt in der *Gioconda* nur einen Star!« brüllte er mich an. »Und das ist die Gioconda!« Nachdem er diese erstaunliche Schlußfolgerung gezogen hatte, wiederholte er sie für mich noch mehrmals, bis sogar dem dämlichsten Irren (in dem Fall mir) dämmerte, daß ihn die Aufmerksamkeit so in Rage gebracht hatte, die Pavarotti zum Nachteil der Gioconda, Madame Scotto, zuteil geworden war. Ich murmelte ein paar undeutliche, beruhigende Worte, entschuldigte mich und eilte zu meinem Platz. Klar, daß ich als cooler Profi diese Geschichte am späteren Abend, als ich meine Kritik verfaßte, nicht gegen sie verwendet habe.

Als ich 1981 zum *Time magazine* kam, war ich zu allem bereit. Wie die meisten Zeitschriften lebt auch das *Time magazine* in hohem Maß von Bildern. Das heißt, eine Geschichte, die sich gut bebildern läßt, hat bessere Chancen gedruckt zu werden, als eine, bei der das nicht geht. Der damalige Geschäftsführer, der brillante, finstere Ray Cave, hatte sich zum Ziel gesetzt, die Zeitschrift mit aller Macht ins Zeitalter des Allfarbendrucks zu bugsieren. Er verlangte für das ganze Blatt die besten Bilder, die es zu kaufen gab. Während der Cave-Jahre verbrachten alle Ressortleiter Stunden damit, Fotos durchzusehen und auszuwählen, um sie ihrem Boß vorzulegen. Sicher verkaufte sich eine gute Geschichte zur Not auch pur, doch wenn man dazu noch mit guten Fotos aufwarten konnte, hat das natürlich nie geschadet.

Oper bietet, wie Sie sich vorstellen können, bessere Fotomöglichkeiten als, sagen wir mal, sinfonische Musik. Hat man ein Orchester gesehen, hat man sie alle gesehen: hundert Pinguine mit Musikinstrumenten, die von irgend einem kleinen, mit seinem Stöckchen in der Luft fuchtelnden Typen herumkommandiert werden. Aber Oper! Kostüme! Bühnenbilder! Schauspiel! *Time* war der Oper nicht nur einigermaßen geneigt, sie war richtiggehend opernfreundlich.

Es schadete auch nicht, daß der Chefredakteur der Firma, die oberste herausgeberische Instanz der früheren Time Inc., Henry Anatole Grunwald war, früher selbst Geschäftsführer der *Time*. Grunwald war als kleiner Junge mit seiner Familie von Wien nach New York emigriert. In seiner alten Heimat war sein Vater Operettenlibrettist für Leute wie Emmerich Kálmán gewesen, und Grunwald hatte seine Liebe zu Musik und besonders zur Oper seine ganze berufliche Laufbahn über beibehalten. Als ich zum Einstellungsgespräch im Verlag war, kamen einige meiner zukünftigen Kollegen vorbei, um mal hallo zu sagen.

»Sie armes Schwein«, war die einhellige Meinung.

»Warum?« fragte ich.

»Sagen wir mal so«, flüsterten sie mir zu. »Das Musikressort der Time hat eine der höchsten Fluktuationsraten des Magazins, und das mit gutem Grund. Da ist zum einen Martha Duffy, einer der härtesten

Brocken unter den Ressortleitern. Junge Schreiberlinge wie Sie ißt sie zum Frühstück. Sie ist Ballettfan und Opernexpertin, und sie weiß wahrscheinlich mehr über Ihr Thema als Sie selbst. Der zweite Ressortleiter des Feuilletons, Christoph Porterfield, ist ehemaliger Klarinettist und Arrangeur und ehemaliger Musikkritiker dieses Magazins. Glauben Sie bloß nicht, daß Sie sich bei ihm auch nur den kleinsten Fehler leisten können. Dann gibt's da noch den Geschäftsführer, Cave, dem scheinbar nichts so unwichtig ist wie die Kultur und der wahrscheinlich jeden Morgen aufwacht und sich fragt, warum er überhaupt dieses blöde Zeug in seiner Zeitschrift haben muß. Also dann: Viel Glück bei dem Versuch, halbwegs regelmäßig Ihre Geschichten im Blatt unterzubringen.«

»Mannomann,« sagte ich oder irgend etwas gleichen Inhalts.

»Und im übrigen«, vertrauten sie mir weiter an, »haben Sie einen Chefredakteur, der sich leidenschaftlich für Musik interessiert, der ein persönlicher Freund von Beverly Sills ist und der jedes einzelne Wort, das Sie schreiben, so kritisch lesen und so persönlich nehmen wird, daß Sie wünschen werden, Sie wären nie geboren, vor allem, wenn dann diese Memos mit dem Kürzel HAG vom 34. Stock herabregnen.«

Ich habe den Job trotzdem angenommen, und da bin ich nun, dreizehn Jahre später.

Cave hat mein Urteil nur einmal angezweifelt (und mir das sogar persönlich mitgeteilt). Natürlich ging es um Oper. Sie müssen verstehen, daß der Geschäftsführer der *Time* vor allem damals wie eine Art Gott war: allmächtig, allwissend und allgegenwärtig. Cave war eine angsteinflößende Erscheinung, wie man sie sich schlimmer nicht vorstellen kann. Selbst die Ressortleiter wurden jedesmal, wenn Cave sich während der Referatskonferenzen über seinen Bart strich und wegen einer dummen Bemerkung oder irgendeines Versäumnisses oder ähnlichem einen vernichtenden Blick auf einen von ihnen warf, ganz unterwürfig.

Eines Tages meldete sich seine Sekretärin bei mir und teilte mir mit, Cave wolle mich sehen. Ich hatte vorher schon gerüchteweise gehört, daß der Boß eine Titelgeschichte über die in Neuseeland geborene Sopranistin Kiri Te Kanawa bringen wolle, die er offenbar bei einem Tennismatch kennengelernt hatte. Als ich um meine Meinung gebeten worden war, was ich von dieser Idee hielt, hatte ich ablehnend geantwortet.

Da stand ich nun vor ihm höchstpersönlich. »Was habe ich da gehört, Sie wollen keine Titelgeschichte über Kiri Te Kanawa machen?« fragte Cave mit seinem Tidewater-Akzent. Seine Stimme klang so, wie sie immer klang, kurz bevor er ausrastete: leise und kontrolliert.

Ich erklärte höflich, ich hätte das Gefühl, daß, auch wenn Frau Te Kanawa sicherlich eine der führenden Sopranistinnen ihrer Zeit sei, eher anderen Persönlichkeiten die Ehre zuteil werden sollte, auf das Titelblatt der *Time* zu kommen.

Cave wies im Gegenzug auf die nicht-musikalischen Facetten von Te Kanawas interessantem Leben hin – ihre halbmaorische Herkunft, ihre Adoption durch ein anderes gemischtrassiges Paar, ihr sensationelles Londoner Debüt und so weiter.

Ich konterte, indem ich bemerkte, daß ich persönlich ihren Gesang nicht so sehr schätzte, daß das Fehlen einer strengen musikalischen Basis ein meiner Meinung nach lähmendes Handicap für die Interpretation sei. Außerdem zeige die Erfahrung, daß sie – unfähig, sich Anregung und Inspiration aus der Partitur zu holen – im allgemeinen in einer Rolle immer schlechter statt besser werde. Und dann hielt ich den Mund.

Cave fixierte mich mit dem Todesblick. Demütige kleine Redakteure sollten einfach nur antanzen und sich tot stellen, bloß nicht den Mund aufmachen. »Na schön«, sagte er, und seine Stimme wurde langsam lauter. »Na schön. Aber Sie ... sollten sich ... schon ... verdammt sicher sein, daß uns hier keine gute Story durch die Lappen geht!« Und das war das letzte, was ich über die Kiri-Te-Kanawa-Titelgeschichte gehört habe.

Natürlich hat er auch nie meine Titelgeschichte über Philip Glass gebracht.

2

Wie man sich eine Oper anhört oder Das ist gar nicht so schlecht, wie es klingt

Moderne Musik, eine Sprache, tausendmal reicher als die Sprache der Worte, ist dazu da, auszusprechen, was nur in Gedanken ausgesprochen wird. Sie weckt Gefühle und Gedanken in ihrer Urform, und zwar in dem Teil von uns, in dem Gefühle und Ideen geboren werden; aber sie läßt sie, wie sie sind, in jedem von uns. Diese Macht über unser innerstes Wesen gehört zum Gewaltigsten der Musik.

HONORÉ DE BALZAC

Ein Lied, das gut ist und kunstvoll gemacht, könnt ihr beim ersten Hören nicht richtig aufnehmen und verstehen, aber je öfter ihr es hört, desto besser, denn ihr werdet entdecken: gemeinhin wird das Lied am höchsten geschätzt, das unseren Ohren am vertrautesten ist.

WILLIAM BYRD, ENGLISCHER KOMPONIST (1543-1623)

Oper, f.: Ein Schauspiel, das Leben in einer anderen Welt darstellt, deren Einwohner keine Rede kennen, sondern nur Gesang, keine Bewegungen, sondern Gesten und keine Posen, sondern Attitüden.

AMBROSE BIERCE, THE DEVIL'S DICTIONARY

Was macht man, um eine Oper zu hören? Bis vor vierzig Jahren hieß das fast immer: Geh an die Opernkasse, kauf dir eine Karte, setz dich auf deinen Platz und halte Augen und Ohren offen. Klingt eigentlich ganz einfach, und im großen und ganzen war es das auch. Das Fachwissen eines Opernfreundes beschränkte sich auf die Aufführungen, die er besucht hatte, und selbst der unermüdlichste Theatergänger konnte in seinem Leben nur eine begrenzte Anzahl von Aufführungen sehen. Verdi hätte bestimmt nicht damit gerechnet, daß Sie ein Fan etwa von *Un giorno di regno* (*König für einen Tag*) sein könnten. Er wäre sogar höchst erstaunt gewesen, wenn Sie dieses Werk überhaupt schon einmal – geschweige denn zweimal – gehört hätten.

Opern waren nämlich, bevor die Schallplatte erfunden wurde, mehr oder weniger Wegwerfprodukte: Kaum waren sie einmal gespielt, genauer gesagt: eine Spielzeit lang gelaufen, verschwanden sie auch schon wieder in der Versenkung. Selbst Wagner, der vermutlich geltungsbedürftigste und selbstgefälligste Komponist aller Zeiten, war sich dieser Tatsache bewußt und ermahnte deshalb seine Jüngerschar, die den Meister stets umlagerte, immer »etwas Neues« zu machen. Er meinte das in zweierlei Hinsicht. Erstens: Imitiert mich nicht einfach, schreibt etwas, das anders ist, und sucht eure eigene Ausdrucksweise. Und zweitens: Seid hübsch fleißig. Wagner schrieb zwar sicherlich jedes seiner Musikdramen in der Absicht, ein dauerhaftes Meisterwerk zu schaffen (vielleicht nicht gerade bei *Die Feen* oder *Das Liebesverbot*), das auf jeden Spielplan gehört, solange Opern inszeniert werden. Dieser hohe Anspruch hinderte ihn aber nicht daran, gleichzeitig außerordentlich produktiv zu sein. Im Verlauf seines fast siebzigjährigen Erdenlebens hat Wagner nicht nur dreizehn Opern komponiert – die meisten davon gewaltig in Länge und Ausmaß –, er schrieb auch noch seine eigenen Libretti, Dutzende Aufsätze, Bücher, Artikel. Nicht genug damit, er fand auch noch die Zeit für diverse Liebesaffären, engagierte sich bei der unglückseligen Revolution von 1848, leitete ein bis zwei Opernhäuser, baute sein eigenes Festspielhaus und reiste in Europa herum, kurz: Er war immer viel beschäftigt.

Der englische Theatermann Jonathan Miller, ebenfalls ein Universalgenie, dessen Tätigkeitsfeld sich von Medizin über Schreiben bis hin zum Dirigieren erstreckt, sagte einmal auf meine Frage, wie Wagner und die anderen Genies des 19. Jahrhunderts so viel schaffen konnten: »Die haben ihre Zeit eben nicht mit Fernsehen vergeudet.«

Damals hätte sich noch keiner vorstellen können, daß eines Tages grundsätzlich absolut vernünftige Leute darüber streiten, ob nun Adelina Patti zu ihrer Glanzzeit größer war als Joan Sutherland in ihrer oder ob Gigli wirklich Enrico Caruso, Luciano Pavarotti und Placido Domingo übertroffen hätte oder ob nicht vielleicht, wirklich nur vielleicht, der Schwede Jussi Björling der größte aller italienischen Tenöre war. Die Fans von anno dazumal hatten durchaus auch ihre Lieblingssänger. Eine feste Institution innerhalb des Opernpublikums waren die Claqueure, eine Art Fangruppe, die den Erfolg ihres Favoriten als Ergebnis einer einfachen Rechenaufgabe sahen: kein Jubel für den Liebling ohne entsprechende Buhs für seinen Rivalen. Gekrönte Häupter und andere Würdenträger besuchten Opernaufführungen gern entweder in Gesellschaft ihrer Frauen oder Mätressen (manche Opernhäuser, wie etwa die Pariser Oper hatten sogar den Logen angeschlossene Vorräume, damit, wenn Cupido rief, Amors Bedürfnisse privat und diskret befriedigt werden konnten – und man trotzdem noch etwas vom dritten Akt mitbekam), oder sie fixierten mit ihren Operngläsern die wogenden Brüste und schwellenden Busen ihrer verehrten Damen auf der Bühne. Das gemeine Volk dagegen freute sich an den neuesten Melodien, bewunderte das Bühnenbild und debattierte oft lautstark über die Qualitäten sowohl des Komponisten wie auch der Darsteller.

Doch um Sänger aus völlig verschiedenen Epochen miteinander vergleichen zu können, mußte man erst bis in unsere Zeit warten. Es ist kein Zufall, daß diese neue »Wissenschaft« fast gleichzeitig mit der Erfindung der Langspielplatte und dem plötzlichen – zum Glück nur vorübergehenden – Niedergang der Oper als einer lebendigen Kunstform (beides geschah kurz nach dem Zweiten Weltkrieg) aufkam. Im Grunde haben neue Opern erst in den letzten zehn Jahren langsam wieder die Gunst eines breiten Publikums gewonnen. Natürlich beschweren sich manche »Kenner«, daß die gegenwärtigen Vokaltalente den Stars des jüngsten Goldenen Zeitalters, das ungefähr Mitte der sechziger Jahre zu Ende ging, nicht das Wasser reichen können. (Damit übergeht man zwar Pavarotti und Domingo, deren beider

Ruhm in den siebziger Jahren begann. Aber wer sagt denn, daß Opernfans immer logisch denken?)

An dieser Stelle möchte ich eindringlich vor dem fast mythischen Sängerkult warnen, der sich in Opernkreisen breitmacht. Wirkliche Enthusiasten gehen nicht in eine Oper, um einem Koloraturfanatismus zu huldigen. Im Gegenteil, er trübt oft sogar den Genuß eines Abends. Ich kenne keinen Opernfan, der in die Met geht, nur um seinem Lieblingssänger zuzujubeln. Solche Leute mögen vielleicht den Eindruck erwecken, sie seien die wahren Enthusiasten und Kenner, aber sie sind es nicht. Egal wie gut oder schlecht ihr Liebling singt, sie führen sich immer gleich peinlich auf und zerstören mit ihrem Getue den dramatischen und musikalischen Verlauf des Abends.

Tatsächlich wurden vor nicht allzu langer Zeit regelrechte Demonstrationen organisiert. Die »Demonstranten« waren als Claqueure organisiert und hatten den Auftrag, einen bestimmten Sänger oder eine Sängerin auszubuhen oder aber zu bejubeln. Die Callas etwa hatte genauso ihre Claqueure wie ihre große Rivalin Renata Tebaldi (die übrigens eine wesentlich bessere Sängerin, wenn auch deutlich schlechtere Schauspielerin war). Als Rudolf Bing 1958 die Callas wegen eines Vertragsstreits mit großem Getöse aus der Met gefeuert hatte, versuchte er danach still und leise, ihr wieder den Weg zur Rückkehr zu bereiten, indem er Claqueure organisierte, die ihre Umbesetzung ausbuhten.

Kommen wir zurück auf die Ausgangsfrage dieses Kapitels: Wie hört man sich eine Oper an? Worauf sollen wir beim Zuhören achten?

Wie wir gesehen haben, ist die Oper eine facettenreiche Theaterform, die sich aus den Elementen Musik, Drama, Tanz und Gestaltung zusammensetzt. Wir könnten unsere Aufmerksamkeit natürlich vielen Aspekten zuwenden, doch hier soll uns vor allem die musikalische Seite beschäftigen, sie ist der Motor der ganzen Show.

Wenn wir eine Oper im Radio oder auf Platte hören, dann ist klar, daß allein die Musik unsere Aufmerksamkeit in Anspruch nimmt. Die Kunstform ist dann ihrer visuellen Komponente beraubt. Ohne Bühnenbild und Kostüme steht sie kahl und nackt vor dem Hörer.

Natürlich gibt es Diskussionen darüber, ob eine Oper, die man auf Platte hört, noch als Oper bezeichnet werden kann. Für unsere Zwecke hier ist diese Frage aber nicht relevant. Auch wenn wir uns alle einig sind, daß die Oper eine Synthese aller Künste ist, ist völlig klar, daß Millionen von Menschen die Oper fast ausschließlich über das Hören erleben und nicht mehr visuell. Auch Sie sollten mit einer Platte oder CD in die Materie einsteigen. Sicher, es kann schon einschüchtern, wenn man durch die Klassik-Abteilung eines Plattenladens geht und sich seine erste Oper aussuchen soll. Aufnahmen gibt es wie Sand am Meer: listenweise Einspielungen Hunderter von Opern. Aber lassen Sie sich davon nicht abschrecken! Gehen Sie einfach mutig auf den Verkäufer zu, und bitten Sie ihn um Rat und Hilfe. Wenn einer Sie hochnäsig behandelt – gehen Sie in ein anderes Geschäft. Normalerweise aber sind die meisten Verkäufer klassischer Musik hocherfreut, wenn sie jemanden bekehren können. Sie überschlagen sich vor lauter Eifer, Sie von einer Oper zu überzeugen, mit der Sie gut umgehen können.

Besser ist natürlich, Sie wissen schon, was Sie wollen. In Kapitel 5 finden Sie mehrere Vorschläge für den Einstieg. Doch schon bald werden Sie selbst Ihren Weg bestimmen können. Im Grunde ist es ganz einfach: Hören Sie sich eine Oper an, und entscheiden Sie dann, ob sie Ihnen gefällt oder nicht. Wenn ja: prima. Wenn nicht, versuchen Sie es mit einer anderen. Dieses Spiel treiben Sie solange, bis Sie eine finden, die Sie anspricht – oder bis Sie feststellen, daß dieser ganze Opernkram nichts für Sie ist. Kein Mensch muß sich dumm oder unbedarft vorkommen, wenn es um Opern geht. Wie beim Wein ist Kennerschaft eine Sache von Zeit und Erfahrung (klar, auch von Geld) und nicht etwa ein angeborenes Talent oder ein ererbtes Faible.

Denken Sie aber auch daran, daß sich eine Oper auf Platte ausschließlich über den Klang der menschlichen Stimmen und des Orchesters vermittelt. Im Theater dagegen erleben wir die Sänger als Schauspieler, sehen das Bühnenbild, die Kostüme, die Choreographie und so weiter, die die Musik vervollständigen und richtig zur Geltung bringen. Oder anders betrachtet: All das wird von der Musik ergänzt und abgerundet. Radioübertragungen oder Plattenaufnahmen von Opern verlangen äußerste Konzentration und genaues Studium, vor allem wenn Sie Anfänger sind.

Konzentration? Studium? Und das zu einer Zeit, wo nichts unsere Aufmerksamkeit länger als zehn Minuten fesseln kann? (Wahrscheinlich ist diese Spanne heutzutage – dank Fernbedienung und dem Phänomen des Programm-Surfings – noch viel kürzer.)

Sie werden Ihre Hausaufgaben machen müssen, daran kommen Sie nicht vorbei. Wenn Sie noch ein Opernneuling sind, lesen Sie das Libretto – also das Textbuch der Oper –, ein paar kritische Kommentare und, falls Sie sich eine aktuelle Vorstellung ansehen wollen, auch

Besprechungen in Ihrer Tageszeitung. Bitten Sie Freunde, Ihnen zu erklären, worum es geht. Tun Sie alles, um nicht direkt ins kalte Wasser zu springen. Es gibt nichts besseres, um sich Opern ein für allemal zu verleiden, als in Wagners *Meistersinger* zu gehen, ohne die geringste Ahnung zu haben, daß sie erstens lang ist, zweitens im Frankenland des Mittelalters spielt und drittens komisch sein soll. Dann sitzen Sie da, völlig verwirrt von Davids Lehrlingslied, hören das künstliche Gelächter derer, die, auch wenn sie den Text kaum verstehen, so doch wissen, an welcher Stelle gelacht werden sollte. Sie machen die verschiedenen Stadien der Verwirrung, Feindseligkeit und Wut durch, bis am Ende, wenn der Vorhang endlich fällt, ein neuer Opernhasser geboren ist.

Gehen Sie es lieber so an: Suchen Sie sich eine nicht zu schwere Oper aus. Es ist nicht meine Absicht, Ihre Intelligenz oder Ihren Geschmack zu beleidigen, wenn ich Ihnen irgendetwas Konventionelles, Melodiöses (zum Beispiel *La Bohème*, *La Traviata*) oder sonst etwas eindeutig Italienisches empfehle. Nehmen Sie, was Sie wollen, Hauptsache es spricht Sie an. Sollten Sie Interesse an deutscher Kultur haben, versuchen Sie es mal mit Wagner oder Weber. Lieben Sie es melodiös, nehmen Sie Puccini oder Verdi. Frankophile fangen am besten mit Massenet, Russophile mit Mussorgsky oder Tschaikowsky an. Es ist völlig egal. Nur nehmen Sie ein Kunstwerk aus einer Kultur, die Sie nicht gerade verachten.

Lesen Sie! Libretto, Kritiken, Bücher, Kommentare. Wenn Sie erst einmal angefangen haben, sich mit einer Oper zu beschäftigen, finden Sie unglaubliche Mengen an hilfreichen Materialien, die Sie durch das Labyrinth führen. Je tiefer Sie in die Materie einsteigen, um so mehr werden Sie wissen wollen. Wundern Sie sich also nicht, wenn Sie schon bald, nachdem Sie sich erstmals mit der *Bohème* beschäftigt haben, nicht nur mit Rodolfo oder Mimi mitsingen, sondern auch Biographien über Puccini lesen und sich Bücher von Murger (dem französischen Schriftsteller, auf dessen Roman das Libretto basiert) in Übersetzungen aus der Bibliothek holen. Der Weg vom Opern-Neuling zum Opern-Experten ist gar nicht so weit.

Hören Sie viel! Es soll Leute geben, die Prince genießen können (obwohl ich keine Ahnung habe, wo da der Genuß ist), auch wenn sie nur mit einem Ohr oder halbem Hirn hinhören. Opern sind ein härteres Kaliber und sie verlangen Ihre absolute und vollständige Aufmerksamkeit. Das Libretto zu kennen ist ganz entscheidend, um ein

Werk wirklich genießen zu können. Da sich die Musik fast ausschließlich aus dem Kontext erklärt, ist es wichtig zu wissen, was im dramatischen Ablauf gerade geschieht, wenn das Orchester tobt oder einfach nur Ram-tam-tam spielt. Nur so lernt man die ganze Fülle und Pracht der Musik zu schätzen und nicht nur ihre Melodien. Denn schließlich geht es in der Oper nicht allein um Melodien. Trotz ihrer hinreißenden melodischen Momente braucht eine Oper auch Elemente, die stark genug sind, das Gewicht der dramatischen und erzählerischen Handlung zwei, drei oder vier Stunden lang zu tragen.

Fangen wir mal mit einem Beispiel aus einer Welt an, die heute vielen vertraut ist: dem Musical. Wenn sich die Leute über das Fehlen von Ohrwürmern in einem Werk beispielsweise von Sondheim beschweren, worüber genau beschweren sie sich da eigentlich? Um es mit Mark Twain zu sagen: Sondheims Musik ist weder so schlecht, wie sie sich anhört, noch so anspruchsvoll, wie die ewig unmusikalischen Theaterkritiker der *New York Times* gern glauben. In Wirklichkeit ist sie dazu da, die Wortgefechte des Dichter-Komponisten zu stützen. Zwar gibt es bei Sondheim Arien und Rezitative (eine Art gesungene Rede), doch stilistisch unterscheiden sie sich nicht voneinander. Nur ein brillanter Arrangeur wie Jonathan Tunick kann ihnen Leben einhauchen. Formal gesehen ist Sondheims Musik also typisch für eine Oper – weit mehr als die Andrew Lloyd Webbers, der man oft vorwirft, sie sei zu opernhaft. Webber ist ein weit besserer Melodienschmied als Sondheim. Bei Werken wie *Das Phantom der Oper* oder *Aspects of Love* – nicht zu vergessen *Jesus Christ Superstar* und *Evita*, die der Komponist selbst als Opern bezeichnet – spinnt er eine Melodie nach der anderen aus. Gesprochene Dialoge oder gezierte kleine Rezitative finden hier keine Verwendung – das wäre eher Sondheims Handwerksmaterial. Statt dessen vertont Webber alles, was nicht »Arie« ist, auf eine halbmelodische Art, oft gespickt mit Echos und Vorwegnahmen der großen Show-Melodien, so daß ein Unwissender meint, seine Musicals seien nichts weiter als eine Reihe von Melodien, die in keiner Beziehung zueinander stehen und nur irgendwie zusammengefügt sind.

Welcher von beiden ist denn nun der richtige *Opern*komponist? Die Antwort ist: beide. Wir kommen vermutlich erst seit dem Ende des 20. Jahrhunderts auf die Idee, eine solche Frage zu stellen oder überhaupt daran zu denken, U-Musik von E-Musik zu trennen. Verdi war kein Intellektueller im Elfenbeinturm, sondern ein Komponist, der mit Leidenschaft für das Volk schrieb und dabei immer an das Publikum dachte. Mozart zielte mit der *Zauberflöte* direkt auf das, was wir heute als »Musical-Publikum« bezeichnen würden, genauso wie ein paar Jahrhunderte später Bernstein mit der *West Side Story*.

Fassen wir zusammen: Zuhören lernt man am besten, indem man zuerst zu begreifen versucht, welche Rolle die Musik spielt, denn dann wissen wir, was wir hören und worauf wir achten müssen. Die großen Arien oder Melodien kommen und gehen. Wenn Sie aber nur rumsitzen, dauernd auf Ihre Uhr blicken und darauf warten, daß endlich »Di quella pira« aus Verdis *Troubadour* kommt, weil alles andere sowieso nicht so gut oder nur langweilig ist, dann werden Sie nicht viel von dieser Oper haben. »Parsifal«, scherzte einmal ein Spaßvogel, »ist eine dieser Opern, die um sechs Uhr anfängt. Drei Stunden später sehen Sie auf die Uhr, und es ist erst zwanzig nach sechs.« Das ist die falsche Art, sich eine Oper anzuhören. Aber wenn Sie verstehen, daß die gesamte Anlage einer Oper, vor allem seit Mitte des 19. Jahrhunderts, eine mehr oder weniger festgelegte Struktur hat, die dazu dient, das Musikdrama auf die eindrucksvollste und effizienteste Art voranzubringen, dann werden Sie in der Lage sein, auch die längsten und trockensten Strecken eines Opernrezitativs mit einem Lächeln auf den Lippen und einem Lied im Herzen durchzustehen.

Aber was ist mit den Arien, Duetten, Terzetten, Quartetten, Ensembleszenen, Chören und so weiter? Sollte eine Abhandlung darüber, wie man sich eine Oper anhört, uns nicht auch darüber aufklären, was für mysteriöse Dinge das sind? Es geht doch sicher um mehr als nur darum, die Funktion der Musik innerhalb des Dramas zu verstehen.

Schon richtig. Aber um viel mehr geht es tatsächlich nicht.

Wenn Sie erst einmal *eine* Oper verstanden haben, dann sind Sie auf bestem Wege, alle zu verstehen. Der Schlüssel dazu liegt darin, zu wissen, was die Oper am Laufen hält und wie sie zusammengesetzt ist. Auf die Gefahr hin, sehr zu verallgemeinern, könnte man in jeder Oper, vor allem in der des 18. und 19. Jahrhunderts, folgende zwei Bestandteile unterscheiden:

1. Arien, Duette und andere Momente bedeutender Melodien, in denen die großen Emotionen, die inneren Kämpfe und die leidenschaftlichen Gefühle der Hauptfiguren vorgetragen werden (auch der Chor gehört dazu, der oft wie ein Einzelwesen agiert und fühlt).

2. Rezitative, Sprechstimmen und Mischformen des Sprechgesangs (dazu gehört auch Wagners »endlose Melodie«, die genau das natürlich nicht ist), die die Geschichte voranbringen, bis es wieder Zeit für eine Ruhepause – eine Arie, ein Duett oder ähnliches – ist.

Das ist es dann auch schon. Eigentlich ganz einfach. Kommen wir nun zur dramatischen Funktion dieser beiden Komponenten.

Stellen Sie sich ein Rezitativ als Dialog eines Stückes vor, als Schlagabtausch zwischen den Figuren, als den Antriebsmechanismus, den der Autor für seine Handlung braucht. Die Arien und Ensembles andererseits sind Reden, Monologe, die uns gestatten, in Kopf und Herz der Figur zu spähen. Duette und größere Ensembles bis hin zu Oktetten, bei denen acht Sänger gleichzeitig singen, bieten uns eine Möglichkeit, mehrere Figuren gleichzeitig kennenzulernen. Sie gestatten dem Komponisten, die Beziehungen zu verdeutlichen und zu intensivieren, und das auf eine Art, die jedem normalen Bühnenautor versagt ist.

Bei Rezitativen geht es also um Handlung, bei Arien um Gefühle.

Alles klar, sagen Sie. Mit Arien kenne ich mich aus. Das ist doch das, was Pavarotti im Fußballstadion singt. Aber was hat es mit dem Rezitativ-Zeug auf sich, fragen Sie.

Die ersten Opern bestanden fast vollständig aus Rezitativen, was sinnvoll war, da man damals dem Wort den Vorrang vor der Musik gab. Später, etwa bei Händel oder Mozart, stehen Arien und Ensembles schon deutlicher im Vordergrund, weshalb manche Leute auf die Idee kommen, man müsse sich erst durch das Rezitativ-Gemüse beißen, um dann zum Nachtisch die Arien serviert zu bekommen.

Sie wissen schon, daß das so nicht stimmt. Sie haben inzwischen verstanden, daß die Musik das dramatische Geschehen erst richtig hervorhebt, daß die Partituren solcher Genies wie Mozart, Verdi, Puccini und Wagner innere Einheit und Zusammenhalt haben und mehr sind als die Summe ihrer Einzelteile. Sie wissen auch, daß eine Oper nicht nur aus Arien bestehen kann. Stellen Sie sich also die Rezitative als Brücken zwischen den einzelnen Arien und Ensembles vor, als den Verbindungsstoff, der eine Oper des 18. Jahrhunderts zusammenhält. Sie sind die Stützen, die es Komponisten wie Mozart gestatten, so verschiedene und zutiefst menschliche Charaktere wie Figaro, Don Giovanni, Fiordiligi und Dorabella, Tamino und Pamina lebendig werden zu lassen.

Nun zu den Arien.

Sie sind selbstverständlich mehr als das, was Pavarotti im Fußballstadion singt. Und sie sind auch nicht nur die »Greatest Hits« jeder Oper, die Melodien, auf die die Fans warten und für die sie geduldig die blöden Rezitative ertragen, bis endlich die Leckerbissen kommen. Die Arien und ihre größeren Geschwister, die Ensembles und Chöre, sind die emotionalen Zentren einer Oper, die Momente, in denen die Figuren uns erzählen, wie sie sich bei dem, was passiert, fühlen. Sich über die schlimmsten Arien-Exzesse lustig zu machen – zehnminütige Todesszenen, bei denen der Tenor oder die Sopranistin endlos lang ihr Leben aushauchen und dabei ihre Seele ausschütten – ist leicht. Aber Leute, die dauernd darauf verweisen, wie unrealistisch solche Szenen sind, wissen einfach nicht, wovon sie reden.

Wie wir gesehen haben, geht es in der Oper im wesentlichen darum, mit Hilfe des außergewöhnlichen Mediums Musik Gefühle zu verstehen. Wenn Tristan die erste Hälfte des 3. Aktes von Wagners *Tristan und Isolde* damit verbringt, an seinen Wunden, die er sich in seinem Kampf mit Melot zugezogen hat, zu sterben, leidet er natürlich physisch. (Würden Sie auch, wenn Sie von einem Schwert durchbohrt wären.) Was aber im Sinne der Oper weit wichtiger ist: Tristan leidet emotional. Er leidet an den Frustrationen seiner unterbrochenen Liebesszene mit Isolde, und noch mehr leidet er an der Abwesenheit seiner Angebeteten. Sein Tod steht von vornherein fest – hätte ihn Wagner da nicht einfach am Ende des 2. Aktes tot umfallen lassen können? Natürlich nicht. Der schon delirierende Tristan muß singen, bevor er stirbt, und zwar mit einer Klarheit, die nur der Wahnsinn hervorbringen kann. Er muß von seiner unerwiderten Leidenschaft für Isolde singen, von seiner Angst vor dem kommenden Tag, von seiner Liebe zur Nacht, die ihn umhüllt und beschützt. Ohne seine lange Schlußarie findet Tristans Charakterisierung keinen Abschluß. Er *muß* lange genug am Leben bleiben, damit Isolde ihn in seinem Schloß in der Bretagne treffen kann und damit er seinen letzten Atemzug tun und in ihren Armen tot zusammenbrechen kann.

Genauso wichtig ist Isoldes Schlußszene, der berühmte »Liebestod«. Auch sie hat noch etwas zu erledigen: Sie muß sich ihrer Gefühle nicht nur gegenüber Tristan, sondern auch gegenüber ihrem Mann, König Marke, klarwerden. Das tut sie in einer Schluß-»Arie« – wenn ein solches Wort Wagners hochpoetischem Triumphgesang gerecht werden kann. Sie umfaßt das ganze Spektrum irdischer Liebe in einer Art, wie sie weder vorher noch nachher je erreicht worden ist. Ja, Isolde singt ziemlich lang, bevor sie langsam und leblos zu Boden sinkt. Ja, es ergibt eigentlich keinen »Sinn«, daß sie plötzlich ohne offensichtlichen Grund stirbt. Sobald wir aber den Kontext des letzten Tristan-Aktes begriffen haben, ergibt alles durchaus einen Sinn. Isoldes Tod ist das einzig mögliche Ende.

Der Grund, warum sich manche Menschen bei *Tristan* so unwohl fühlen, liegt nicht in der brutalen und hoffnungslos düsteren Handlung, sondern in ihrem beängstigend unzweideutigen Subtext: dem Sex natürlich. *Tristan und Isolde* ist durchdrungen von Sex, vor allem von Sex in Verbindung mit Tod: Eros und Thanatos wieder einmal zusammen. Von den revolutionären ersten Takten des berühmten Vorspiels an liegt der Duft einer Frau in der Luft. Das Liebesduett des 2. Aktes ist die deutlichste Beschreibung eines Koitus interruptus in der Musikgeschichte. Die Frustration eines verhinderten Orgasmus, die die Liebenden erleben, wenn ihr Stelldichein plötzlich durch die Ankunft des Königs abgebrochen wird, muß sich Luft machen können. Das tut sie auch, und zwar ganz am Schluß des 3. Aktes. In der Musik gibt es danach bis zu Schostakowitschs *Lady Macbeth von Mzensk* nirgendwo einen freieren Umgang mit dem Thema Sexualität.

So, damit wären wir im Herzen – oder besser: an den Wurzeln – der Sache angelangt. Wie man es auch dreht und wendet: In der Oper geht es um Sex. Nicht unbedingt um geschmacklosen, schmutzigen, körperlichen Sex, auch wenn es durchaus darum gehen kann. (Mozarts *Così fan tutte* steht James Joyces *Ulysses* in keiner Weise nach.) Vielmehr befaßt sich die Oper mit den wirklich fundamentalen Tatsachen unserer Existenz, und deshalb kann sie gleichzeitig erotisch und brutal sein. Was also bleibt übrig, reduziert man Opern auf ihren nackten Kern? Eros und Thanatos, Liebe und Tod. Die Oper ist die menschlichste Kunstform, die je erfunden wurde.

3

Eine kurze (!) Geschichte der Oper
oder
Wie ist alles so gekommen?

Mir ist ganz egal, in welcher Sprache eine Oper gesungen wird, so lange es eine Sprache ist, die ich nicht verstehe.

SIR EDWARD APPLETON

Die Opéra ist nichts anderes als ein öffentlicher Versammlungsort, an dem wir an bestimmten Tagen zusammenkommen, ohne genau zu wissen, wieso.

VOLTAIRE

Oper auf englisch macht ungefähr soviel Sinn wie Baseball auf italienisch.

H.L. MENCKEN

Das Opernrepertoire besteht im Grunde aus Werken toter weißer europäischer Männer. Dem einen oder anderen mag das vielleicht nicht ins kulturelle oder politische Konzept passen. Doch auch wenn Singen eigentlich ein universeller Impuls ist und es in jeder Gesellschaft Vokalmusik gibt, sind die meisten wichtigen Figuren der Operngeschichte männlich und weiß. So ist das eben.

Wir wissen, daß es schon bei den alten Griechen eine Art von Musiktheater gegeben hat. Die Verse von Aischylos, Sophokles und den anderen wurden zu den Klängen von Bläsern und Streichern deklamiert. Der Chor, der die Handlung kommentierte, war integraler Bestandteil des Dramas. Das griechische Theater, gewaltig auch noch bei heutiger Lektüre, war eine Kultveranstaltung von überwältigender Kraft und Bedeutung – heute würden wir es eher als »gesellschaftliches Ereignis« bezeichnen. Die Athener gingen nicht ins Theater, um sich nach einem anstrengenden Tag zu entspannen. Ihnen ging es nicht in erster Linie um neueste philosophische Ergüsse ihrer Dichter oder um die dargestellten Kabbeleien mit den Spartanern. Sie versammelten sich in ihren Freilufttheatern zu einer Art religiösem Ritual, bei dem ihnen Wesentliches darüber vermittelt wurde, wie sie ihr Leben führen sollten und wie nicht.

Selbst heute noch unterscheidet gerade diese liturgische Komponente die Oper von anderen Künsten. Die Malerei hat schon längst ihre Verbindung zur Religion verloren. Um aber eine Oper richtig zu erleben, müssen wir auch heute noch an den Ort der Verehrung pilgern, unsere Hüte abnehmen und während der Zeremonie ruhig dasitzen. Auch wenn uns Tausende von Jahren von den alten Griechen trennen: Der religiöse Nachhall klingt noch bis in unsere Tage.

In der Mitte des 16. Jahrhunderts, als die Intellektuellen Europas die humanistischen Werte der griechischen Zivilisation wiederentdeckten, indem sie griechische Kultur durch die Linse ihrer eigenen Sehnsüchte filterten, bemühten sich Komponisten und andere Künstler ganz bewußt darum, zu einigen der hellenistischen Ideale zurückzukehren. Die Erfindung der Oper am Ende des 16. Jahrhunderts war deshalb Teil einer allgemeinen europäischen Kulturrevolte gegen das, was wir bequem als Mittelalter abstempeln. Und so schwand mit der zunehmenden Säkularisierung Europas auch langsam die Vorherrschaft der römisch-katholischen Kirche.

Musikalisch bedeutete das eine Revolte gegen die komplexe, den Text verschleiernde Polyphonie der Frührenaissance. Bei dieser Art von Musik waren fünf, sechs oder sogar sieben Vokal- oder Instrumentalstimmen kontrapunktisch so eng miteinander verflochten, daß man den einzelnen Linien nicht mehr folgen konnte – ein einziges verknotetes Stimmenwirrwarr. Die Musik brauchte wieder mehr Durchsichtigkeit, Einfachheit, eine Rückkehr zu den Ursprüngen. (Der Wechsel zwischen Einfachheit und Komplexität ist übrigens ein Grundmerkmal der Musikgeschichte.) Von den gregorianischen Gesängen zu den Motetten, von früher Oper zur Barockoper, vom klassischen Stil zur Spätromantik und der Zwölftonmusik, von Minimalismus zu – wer weiß, was danach kommt?

Damals jedenfalls tauchte ein Mann namens Jacopo Peri (geboren im August 1561, vermutlich in Rom) auf. Wie alle Musiker dieser Zeit begann er seine Karriere als Sänger (Tenor) und Organist, und zwar in seinem Fall in Florenz. Peris erste Komposition war 1583 eines der Intermedien, der Musiknummern zwischen den Akten eines Dramas, für Giovanni Fedinis *Le due Persilie*, einer Komödie zur Unterhaltung des Hofes. Sechs Jahre später beteiligte er sich an den großen Festlichkeiten, die anläßlich der Vermählung des Großherzogs Ferdinando I. de' Medici mit Christine von Lothringen stattfanden. Diese Hochzeit veränderte den Lauf der Musikgeschichte.

Am Hof der Medici fand sich bald eine außergewöhnliche Truppe von Künstlern und Denkern zusammen. Einer von ihnen war Jacopo Corsi, der führende Musikmäzen der Stadt, der wiederum von den Theorien der von Giovanni de' Bardi angeführten »Florentiner Camerata« beeinflußt war. Die Gruppen um Corsi und Bardi verglichen den in ihren Augen schlechten Zustand der Kunst von damals mit dem, was sie für den wesentlich höheren Standard hielten, der während der klassischen griechischen und römischen Periode erreicht worden war. Corsi ermutigte Peri und den Dichter Ottavio Rinunccini, eine Art Musiktheater wiederzuerfinden, wie es damals vielleicht die Griechen hochgeschätzt hatten. Frucht ihrer Zusammenarbeit war die erste Oper der Musikgeschichte, *Dafne*, die 1597 uraufgeführt wurde.

Von der Musik dieser *Dafne* (eine andere berühmte *Dafne* von Marco da Gagliano wurde 1608 komponiert) sind nur Bruchstücke erhalten, einige davon stammen von Corsi selbst. Doch sie genügen schon, um zu demonstrieren, daß ein neuer, vereinfachter und direkterer musikalischer Stil entstanden war – und das zeigte sich auch ganz deutlich bei Peris und Rinunccinis nächstem Werk, der *Euridice*, die am 6. Oktober 1600 im Palazzo Pitti wiederum zur Feier einer Hochzeit aufgeführt wurde, und zwar der von Maria de' Medici mit Heinrich IV. von Frankreich. Wie *Dafne* bezog auch *Euridice* ihre Inspiration aus der griechischen Mythologie. Peri selbst sang die Titelrolle. Denken Sie aber bitte nicht, er sei dabei von einem Sinfonieorchester à la Verdi oder Puccini begleitet worden. Die musikalische Begleitung bestand aus einem Cembalo (gespielt von Corsi), einem Chitarrone, einem Lirone und einer Laute.

Wie klangen diese frühen Opern? Es gibt darin zwar Arien, Chöre und instrumentale Zwischenspiele; hauptsächlich bestehen sie aber aus trockenen Rezitativen. Von diesen frühen florentinischen Opern gibt es keine »Hits«, keine Arien, die im Fernsehen auftauchen, keine Hymnen, die werbetauglich wären. Stattdessen klingt die Musik, als würden die Figuren einfach in den vokalreichen Klängen der italienischen Sprache sprechen. Die Musik ist fließend und flexibel, sie ist dazu da, dem Text zu dienen und die Geschichte an den Mann zu bringen. (Zur leidigen Diskussion: Was war zuerst da – die Musik oder die Worte? lesen Sie bitte das nächste Kapitel.)

Sehr schnell bekam die Oper ihren ersten großen Komponisten und ihre ersten großen Meisterwerke. Der Komponist war Claudio Monteverdi, der in Cremona geboren wurde und zur Zeit seiner ersten Oper, *Orfeo* (1607), am Hofe des Herzogs von Mantua arbeitete. (Jahrhunderte später machte Giuseppe Verdi einen Herzog aus dem Mantua des 16. Jahrhunderts zum Schurken des *Rigoletto*.) Einerseits war *Orfeo* Monteverdis Beitrag zur aufblühenden Opernszene in Florenz; mit ihm wollte er zeigen, daß er durchaus konkurrenzfähig war. (Die Hauptrolle wurde vom gleichen Sänger, der auch in Peris *Euridice* mitgewirkt hatte, gesungen – höchstwahrscheinlich hatte Monteverdi ihn da schon einmal gehört.) Andererseits wies Monteverdis Werk bereits eindeutige Fortschritte gegenüber der Florentiner Schule auf. Erstens war es klar in Akte gegliedert (auch wenn es vermutlich ohne Pausen gespielt wurde). Noch wichtiger allerdings: Es vereinte das Beste der alten komplexen Madrigaltechnik mit dem neuen Ideal des durchsichtigen Ausdrucks und gab damit der flügge werdenden Kunstform eine Tiefe und Ernsthaftigkeit, die ihr einen festen Platz in der europäischen Kunst sicherten.

Monteverdi ließ dem *Orfeo* Meisterwerk auf Meisterwerk folgen, darunter *Il Combattimento di Tancredi e Clorinda*, *Il Ritorno d' Ulisse in Patria* und vor allem *L'Incoronazione di Poppea* (*Die Krönung der Poppäa*, 1642), die älteste auch heute noch im Repertoire geführte Oper. Monteverdis Autorschaft der *Poppea* wird angezweifelt: Einige Teile stammen, wie wir heute wissen, eindeutig von anderen Komponisten (die Oper wurde auch erst 1681 Monteverdi zugeschrieben). Doch mit ihrem fortschrittlichen Schwerpunkt auf melodienreichen Arien kommt die *Poppea* nicht nur dem Geschmack des modernen Publikums entgegen, sie hat damit auch den Weg für die weitere Entwicklung dieser Kunstform im Barockzeitalter geebnet.

Etwa zur Entstehungszeit der *Poppea* geschah noch etwas anderes von entscheidender Bedeutung: Die Oper verlagerte sich von den Höfen in die öffentlichen Theater. 1637 schon wurde als erstes öffentliches Opernhaus das Teatro San Cassiano in Venedig eröffnet. Man kann die Bedeutung dieser Tatsache gar nicht überbetonen, vor allem, wenn man bedenkt, daß die ersten öffentlichen Klavierkonzerte im 19. Jahrhundert mit Liszt veranstaltet wurden. In Venedig dagegen ging der Musikfreund schon im 17. Jahrhundert in die Oper.

Und nicht nur in Venedig. Opern verbreiteten sich schnell und weit, auch wenn sie in jedem Land auf die örtlichen Zustände zurechtgeschneidert wurden. Manchmal klappte es und manchmal nicht: England brachte 1689 die einzige nennenswerte Oper eines englischen Komponisten hervor, *Dido and Aeneas* von Henry Purcell, danach tauchte diese Form für nahezu 300 Jahre unter. *Dido*, aus der die berühmte Arie für die Heldin, »When I Am Laid in Earth«, stammt, ist eine richtige Oper, anders als Purcells andere Werke, die nur »semi-operas« sind, das heißt Opern mit gesprochenem Dialog oder Schauspiele, in denen die Musik einen bedeutenden Anteil einnimmt. In Werken wie *King Arthur* und *The Fairy Queen* kombinierte der Komponist die englische Leidenschaft für das Theater mit den neuen Techniken der Oper. Hätte er nur länger gelebt! (Purcell starb 1695 im Alter von 36 oder 37 Jahren.) Einen vergleichbar großen Komponisten von Instrumentalmusik und genialen Vertoner der englischen Sprache hat England bis Benjamin Britten im 20. Jahrhundert nicht mehr hervorgebracht.

In Frankreich kam die Oper mit dem anbrechenden Barockzeitalter auf. Wenn die Engländer meinten, die Oper müsse sich am Schauspiel orientieren, dann fanden die Franzosen, sie solle aussehen und klingen wie ein Ballett. Komponisten wie André Campra und Marc-Antoine Charpentier perfektionierten die Form der Ballettoper mit Werken wie *L'Europe galante* und *Le malade imaginaire*. Später schufen Komponisten wie Lully und Rameau durchaus auch richtige große Musikbauten, aber irgendwie haben ihre Werke – wie die meisten französischen Opern – bei einem größeren, nicht-französischen Publikum keinen großen Anklang gefunden. Für ein Publikum außerhalb ihres Heimatlandes scheinen sie zu geziert, zu grazil, zu französisch zu sein. Ich denke, wir können sie problemlos überspringen.

Seltsamerweise erreichte die italienische Barockoper ihren Höhepunkt in England, und zwar mit den Werken eines Deutschen, nämlich Georg Friedrich Händels. Bei Händel denken wir heute eher an den Komponisten des *Messias* oder anderer Oratorien, doch Karriere machte er hauptsächlich mit Opern, als Komponist und als Produzent. Zwischen 1710 und 1740 beherrschte Händel die englische Opernszene. Jahr für Jahr komponierte er neue Opern. Händel war ein großer Verschmelzer. Er übernahm nicht nur die italienische Form der Oper und paßte sie den englischen Wünschen an, er schuf auch ein Opus, das vermutlich in dieser Qualität bis dahin nie erreicht worden war.

Leider sind Händels Opern heute etwas aus der Mode, was vor allem an ihrem Stil liegt. Zu Händels Zeiten war der Kampf zwischen Arie und Rezitativ zugunsten der erstgenannten entschieden, und Händels Opern bestehen aus langen, langen, langen Passagen sogenannter Da-Capo-Arien. Eine Da-Capo-Arie ist immer dreiteilig: Einem endlosen A-Teil folgt ein kontrastierender, aber ebenfalls nicht enden wollender B-Teil, dem wiederum die Wiederholung des A-Teils folgt. Ein zweites Handicap bei Händel-Opern besteht in der Notwendigkeit, Kastraten für die Hauptrollen einzusetzen – und die gibt es heute nicht mehr. Soprane und Countertenors (falsettierende Männerstimmen) haben nicht den gleichen Effekt. Ein drittes Handicap ist Händels Vorliebe für die Gattung der Opera seria, einer Reihe ernster, auf Themen aus der Mythologie beruhender Opern, die einem im Vergleich zu den Werken Mozarts, der drei Jahre vor Händels Tod geboren wurde, langweilig und humorlos vorkommen.

Händel litt auch unter dem großen Umschwung des Londoner Publikumsgeschmacks, an dem die Produzenten italienischer Opern zum Teil selbst schuld waren, weil sie sich gegenseitig bekämpften und gegeneinander rivalisierten. Damals wie heute war die Produktion einer Oper so etwas wie ein finanzieller Drahtseilakt, zumindest was die Gewinnspanne anging. Händels Operngesellschaften hatten ständig mit Schulden zu kämpfen. Die Tatsache, daß sie eine Weile lang groß in Mode waren, hat daran auch nicht viel geändert. In der wankelmütigen Welt der Oper war man oft erschreckend schnell weg vom Fenster. Schlechtes Management tat das seinige dazu: Einer seiner Verwalter des Queen's Theatre am Haymarket, der so treffend Owen Swiney hieß, hinterging den Immigranten Händel ein Jahr, nachdem er sich endgültig in London niedergelassen hatte, und machte sich mit dem gesamten Geld 1713 auf und davon. Händel wurde zwar zum Konzertmeister einer neu errichteten Königlichen Musikakademie ernannt, doch deren Aktivitäten im Bereich Oper wurden 1728 wegen eines heftigen Streits zwischen den beiden Leiterinnen dieser Einrichtung, Francesca Cuzzoni und Faustina Bordoni, eingestellt. Konkurrierende Gesellschaften, wie etwa die Opera of the Nobility, sprossen 1733 aus dem Boden und erlangten schnell Kontrolle über Händels Theater am Haymarket (das nun King's Theatre hieß), und das blieb so bis zum Zusammenbruch 1737.

Inzwischen war noch etwas anderes geschehen. 1728 führten John Rich und John Gay die erste und auch beste »ballad opera« auf, genannt *The Beggar's Opera*, und landeten damit eine Sensation. Rich und Gay verwendeten englische, irische und schottische Volksweisen – und bedienten sich schamlos einer Melodie aus Händels *Rinaldo* – als musikalische Grundlage für einen anspielungsreichen Text voller pointierter Politsatire und schufen so eine ganz neue Form der populären Oper. Händels zunehmend archaischem Gebräu schadeten sie damit ernsthaft. Die Geschmäcker änderten sich; Händel fügte sich in das Unvermeidbare und gab die italienische Oper zugunsten des englischen Oratoriums auf.

Sind Händels Opern es nun eigentlich wert, heute noch gehört zu werden? Lange Zeit schienen sie geradezu in Vergessenheit geraten, doch in den letzten Jahren hat sich hier zu ihren Gunsten einiges getan. Es gibt unzählig viele von ihnen – *Rinaldo*, *Teseo*, *Silla*, *Radamisto*, *Ottone*, *Flavio*, *Giulio Cesare*, *Tamerlano*, *Scipione*, *Berenice*, *Serse*, *Semele* und viele, viele andere. Einsteigern würde ich sie zwar nicht unbedingt empfehlen, aber in den Händen eines kreativen Regisseurs wie Peter Sellars, dessen Bostoner Produktion des *Orlando* im Weltraum-Zeitalter spielt, können sie durchaus auch heute noch bestehen. Vorausgesetzt natürlich, die Aufführenden sind erfahren und das Publikum wohlwollend und geduldig. Die beste Art, von Händels Musik zu kosten, ist auf Platte und in angemessener Dosis, ausgerüstet mit einem Libretto und vorzugsweise mit einer Partitur.

Ein anderer Opernkomponist, dem Ehre eher im Gedenken als in Aufführungen zuteil wird, ist Christoph Willibald Gluck. Gluck ist wichtig, weil er der erste große Opernreformer war. Er rebellierte gegen die Exzesse Händel'scher Opern und versuchte die Form ihres florentiner Ursprungs wiederherzustellen. Die Musik sollte, so meinte Gluck, den Text unterstützen und nicht umgekehrt. (Im nächsten Kapitel werden wir näher auf seine Forderungen eingehen.) Erstaunlich, daß auch Gluck – ebenso wie Händel – ein deutscher Komponist war, der höchsten Ruhm erreichte, indem er Opern in einer anderen Sprache schrieb, in seinem Fall der französischen. Die aufkommende deutsche Sprache, die ihre standardisierte Schriftform mit Luthers Bibelübersetzung erhalten hatte, hielt man noch immer für minderwertig im Vergleich zu den romanischen Sprachen Französisch und Italienisch, und gute Deutsche, die in der weiten Welt Erfolg haben wollten, mußten möglichst schnell eine zivilisierte Sprache lernen.

Und damit wären wir schon bei Mozart. Normalerweise hasse ich Superlative und vermeide sie, vor allem wenn es um Komponisten geht. Aber ich glaube schon, daß Mozart der größte Komponist aller Zeiten war. Natürlich schrieb er auch die größten Opern. Das in Salzburg geborene berühmte Wunderkind Mozart reiste schon als kleiner Junge weit umher, lernte auf seinen Reisen in verschiedene Länder Französisch und Italienisch. Sogar bis nach England kam er. Mit anderen Worten: Er war von Anfang an Internationalist, und in jeder Note, die er schrieb, werden Tiefe und Breite dieser Erfahrungen deutlich.

Mozart schrieb alles in allem 21 Opern. Drei davon komponierte er, bevor er zwölf war, sechs oder sieben sind bis heute im Repertoire, bilden sogar dessen Kern. Mozart war ein Kind seiner Zeit und schrieb seinen Anteil an Opere serie italienischen Stils. Zwei der besten sind *Mitridate* und *Il Sogno di Scipione* (*Der Traum Scipios*). Die erste bedeutende Oper, *Idomeneo*, die auch heute noch viel aufgeführt wird, komponierte er 1780-81. Wie jede gute Opera seria spielt sie in der Welt der klassischen Antike, in diesem Fall auf Kreta nach dem trojanischen Krieg. Auch wenn das Libretto uns heute irgendwie neckisch und gestelzt vorkommt, die Musik ist von ihrer Anlage her so frisch und in der Charakterisierung der Figuren so lebhaft, daß sie alles, was vorher war, einfach wegfegt. (Sowohl Pavarotti als auch Domingo singen diese Oper – und das will was heißen.)

Danach folgte Schlag auf Schlag ein Meisterwerk nach dem anderen. *Die Entführung aus dem Serail* ist ein deutsches Singspiel, eine Oper mit gesprochenen Dialogen. *Le nozze di Figaro* (*Figaros Hochzeit*), *Don Giovanni* und *Così fan tutte* sind die drei unbeschreiblichen italienischsprachigen Opern zu Texten von Lorenzo da Ponte, Werke, die so reich an Schönheit und Wahrheit sind, daß sie die Grundlage für jedes weitere Werk des Opernrepertoires bilden. Gegen Ende seines Lebens wandte sich Mozart mit der *Zauberflöte* wieder einmal dem Singspiel zu, kehrte dann aber – als krönendem Abschluß – mit *La clemenza di Tito* (*Titus*) zur Opera seria zurück. Mozarts Beitrag zur Oper ist weit mehr als eine einfache Auflistung von Standardwerken oder eine Ansammlung von Opernhits. Seine große Leistung bestand vor allem darin, daß er erkannte, welches Potential in der Oper als Spiegel menschlicher Zustände steckt; alles und jeder nach ihm ist nur ein Abklatsch.

Sehen Sie sich Beethoven an. Beethoven schrieb eine Oper, *Fidelio* (auch wenn er sie mehrere Male schrieb; in früheren Fassungen hieß sie noch *Leonore*), und nichts könnte den Einfluß Mozarts dramatischer illustrieren als dieses Werk. Entworfen wurde der *Fidelio* nur vierzehn Jahre nach Mozarts Tod. Er gehört zur Gattung der »Rettungs-Oper«, die damals in Wien sehr beliebt war. Luigi Cherubini, ein in Italien geborener Komponist französischer Opern und einer der Komponisten, die Beethoven beeinflußt haben, schrieb mehrere von dieser Sorte. Und natürlich lag die Musik der Französischen Revolution in der Luft, vor allem als die Napoleonischen Feldzüge durch Europa fegten.

Fidelio – die Geschichte eines politischen Gefangenen namens Florestan und seiner Frau Leonore, die sich als junger Fidelio verkleidet, um ihren Mann zu befreien – beginnt ganz im Stil eines heiteren Singspiels à la Haydn. (Es gibt eine Nebenhandlung über die Vernarrtheit von Marzelline, der Tochter des Gefängniswärters, in Fidelio beziehungsweise Leonore.) Nach und nach aber verdichtet sich die Musik zu etwas weitaus Ernsterem und Universellerem, sie entwickelt sich zu einer ausgewachsenen romantischen Oper, die trotz all ihrer dramatischen Probleme und vokalen Ungeschicklichkeiten einen sicheren Platz im Spielplan eines jeden Opernhauses hat. *Fidelio* ist ein Wunder, eine herrliche Oper eines Komponisten, der sich bei Vokalmusik allerdings nie wohlgefühlt hat. Diese spannende Ode an die Liebe und die Freiheit hatte eine so wechselvolle und schwierige Entstehungsgeschichte, daß es scheint, als sei ein Hauch von Kampf und Triumph in jede einzelne Note der Partitur gemeißelt.

Mit *Fidelio* sind wir schon mitten in der Romantik, einer Epoche, die unseren Begriff von »Oper« geprägt hat. Beethovens Meisterwerk war bereits stark von französischen Komponisten beeinflußt, doch jetzt treten die Franzosen selbst wieder in den Vordergrund, angeführt von der eindrucksvollen Erscheinung Giacomo Meyerbeers, eines in Deutschland geborenen jüdischen Komponisten (sein richtiger Name war Jakob Liebmann Meyer Beer). Meyerbeer wird heute nicht mehr viel aufgeführt. Zu seiner Zeit aber war er der Andrew Lloyd Webber des Musiktheaters. In Werken wie etwa *Robert le diable* (1831) und *Les Huguenots* (1836) behandelte Meyerbeer gewaltige und hochgesteckte Themen. Die Produktionen solcher Opern waren damals Tagesgespräch von tout Paris. (Meyerbeer war so berühmt, daß ein junger, ehrgeiziger deutscher Komponist nach Paris reiste und ihn um Hilfe bei der Förderung seiner erst aufkeimenden und bis zu diesem Zeitpunkt noch sehr wechselvollen Karriere bat. Sein Name war Richard Wagner.)

Auf dem Höhepunkt von Meyerbeers Ruhm gab es auch in Italien bedeutsame Entwicklungen in der Oper, vor allem die Schule des Belcanto eines Gioacchino Rossini, Vincenzo Bellini und Gaetano Donizetti – Komponisten, die wie Meyerbeer eine Vorliebe für extravagante Koloraturen hatten. Rossinis seichte komische Opern, wie etwa *Il barbiere di Seviglia* (*Der Barbier von Sevilla*; seltsamerweise ist *Guillaume Tell*, *Wilhelm Tell* , seine vielleicht beste Oper, ein sehr ernstes Werk), Bellinis übertrieben emotionale Dramen, wie etwa *Norma* und *I Puritani* (*Die Puritaner*), und Donizettis etwas passendere Verbindung von komischen und dramatischen Elementen (*Die Regimentstochter*, *Lucia di Lammermoor*) – sie alle haben heute ihren festen Platz im internationalen Repertoire. Doch wenn Sie mich fragen, liegt das eher an ihrem Unterhaltungswert als Paradestücke für Sänger als an ihrer musikalischen Qualität. Ich gebe zu, ich habe einfach eine Aversion gegen diese Belcanto-Opern mit ihren schlichten Harmonien und ihrer Rata-bum-Orchesterbegleitung bar jedes musikalischen Reizes. Dazusitzen und so eine Oper anhören zu müssen ist für mich eine Qual. Mag sein, nicht für Sie.

Womit wir nun zum Glück gleich zu Wagner und Verdi übergehen. Beide wurden 1813 geboren, und beide beherrschten das 19. Jahrhundert (Wagner starb 1883, Verdi 1901). Der eine war ein ungestümer Revolutionär, der sich – nicht nur geistig – mit so vielen Dingen wie Musik und Drama, Philosophie und Politik beschäftigte. Der andere symbolisierte dank seiner künstlerischen Größe die Hoffnungen und Erwartungen des italienischen Volks in seinem Kampf um politische Einheit. Sie beide schufen das Kernstück des modernen Opernrepertoires. Jeder erfand die Oper für sich neu, perfektionierte sie und gab sie so an die nächste Generation weiter.

Sich für einen der beiden zu entscheiden ist unmöglich. Wer aber im letzten Jahrhundert gelebt hat, mußte eine Wahl treffen, denn ihre Positionen schienen, so grundverschieden wie sie waren, unvereinbar: Wagner, der radikale Erfinder der »Musik der Zukunft« im Gegensatz zu Verdi, dem Bewahrer der italienischen Vokaltradition. Unterstützte man den einen, war man entweder als rechtgläubiger Progressiver oder als gefährlicher Anarchist abgestempelt; dem anderen zuzujubeln zeugte von höchstem musikalischem Konservativismus oder von Respekt vor dem kreativen Umgang mit der Tradition.

Verdi war ein Spätzünder. Fast die Hälfte seiner 28 Opern ist kaum bekannt. Im Grunde werden diese Stücke nur zu Ehren der späteren Werke wiederbelebt und nicht etwa, weil sie selbst irgendwie von besonderem künstlerischen Wert wären. Dennoch gelang es Verdi, trotz des langen und mühsamen Prozesses seiner musikalischen Entwicklung, nicht nur großartige Meisterwerke, wie etwa den *Don Carlos* (der ursprünglich als großes Ereignis im Stil eines Meyerbeer für die Pariser Oper auf Französisch geschrieben wurde), *Othello* und *Falstaff* zu schaffen, ihm gelang auch noch, sein großes und ihm ergebenes Publikum fast auf jeden Schritt seines Weges mitzunehmen. Wahrscheinlich kennen Sie alle die Geschichte, wie Verdi die Arie »La donna è mobile« aus dem *Rigoletto* bis zur letzten Minute zurückhielt, weil er wußte, daß die Leute, sobald man die Arie in Proben hören könnte, sie auf den Straßen singen würden. So fein war eben Verdis Gespür für den Geschmack des Volkes.

Wagner sang nie jemand auf den Straßen. (Können Sie sich vorstellen, die Boulevards entlangzuschlendern und ein fröhliches »Haya-to-ho« zu trällern?) In seiner Musik, die in einem deklamatorischen, etwas gewöhnungsbedürftigen Stil geschrieben ist, sind die besten Stellen dem Orchester vorbehalten. Doch was Wagner erreichen wollte, war nichts weniger als die Umwandlung der Oper. Die von ihm geschaffene neue Form sollte das gesamte Wissen und die gesamte Erfahrung umfassen. Wenn Verdi der große Humanist war – und die Gefühle des Komponisten seinen Figuren gegenüber sind immer ganz offensichtlich – dann war Wagner der große Gebieter über das Unbewußte, indem er versuchte, dem Gefühl und der Erinnerung auf den Grund zu gehen. Mit seinem Mammutzyklus *Der Ring des Nibelungen* schuf er das vermutlich ehrgeizigste Einzelwerk der Kunstgeschichte – wenn wir die Kathedrale von Chartres nicht mitrechnen. In den heiteren *Meistersingern* begegnet er der Liebe mit Weisheit und Zuneigung, während er im düster brütenden *Tristan,* den er zur gleichen Zeit wie die *Meistersinger* schrieb, die dunkle Seite der Erotik untersuchte. Niemand stand damals Wagner neutral gegenüber; das war einfach nicht möglich. Und genau das wollte er.

Reduzierte man den Wettstreit Wagner/Verdi auf die Frage, wer von beiden den größeren Einfluß auf das kommende 20. Jahrhundert hatte, gewänne Wagner haushoch. Ab etwa der Mitte des 19. Jahrhunderts bestimmte die deutsche Schule fast jeden kreativen Aspekt der Musik. Bis dahin waren die Deutschen ziemlich still geblieben. Händel hatte, wie wir gesehen haben, Karriere in England gemacht, indem er im italienischen Stil komponierte; Mozart war Österreicher, geboren und aufgewachsen in Salzburg, der italienischsten aller deutschsprachigen Städte. Der erste bekannte Komponist einer ganz und gar deutschen Oper war Carl Maria von Weber, der Wagner stark beeinflußte. Sein *Freischütz* (1821), eine Spukgeschichte der übernatürlichen Art, ist bis heute noch beliebt, vor allem beim deutschen Publikum.

Nach Wagner aber kam die Sintflut. Sein wichtigster Nachfolger war vermutlich der bayerische Komponist Richard Strauss (nicht verwandt mit der Wiener Walzerkönigsfamilie), ein interessanter Fall einer Rückwärtsbewegung. Strauss, Sohn eines berühmten Hornisten, trat erst als Komponist brillanter sinfonischer Dichtungen auf – das sind programmatische, eine Geschichte erzählende Orchesterwerke –, darunter *Don Juan*, *Till Eulenspiegel* und *Ein Heldenleben.* Sie alle gehören zum Hauptrepertoire eines jeden Orchesters. Strauss schrieb fast seine gesamten herrlichen Tondichtungen, bevor er 1905 mit seiner ersten Hauptoper, *Salome,* seinen ersten Erfolg landete. (Wie Wagner, dessen frühe Opern *Die Feen* und *Das Liebesverbot* seinem ersten Triumph, *Rienzi,* vorausgingen, schrieb auch Strauss zwei frühere Werke – *Guntram* und *Feuersnot* –, die sich jedoch nie richtig etabliert haben.) Auf die das Publikum schockierende *Salome* ließ er die noch gewaltigere *Elektra* folgen, bei der er sich mit Hilfe seines Librettisten Hugo von Hofmannsthal mit Sophokles zusammentat. *Elektra* war das erste Strauss/Hofmannsthal Joint venture, das später im *Rosenkavalier* noch berühmtere Früchte trug.

Nach dem *Rosenkavalier,* der sicherlich als Höhepunkt der romantischen Oper gelten muß, verblaßte der Rosen-Strauss. *Ariadne auf Naxos* ist ganz nett und *Die Frau ohne Schatten* hat auch ihre guten Momente – aber auch schrecklich lange halbe Stunden. Danach ging es im Grunde für Strauss nur noch bergab, jedenfalls was die Oper angeht (was die Moral angeht auch, denn er wurde im Dritten Reich Kopf der Reichsmusikkammer), und alles, was Strauss noch an Opern produzierte, ist ziemlich grausam – tonale Musik ohne Melodie.

Wenn Strauss Wagners wichtigster Nachfahre ist, dann ist Giacomo Puccini der wichtigste Nachfahre Verdis. Puccini hat, und das durchaus zu Recht, zu unserer Zeit eine Menge Prügel von der Kritik bekommen. Manche Theaterkritiker denken inzwischen sogar, der Zusatz »puccinimäßig« sei ein Ausdruck der Schmähung, so oft haben sie ihn schon verwendet, um darauf hinzuweisen, mit welch schlichten Ohrwürmern so manches Broadway-Musical – etwa *Aspects of Love* – operiert. Doch Puccini hatte als Komponist weit mehr zu bieten als sein zugegebenermaßen sagenhaftes Melodientalent. Hören Sie sich Puccini-Opern an – *La Bohème*, *Tosca*, *Madame Butterfly*, *Turandot*, um nur die berühmtesten zu nennen –, Sie werden erstaunt sein, wie perfekt er die Technik beherrscht, wie feinfühlig er orchestriert und wie sicher er seine Themen so wählt, daß sie das beste aus ihm herausholen. Von mir werden Sie in diesem Buch kein einziges abschätziges Wort über Puccini hören. Puccini war (zusammen mit den beiden Verismo-Zwillingen Mascagni und Leoncavallo, die mit *Cavalleria rusticana* und *I Pagliacci* ihren jeweils einzigen Erfolg gelandet haben) der letzte herausragende Exponent der italienischen Oper. Mit *Turandot,* an dem der Komponist bis zu seinem Tode 1924 gearbeitet hat, endet ihre Geschichte, die mit Peri und der Florentiner Camerata begann.

Ein kurzes Wort noch über unsere alten Freunde, die Franzosen. Anders als der französische Wein kommt die französische Oper nicht in der Weltgeschichte herum – mit einer Ausnahme: George Bizets *Carmen*, eine der feinsten und populärsten Opern aller Zeiten. Wie bei der *Zauberflöte* gehören zur Komposition der *Carmen* gesprochene Dialoge anstelle von Rezitativen, was sie irgendwie nicht »seriös« genug wirken ließ. Nach dem zu frühen Tod des Komponisten im Alter von 36 Jahren verfälschte man die Oper mit Rezitativen eines anderen Komponisten. Erst seit kurzem kann man *Carmen* wieder so hören, wie sie Bizet zwischen 1873 und 1875 konzipiert hatte.

Ein anderes Meisterwerk des französischen Repertoires ist Claude Debussys *Pelléas et Mélisande*, wahrscheinlich die schönste Verschmelzung von Text und Musik der ganzen Operngeschichte. Maeterlincks tiefgründiges Drama hat hier durch Debussys matte, elliptische Musik seine perfekte musikalische Bearbeitung erfahren. Die beiden waren allerdings nicht gerade Freunde. Der Dichter prallte wegen der Besetzung von Mary Garden als Carmen offen mit dem Komponisten zusammen – Maeterlinck wollte, daß seine Geliebte die Rolle bekommt – und ging in die Akten ein, als er sagte, er hoffe, die Oper würde bei der Premiere 1902 durchfallen. Vive la France!

Bevor wir aber zu weit ins 20. Jahrhundert vorstoßen – Strauss lebte bis 1949 – sollte ich noch einige der slawischen Nationalschulen erwähnen. Die Russen werden natürlich bestens von Tschaikowsky und von Modest Mussorgsky vertreten, dessen epischer *Boris Godunow* ein Muß für jeden Opernliebhaber ist. Dieses Monumentalwerk übertrifft an Länge und Umfang sogar noch Verdis *Don Carlos*. Nur wenige Höhepunkte des Opernrepertoires können es mit der Todesszene von Zar Boris aufnehmen, diesem Moment, in dem Boris, überwältigt von Schrecken und Reue, von seinem Thron stürzt. (Die letzte Szene, in der die Figur des Narren das Schicksal von Mütterchen Rußland beweint, hätten sich die Mitarbeiter des Außenministeriums der Bush- und Clinton-Regierung genauer anhören sollen, die die Chance verpaßt haben, die alte Sowjetunion nach ihrem Zusammenbruch in den Schoß der modernen Nationen aufzunehmen.)

Auch die Tschechen entwickelten eine fabelhafte heimische Opernindustrie, angeführt von Leos Janácek. Dessen erster großer Erfolg, das Meisterwerk *Jenufa*, kam erst, als er 62 Jahre alt war, auf die Bühne und machte ihn quasi über Nacht berühmt. Janácek – Freund und Schüler Antonin Dvoráks, dessen *Rusalka* voller reizender

Details ist – hat uns bewiesen, daß man möglicherweise doch noch Erfolg hat, wenn man nur lang genug an einer Sache dranbleibt. Bis zur *Jenufa*, in der offen und leidenschaftlich das Schicksal einer ledigen Mutter in einem Provinzdorf Moraviens geschildert wird, hatte Janácek fast nichts komponiert, was heute noch aufgeführt würde. Nach dem Erfolg der *Jenufa* begannen für den Komponisten noch einmal zehn erstaunlich fruchtbare Jahre, in denen er die Opern *Katja Kabanowa*, *Die Sache Makropulos* und *Aus einem Totenhaus* sowie die *Sinfonietta* und die *Glagolitische Messe* schrieb. Jedes Werk zeugt von Janáceks ganz eigenwilligem Stil, der geprägt ist von dem (für unsere Ohren) fremdartigen Tonfall der tschechischen Sprache und einem außerirdischen Gefühl für eine Harmonie, die gleichzeitig neu und erfrischend ist.

Damit wären wir auch schon mehr oder weniger bei diesem gräßlichen Wesen, der Oper des 20. Jahrhunderts. Wenn man bedenkt, daß das 21. Jahrhundert schon fast vor der Tür steht, scheint es kaum Sinn zu machen, uns weiterhin angstvoll vor moderner Musik zu drücken. Dennoch sind Opern des 20. Jahrhunderts für viele unverständige Intendanten Verlustgeschäfte und Saalräumer. Offenbar fürchten sie, die »häßlichen« Töne unseres Jahrhunderts könnten die verwöhnten Ohren ihrer vornehmen Kundschaft beleidigen.

Macht ja nichts, daß sowohl *Der Rosenkavalier* als auch *Turandot* Opern des 20. Jahrhunderts sind. Nein, woran sie denken, sind Werke wie Alban Bergs *Wozzeck*, der 1925 uraufgeführt wurde, nur ein paar Monate vor *Turandot*. Wir werden sowohl auf *Wozzeck* wie auf die *Lulu* in Kapitel 5 genauer eingehen. Hier soll genügen, wenn ich sage, daß zwischen ihnen und den spätromantischen Träumereien eines Strauss oder Puccini Welten liegen. *Wozzeck* ist im großen und ganzen atonal, was bedeutet, daß es kein eindeutig definiertes tonales Zentrum gibt. *Lulu* dagegen ist fraglos das prominenteste Beispiel für das Zwölftonsystem in der Oper. Aus diesen technischen Gründen fällt es vielen schwer, die beiden Werke zu begreifen – bis sie auf eine erstklassige Inszenierung stoßen, die all diese angeblichen musikalischen Schwierigkeiten hypothetisch klingen läßt. Lassen Sie mich das erklären.

Es gibt keinen vernünftigen Grund, eine Aufführung des *Wozzeck* oder der *Erwartung* Arnold Schönbergs oder einer anderen Avantgarde-Oper des Expressionismus unter Protest zu verlassen. Keinen

Grund außer Unkenntnis. Ob Sie es glauben oder nicht, der Buhmann *Wozzeck* war ursprünglich ein Hit. Bei ihrer Uraufführung (im Dezember 1925 in Berlin) war die Oper ein Skandalerfolg und wurde schnell in die Spielpläne der Opernhäuser ganz Österreichs und Deutschlands aufgenommen. 1931 fand in Philadelphia ihre amerikanische Erstaufführung statt. Was *Wozzecks* Aufstieg dann aber verhindert hat, war nicht sein idiomatischer Stil, sondern sein politischer Inhalt. Die Nazis verbannten ihn 1933 nach der Machtergreifung von allen deutschen Bühnen. So stand er, lange Jahre seiner riesigen Aufführungsbasis in Zentraleuropa beraubt, außerhalb des Standardrepertoires, als der gesunde Menschenverstand und die Alliierten 1945 Oberhand gewonnen hatten.

Mit anderen Worten: Hätte man der Musik erlaubt, ihren natürlichen Gang zu gehen, würden wir heute deutlich sehen, daß *Wozzeck*, so brillant originell er auch ist, mit derselben mitteleuropäischen Hauptströmung, die wir sonst so ansprechend finden, auf einer Linie steht. Das Problem der Musikgeschichte des 20. Jahrhunderts besteht darin, daß das Publikum nie begriffen hat, was die Komponisten taten – und das haben wir teilweise den extremen Verlagerungen der Kriegsjahre zu verdanken.

Zum Glück konnte man in den letzten zehn Jahren eine Entmystifizierung der modernen Oper erleben. Heute haben nicht einmal kleine Kinder Angst vor ihr. Werke wie Béla Bartóks *Herzog Blaubarts Burg*, Strawinskys *The Rake's Progress* und Benjamin Brittens *Peter Grimes* und *Death in Venice* sind irgendwie auf positive Art spießig. Die vermeintlichen Reize von Sir Michael Tippetts eigenartigen Opern, wie etwa *The Midsummer Marriage*, lassen mich jedoch völlig kalt, wogegen ich die Musik seines deutschen Zeitgenossen Hans Werner Henze (*Elegie für junge Liebende*, *Wir kommen zum Fluß*) sowohl fesselnd wie unwiderstehlich finde. Doch heute kommt das wirklich Neue aus der Feder jüngerer Komponisten, wie etwa John Adams, dessen *Nixon in China* ein strahlend schöner Ausflug in die Oper war, und William Bolcom (mit dem eklektischen *McTeague*) und in Großbritannien Harrison Birtwistle (*Gawain*). Und natürlich Philip Glass, dessen Musikstil nach Meinung derer, die ihn nicht ausstehen können, sich von »viel zu radikal« zu »abgestanden und konservativ« wandelte. Der produktive Glass ist jedoch Autor von mindestens zwei unzweifelhaften Meisterwerken, *Einstein on the Beach* und *Satyagraha*; vielleicht schreibt er gerade das nächste.

Damals, während seiner Sturm-und-Drang-Zeit meinte einmal der Komponist und Dirigent Pierre Boulez, wir sollten am besten alle Opernhäuser in die Luft jagen, denn sie seien ein nutzloser Anachronismus. Vor ein paar Jahren erlebte ich eine der mitreißendsten Opernaufführungen meines Lebens, eine Produktion von Debussys *Pelléas et Mélisande*. Der Dirigent war ... Pierre Boulez.

Vielleicht steckt doch noch Leben in der großen alten Dame. Wie dieser kurze Überblick zeigt, hat sich die Form der Oper über die Jahrhunderte hinweg verändert, immer wieder hin- und hertaumelnd vom aufwendigen Spektakel zum düsteren Psychodrama und zurück. Man hat sie als frivoles und teures Spielzeug der reichen Müßiggänger denunziert und sie gleichzeitig zur demokratischsten aller Künste erhoben.

Sicher, im Moment erlebt die Oper ein eindrucksvolles Comeback. Seit Glass und sein Librettist Robert Wilson mit *Einstein* 1976 New York im Sturm erobert haben, strömen die besten und hellsten musikalischen Köpfe wieder in die Oper. Das ist auch der beste Ort für sie – und für uns auch.

4

»Prima la musica e poi le parole?«
oder
Der Wettstreit zwischen Wort und Musik

Für Musik sind alle Worte gut genug.

ARISTOPHANES, DIE VÖGEL

Könnte man Musik in menschliche Sprache
übersetzen, bräuchte man sie nicht mehr.

NED ROREM

Im Grunde streiten sich Komponisten und Publikum, seit es Oper gibt, darüber, was zuerst kommt, die Worte oder die Musik. Heute mag uns die Frage dumm und die Antwort selbstverständlich erscheinen. Aber das war nicht immer so. Die Theoretiker des Mittelalters postulierten eine Trennung von Dichtkunst und Musik; Dichtkunst sei, so sagte einer von ihnen, »musique naturelle«, wogegen jeder Gesang eine »musique artificielle« sei. An mehreren Punkten der Musikgeschichte haben um dieses Thema erbitterte Kämpfe getobt, und mindestens zweimal tauchte ein großer Reformer auf, der die Dinge wieder klarstellte.

Der erste war Christoph Willibald Gluck, der sich zusammen mit seinem einflußreichen Librettisten Raniero de' Calzabigi auf die Textseite schlug. Das war zu einer Zeit, als die Musik vor allem von geltungssüchtigen Sängern zu ihren Zwecken mißbraucht wurde. Gluck versuchte, die Musik wieder ihrem eigentlichen Zweck zuzuführen: Die Textverständlichkeit, meinte er, müsse wieder im Vordergrund stehen und der Komponist müsse mit musikalischen Mitteln die dramatische Situation verdeutlichen, ohne daß durch überflüssige Verzierungen die Handlung unterbrochen oder behindert würde. Sicherlich hatte er mit seinen Forderungen recht, denn durch die immer ausgefalleneren, auf Verlangen der Stars geschriebenen Arien war die Oper im späten 18. Jahrhundert zur Sängershow verkommen. Diesen Auswüchsen wollte Gluck entgegenwirken, indem er zu den Idealen der Florentiner Camerata zurückkehrte.

Der zweite große Reformer war Richard Wagner – nicht nur eine der prägendsten Persönlichkeiten der Musikgeschichte, sondern der Kulturgeschichte der westlichen Welt überhaupt. Wagner hat nicht nur die Oper *re*formiert, er hat sie *trans*formiert, und arroganterweise (das war so seine Art) beanspruchte er für sich, das allein seligmachende Opernkonzept gefunden zu haben.

Die ganze Diskussion darüber, wem der erste Platz gebührt, dem Wort oder der Musik, bringt uns wieder zurück zu der Frage des ersten Kapitels. Was ist Oper? Warum hat sie solche Macht über unsere

Phantasie? Wodurch erreicht sie ihre Wirkung? Wie können wir lernen, sie noch besser zu würdigen? Sicher, Sie können sich »Nessun dorma« mit Pavarotti als Kalaf anhören, bis die um ihren Schlaf gebrachten Nachbarn die Polizei rufen. Sie können diese Arie aber auch in normaler, der Musik angemessenen Lautstärke genießen. Noch besser wäre es allerdings, Sie würden versuchen, Kalafs Arie aus dem 3. Akt des *Turandot* in ihrem Zusammenhang zu verstehen. Vielleicht möchten Sie dann sogar die ganze Oper kennenlernen und nicht nur die berühmten drei Minuten.

Worin besteht das Wesen der Oper? Welche Eigenschaften unterscheiden sie von allen anderen Kunstformen? Was ist es, was alle Arten talentierter Sterblicher angezogen hat – nicht nur solche, die ihren Lebensunterhalt als Komponisten verdienten, sondern auch große Dichter (Thomas Mann fällt einem da sofort ein und Anthony Burgess), Philosophen (Voltaire, der viele Libretti für Jean Philippe Rameau geschrieben hat) und Filmemacher (Coppola, Scorsese), die sich in ihren Arbeiten entweder direkt mit der Oper auseinandersetzten oder Elemente der Oper übernahmen? (Wer könnte Coppolas Inszenierung von Mascagnis *Cavalleria rusticana* als Finale seines Epos *Der Pate* vergessen oder Scorseses Verwendung des berühmten Intermezzos aus derselben Oper, das Robert de Niros boxerische Heldentaten in *The Raging Bull* begleitet? Was ist hier das wichtigste Element: die Musik oder das Wort?)

Oder ist da noch etwas anderes? Jean-Jacques Rousseau, bekannt als einer der einflußreichsten Philosophen des 18. Jahrhunderts – er war außerdem Komponist und Theoretiker, schrieb mehrere Opern und steuerte zu Diderots großer *Encyclopédie* Artikel über Musik bei, die er später erweiterte und zu seinem *Dictionnaire de musique* von 1768 zusammenstellte –, Rousseau also definierte Oper als »dramatisches und lyrisches Spektakel, bei dem sich einer bemüht, alle Reize der schönen Künste in der Darstellung einer Handlung voller Leidenschaft zu vereinen, um durch angenehme Empfindungen Interesse zu wecken und Illusion zu schaffen. Bestimmende Teile einer Oper sind die Dichtung, die Musik und die Szenerie.«

Warten Sie mal, Jean-Jacques! Die Szenerie? Ja! Im 18. Jahrhundert gehörte eine aufwendige Ausstattung einfach zur Oper dazu, nicht anders als heute beim Broadway-/West-End-Musical. Plante man eine neue Oper, war die Frage, wer das Stück denn komponieren könnte, oft von absolut untergeordneter Bedeutung. Wesentlich weiter oben in der Werteskala einer Produktion standen der Text, die Besetzung der Sänger und der Glanz der Bühnenbilder. Der Komponist, der ganz am Schluß unter »ferner liefen« rangierte, sollte seine Partitur den Fähigkeiten der Sänger und den Möglichkeiten des Theaters anpassen, nicht umgekehrt. Die Vorstellung, daß ein Komponist seine Partitur zur Produktion vorstellt und sich weigert, auch nur eine Note zu ändern, als wäre die Musik allein schon der Entwurf des ganzen Ereignisses, wäre einfach lachhaft gewesen. Stellen Sie sich einmal vor, wie das heute aussähe, wenn ein berühmtes zeitgenössisches Musikwerk so behandelt würde:

TREVOR NUNN UND JOHN NAPIER
präsentieren
T. S. Eliot's
CATS
mit
ELAINE PAIGE als GRIZABELLA
Musik von a. l. webber

Kaum vorstellbar, oder? Und doch war es so, selbst in Mozarts Glanzzeiten. Mozarts Opern existieren in verschiedenen Fassungen, je nachdem, wo sie aufgeführt wurden und mit welcher Sängerbesetzung gearbeitet werden mußte. Eines der großen Geheimnisse der Oper ist die Frage, warum *Don Giovanni*, eines von Mozarts Meisterwerken und sicherlich ein ernsthafter Kandidat für den mythischen Titel »Größte Oper aller Zeiten«, keine richtige Arie für die Hauptfigur enthält. »Fin ch'han dal vino«, die sogenannte Champagnerarie, ist in Nullkommanichts vorbei (der Sänger muß dabei nur einmal Atem holen). Mehr war wohl bei den begrenzten Möglichkeiten des 21jährigen Luigi Bassi, der die Rolle spielte, nicht drin. Erst am Schluß, wenn Giovanni sich unbeugsam dem Teufel widersetzt, zeigt sich der legendäre Lebemann als der tragische Held, der er im Grunde ist. Warum sollte Don Giovanni sich aber auch selbst rechtfertigen? Die anderen Hauptfiguren (die drei Frauen, sein treuer Diener) beschreiben ihn doch – jeder auf seine Art – so genau, daß wir ein sehr klares Bild von ihm erhalten.

Wie gnadenlos Komponisten im 18. Jahrhundert den örtlichen Gegebenheiten ausgeliefert waren, mag man den Bemerkungen eines Briefes entnehmen, den Giuseppe Riva, ein aus Modena stammender

Gesandter am englischen Hofe, 1725 schrieb. Für Riva – er bezieht sich in diesem Brief vor allem auf die italienischen Opern des in England lebenden Georg Friedrich Händel – sind »Opern, die in England gespielt werden, wenn auch musikalisch sehr nett, doch von der Dichtung ruiniert. In England mögen die Leute sehr wenige Rezitative, dafür über drei Akte verteilt dreißig Arien und mindestens ein Duett. Das Thema muß schlicht sein, zartfühlend, heldenhaft – römisch, griechisch, vielleicht auch noch persisch, aber niemals gotisch oder lombardisch. In diesem und den nächsten beiden Jahren müssen zwei gleichberechtigte Rollen für die Cuzzoni und die Faustina enthalten sein [zwei berühmte Hauptdarstellerinnen der Zeit]. Senesino [ein Kastrat oder chirurgisch veränderter männlicher Sopran] übernimmt die männlichen Figuren, und seine Rolle muß heroisch sein ... Wenn das Thema drei Frauen verlangt, kann eine weitere Frau beschäftigt werden, denn noch eine dritte Sängerin steht bereit, eine Rolle zu übernehmen.« Mit anderen Worten: Primadonnen, die ungeduldig auf die für sie bestellten Noten warteten, gab es genug.

Was ich damit sagen will, ist, daß sich die genaue Vorstellung darüber, was eine Oper ausmacht, ständig wandelt. So sollte es auch sein: Jeder Epoche gebührt die Oper, die sie haben will – oder vielleicht auch verdient. Oper war und ist immer Spiegel der Gesellschaft ihrer Zeit: Die Dichtung der Oper im 17. Jahrhundert etwa zeugt von der damaligen Begeisterung der Höfe für die griechische Antike; die Arien des 18. Jahrhunderts verdeutlichen das Protokoll- und Rangbewußtsein, das in den Schlössern Frankreichs und Österreichs geherrscht hat; die für politische Ziele stehenden Chöre spiegeln das von Revolutionen gezeichnete Europa des 19. Jahrhunderts wider, und die Gegenwart findet ihren Niederschlag in den semipsychoanalytischen inneren Monologen der modernen Oper.

Bei Mozart wird deutlich, daß sich langsam eine neue, unabhängigere Art des Denkens einschleicht, auch wenn die Aufführungsbedingungen bei der Gesamtkonzeption noch erheblich ins Gewicht fallen. Mozart schreibt am 26. September 1781 an seinen Librettisten da Ponte, erklärt ihm die genauen Umstände der *Entführung aus dem Serail* und äußert sich dazu, wie er Gottlieb Stephanies Libretto modifiziert hat:

»Die Oper hat mit einem Monologe angefangen, und da bat ich H: Stephani eine kleine Ariette daraus zu machen – und daß anstatt nach dem Liedchen des Osmin die zwei schwätzen, ein Duo daraus würde. – Da wir die Rolle des Osmin H: Fischer zugedacht, welcher eine gewiß vortreffliche Bass-Stimme hat (...), so muß man so einen Mann nutzen, besonders da er das hiesige Publikum ganz für sich hat. (...) Die Aria hab ich dem H: Stephani ganz angegeben – und die Hauptsache der Musik davon war schon fertig, ehe Stephani ein Wort davon wußte.«

Mit anderen Worten: Mozart fängt schon an, die Machtbalance zu verändern. Ein paar Wochen später schrieb er an seinen Vater, und diesmal ist seine Haltung ziemlich deutlich.

»Ich weiß wohl, daß die Versart darin nicht von den besten ist, doch ist sie so passend mit meinen musikalischen Gedanken – die schon vorher in meinem Kopf herumspazierten – übereins gekommen, daß sie mir notwendig gefallen mußte; (...) und ich weiß nicht, bei einer Opera muß schlechterdings die Poesie der Musik gehorsame Tochter sein. Warum gefallen denn die welschen [= italienischen] komischen Opern überall – mit allem dem Elend was das Buch anbelangt? (...) Weil da ganz die Musik herrscht und man darüber alles vergißt. (...) Da ist es am besten, wenn ein guter Komponist, der das Theater versteht und selbst etwas anzugeben imstande ist, und ein gescheiter Poet als ein wahrer Phönik zusammenkommen. Dann darf einem vor dem Beifalle des Unwissenden auch nicht bange sein.«

Mozart unterstellt hier nicht, das Libretto sei unwichtig; in beiden Briefen richtet sich der größte Teil seiner Klagen gegen Texte, die (seiner Ansicht nach) unnötigerweise gereimt wurden nur um des Reims willen und bei denen Form über Funktion siegt. Wie Fußballspieler auf Bolzplätzen kümmerten sich auch die Librettisten damals wohl mehr um ihr gutes Aussehen als um gute Leistung. »Wenn wir Komponisten immer so getreu unsern Regeln (...) folgen wollten«, bemerkte Mozart, »so würden wir eben so taugliche Musick, als sie untaugliche Bücheln, verfertigen.« Früher als alle anderen begriff Mozart, daß Wort und Musik in der Oper eine Partnerschaft bilden, daß aber die Musik, wenn es hart auf hart kommt, Vorrang hat. Zu Recht hält man deshalb Mozart für den ersten großen Opernkomponisten und -dramatiker. Seine besten Opern schrieb er zu Texten seines außerordentlich fähigen und von ihm hochgeschätzten Librettisten Lorenzo da Ponte. Doch er hat nie Zweifel daran gelassen, daß ganz allein die Musik der Motor der Oper sei und nichts anderes.

Die Worte allerdings sind dazu da, den dramatischen Zusammenhang, der die Phantasie des Komponisten anregt, zu verdeutlichen. Ich habe in Kapitel 2 die Briefszene in Tschaikowskys *Eugen Onegin* angesprochen. Tschaikowsky konnte Tatjanas leidenschaftlichen Ausbruch unterdrückter Liebe nur zu gut nachempfinden (der Komponist mußte seine Homosexualität zwangsläufig verheimlichen, was ihn sein ganzes Leben lang quälte), und es ist kein Wunder, daß das erste Stück dieser Oper, das er zu Papier brachte, diese Briefszene war. Doch was, wenn die Worte, anstatt die erste, wahnsinnige Liebe eines jungen Mädchens auszudrücken, eine bloße Auflistung dessen wären, was Tatjana zu tun hat:

1. Aufwachen
2. Frühstücken
3. Leibeigene schlagen
4. Mittagessen mit Olga
5. Flirten mit hübschem Fremden
6. Abendessen mit Mama u. Papa
7. Zu einer proto-bolschewistischen Versammlung gehen (und darauf achten, etwas Rotes zu tragen!)
8. Bettzeit

Die Musik wäre wohl wirklich ganz anders ausgefallen.

Von manchen Komponisten wird behauptet, sie hätten auch ein Telefonbuch vertonen können (Richard Strauss hat doch tatsächlich im *Rosenkavalier* eine Regieanweisung Hugo von Hofmannsthals vertont, und für so Leute wie den britischen Komponisten Michael Tippett, der seine eigenen Libretti schreibt, wäre ein Telefonbuch vielleicht eine sinnvollere Alternative). Die meisten Komponisten brauchen allerdings die Anregung durch dramatische Worte und Taten, damit die Säfte in Wallung kommen. Sicher, selbst die besten

Operntextbücher erwecken nicht gerade den Anschein, als könnten sie einen Literaturpreis gewinnen (und mit Ausnahme von da Ponte und Hofmannsthal hätte auch kein Librettist eine Chance). Aber sie sind es, die die geistige Abschußrampe für höchste Höhenflüge der musikalischen Phantasie schaffen.

Auch wenn es stimmt, daß ein großartiges Libretto nicht notwendigerweise eine großartige Oper nach sich zieht, so stimmt es doch auch, daß ein hoffnungslos schlechtes Libretto ziemlich sicher einen Reinfall für die Oper bedeutet. Franz Schubert, ein wunderbarer Liederkomponist, versuchte sich mehrfach an Opern, scheiterte aber am Fehlen eines passablen Librettos. Schubert ist seit 1828 tot, also ist es müßig, sich darüber den Kopf zu zerbrechen, doch die Frage bleibt offen, ob er mit einem seinen Fähigkeiten angemessenen Libretto eine große Oper hätte schreiben können. Bestimmt hätte er Besseres zustande gebracht als *Des Teufels Lustschloß*, *Alfonso und Estrella* und *Fierrabras*.

Vielleicht auch nicht. Nicht jeder Komponist besitzt die Fähigkeit oder das Temperament, erfolgreich Opern zu schaffen. Beethoven hat nach mehreren vergeblichen Versuchen nur eine einzige, das spröde Meisterwerk *Fidelio*, geschrieben. Die anderen beiden berühmten B's, Bach und Brahms, schrieben gar keine. Gustav Mahler, ein großer Sinfoniker und Komponist von Liederzyklen, einer der größten Dirigenten der Musikgeschichte und Leiter sowohl der Wiener wie der Metropolitan Oper, hat sich nie an einer Oper versucht, außer daß er Carl Maria von Webers mageres Fragment *Die drei Pintos* vollendet und herausgegeben hat. Eine Oper zu schreiben, erfordert eine Menge verschiedener Fähigkeiten, die sich nicht auf das rein Musikalische beschränken. Ein Opernkomponist muß auch literarische Qualitäten beurteilen können, in der Lage sein, kollegial, wenn nicht sogar kongenial mit einem Partner zusammenzuarbeiten. Er muß die Theaterarbeit genau studieren, muß wissen, welche Effekte auf der Bühne möglich sind. Und er muß Impresario sein, geschickt darin, Geld aufzutreiben und Mäzene zu finden.

Doch hat gerade im 19. Jahrhundert immer wieder die Musik über das Wort triumphiert. Seltsamerweise war für die beiden Giganten Verdi und Wagner dennoch der Text von allergrößter Bedeutung. Verdi, der sich politisch stark engagierte, bekam wegen der oft brisanten Themen seiner Opern immer wieder Schwierigkeiten mit den Zensoren seiner Zeit. Sowohl *Rigoletto* als auch *Ein Maskenball* mußten den Schauplatz ändern, war doch die Ermordung eines regierenden Monarchen nicht gerade ein Thema, das bei den Regierenden Gefallen fand, egal in welchem Fürstentum die Oper uraufgeführt wurde. Vergessen wir auch nicht, daß Verdi sich bei seinen beiden letzten (und größten) Opern keines Geringeren als Shakespeares bediente, dessen Theaterstücke *Othello* und *Die lustigen Weiber von Windsor* die Grundlage für die Opern *Othello* und *Falstaff* bilden. Librettist bei beiden Werken war ein Komponistenkollege, Arrigo Boito, doch mit dessen Namen verbindet man heute nur noch seinen literarischen Beitrag zu Oper.

Wagner dagegen schrieb die Texte lieber gleich selbst. Er bezeichnete sie nicht als Operntexte, und er haßte den Begriff »Libretto«. Selbstverständlich hatte er von seinen dichterischen Qualitäten eine sehr hohe Meinung und rezitierte oft zur Unterhaltung seiner Gäste dramatische Passagen, auch wenn er mit deren Vertonung noch nicht fertig war. (Er schrieb immer zuerst die Verse.) In seinem aus vier Musikdramen bestehenden großen Zyklus, *Der Ring des Nibelungen*, ging Wagner sogar so weit, einen ganz neuen deutschen Dialekt zu erfinden, eine Art privates Ur-Deutsch. Wagner war ein vorbildlicher Produzent, der verschiedene gekrönte Häupter dazu brachte, ihm Geld zu geben, um sich schließlich sein eigenes Monument in Form des Festspielhauses in Bayreuth zu errichten, in dem 1876 die Uraufführung des *Ring* stattfand. (Um die Kontinuität der Operngeschichte zu verdeutlichen, war der *Ring* ursprünglich als Festspielstück nach den Prinzipien der Feiern des Dionysos von Athen konzipiert.)

Die Entschiedenheit, mit der selbst ein so großer Melodiker wie Verdi versuchte, jedes Wort richtig zu verstehen, mag ein technisches Detail verdeutlichen, das Boito 1881 in einem Brief an ihn, den *Othello* betreffend, anspricht. Bei der Zusammenarbeit Verdi/Boito wurde eben nichts dem Zufall überlassen. Beide waren sich bewußt, daß sie nicht nur Shakespeare gerecht werden, sondern etwas schaffen mußten, das gegenüber dem geheiligten Original in vieler Hinsicht eine Verbesserung darstellte:

> *»Das Ensemble hat, wie wir geplant hatten, seinen lyrischen und seinen dramatischen Teil einander verschmolzen; das heißt ein lyrisches, melodisches Stück, zu dem sich ein dramatischer Dialog bewegt. Die Hauptfigur der lyrischen Seite ist Desdemona, die Hauptfigur der dra-*

matischen Seite ist Jago. So fädelt Jago, nachdem er nur einen Moment lang von einem Ereignis außerhalb seines Machtbereiches verblüfft war (...), sogleich mit unvergleichbarer Schnelligkeit und Energie alle Fäden der Tragödie wieder ein, fährt fort, die Katastrophe selber herbeizuführen, und nutzt sogar das unerwartete Ereignis aus, den Lauf des endgültigen Unheils mit rasender Geschwindigkeit zu beschleunigen. Das alles war in Shakespeares Kopf, das alles erscheint deutlich in unserer Arbeit.«

Boito geht dann über zur Fachsimpelei:

»Wir hatten beschlossen, daß der lyrische Teil des Ensemblestückes ein bestimmtes Metrum haben sollte und der dialogische Teil (der Chor inbegriffen) ein anderes Metrum. Und so habe ich es gemacht. Das Metrum des Dialoges ist ein Elfsilber, der sich jedoch brechen läßt, je nachdem, wie Sie wollen; und, wenn man ihn bricht, löst er sich von Anfang bis zu Ende in sehr viele Fünfsilber auf. Sie können also nach Ihrer Wahl das eine oder das andere der beiden Metren anwenden; und ich mußte es so machen, weil ein ausgedehnter Elfsilber unter einer lyrischen Wendung, ein Elfsilber aus einem Guß vielleicht zu schwer ausgefallen wäre und der Fünfsilber zu leicht. Die beiden Metren sichtbar zu mischen, gefiel mir nicht; ich habe den Kunstgriff vorgezogen, wie Sie sehen; im übrigen scheint mir, daß seine Wirkung eindrucksvoll ist.«

Puh – ziemlich kompliziertes Zeug! Aber Sie müssen kein Elfsilber-Experte sein, um zu begreifen, daß es bei der Schaffung eines singbaren, dramatischen Opernlibrettos um mehr geht als nur darum, sich ein Theaterstück herauszusuchen und ein bißchen Musik darüberzuklatschen – obwohl Alban Berg beim *Wozzeck* im Grunde genau das mit Büchners Stück getan hat und damit die größte Oper des 20. Jahrhunderts geschaffen hat. Das war eben die Ausnahme, die die Regel bestätigt.

Die Korrespondenz zwischen Komponisten und Librettisten des

19. und frühen 20. Jahrhunderts ist für uns heute eine faszinierende Lektüre, und das nicht nur, weil wir zum Zweck des Informationsaustausches lieber zum Telefonhörer greifen, statt uns Briefe zu schreiben. Egal, ob die beiden Kollegen schnell Freunde wurden (nicht sehr oft) oder regelrechte Feinde (öfter als Sie denken) – beide Parteien dieser Operntransaktion waren fest entschlossen, die technischen Details absolut richtig hinzubekommen. So stolz Boito auch auf seinen Beitrag gewesen sein mag, die Grundhaltung des oben genannten Briefes zeigt doch deutlich, daß seine Worte dazu da sind, dem Komponisten zu dienen, der wiederum der dramatischen Situation zu dienen hat.

Darum geht es in der Oper doch schließlich. In seinem 1851 verfaßten Aufsatz *Oper und Drama* artikulierte Wagner sein Ziel eines vollständig ganzheitlichen Kunstwerkes. Dieses »Gesamtkunstwerk« wollte er durch die Verbindung poetischer, musikalischer und szenischer Elemente erreichen. »Die einheitliche künstlerische Form«, schrieb Wagner in seiner geschwollenen, pseudo-hegelianischen Prosa, »ist nur als Kundgebung eines einheitlichen Inhaltes denkbar: den einheitlichen Inhalt erkennen wir aber nur daran, daß er sich vollständig an das Gefühl kundzugeben vermag. Ein Inhalt, der einen zwiefachen Ausdruck bedingen würde, d.h. einen Ausdruck, durch den der Mitteilende sich abwechselnd an den Verstand und an das Gefühl zu wenden hätte, ein solcher Inhalt könnte ebenfalls nur ein zwiespältiger, uneiniger sein.«

Alles klar?

Wagner fuhr fort, gegen die traditionelle Oper zu wettern:

> *»In der Oper hatte der Musiker bisher eine einheitliche Form für das ganze Kunstwerk gar nicht auch nur angestrebt: jedes einzelne Gesangsstück war eine ausgefüllte Form für sich, die mit den übrigen Tonstücken der Oper nur ihrer äußeren Struktur nach als ähnlich, keineswegs aber einem formbedingenden Inhalte nach wirklich zusammenhing. Das Zusammenhanglose war so recht eigentlich der Charakter der Opernmusik. (...) Fassen wir alles hierauf Bezügliche nochmals zu einem erschöpfenden Ausdrucke zusammen, so bezeichnen wir also die vollendetste einheitliche Kunstform als diejenige, in welcher ein weitester Zusammenhang von Erscheinungen*

des menschlichen Lebens – als Inhalt – sich in einem so vollkommen verständlichen Ausdrucke an das Gefühl mitteilen kann, daß dieser Inhalt in all' seinen Momenten sich als ein das Gefühl vollkommen erregender und vollkommen befriedigender kundgibt.«

Keine Sorge, wenn Sie Boitos Schwätzchen über Metren oder Wagners teutonischen Haarspaltereien nicht folgen können. Der Punkt ist doch der, daß die größten Opernkomponisten immer versucht haben, der Frage, die wir in der Kapitelüberschrift gestellt haben, aus dem Weg zu gehen. Vielleicht dachten sie wie Gluck, sie dienten dem Wort, wenn sie den Text so vertonten, daß die Sänger ihn klar und verständlich vermitteln konnten. Oder sie glaubten vielleicht, so wie Verdi und Wagner, daß die wahre Kunst darin besteht, beides miteinander zu vereinen. Im Grunde aber haben sie alle, bewußt oder nicht, Mozarts berühmte Maxime mitunterschrieben, daß nämlich die Dichtung die gehorsame Tochter der Musik sei. Glucks *Orfeo*, *Iphigénie en Aulide* und *Iphigénie en Tauride* leben bis heute – nicht etwa wegen der Kraft ihres Textes, sondern durch die Kraft und Schönheit von Glucks Melodien. Verdi wußte genau, als er sich an Shakespeare heranwagte, daß er sich damit einem unfairen Vergleich oder zumindest einem Reinfall aussetzte. Und doch erhöhte die Majestät von Verdis Musik das Textoriginal sogar. Selbst Wagner war sich bei allem Stolz über seine Ring-Dichtung darüber im klaren, daß man den Text nie verstehen würde, wenn man nicht den gesamten Zyklus in all seinem unglaublichen Glanz richtig inszenierte, und zwar in dem von ihm entworfenen Bayreuther Festspielhaus.

Ich empfehle Ihnen, die Sie ja noch Opernfans im Anfangsstadium sind, sich immer erst mit dem Libretto vertraut zu machen, bevor Sie sich eine Opernkarte kaufen. Lesen Sie den Text sorgfältig. Lassen Sie sich dabei von einer guten Zusammenfassung des Inhalts helfen, damit Sie die diversen Marquis von X und Barone von Y auseinanderhalten können (jede anständige Plattenaufnahme enthält eine Art Programmheft mit Libretto, Übersetzung, Kurzfassung des Inhalts sowie weiteren detaillierten Angaben). Denn ohne Vorkenntnisse über den Ort, die Handlung und den historischen Hintergrund der Oper mag es zwar sein, daß Ihnen einige Melodien im Gedächtnis bleiben, ihre tiefere Bedeutung, für die Komponist und Librettist so viel Zeit investiert haben, wird Ihnen aber verborgen bleiben.

Klar, so etwas kostet Zeit. Klar, das schmeckt nach Studierzimmer. Klar, Opern auf Italienisch, Französisch oder Russisch mitzuverfolgen ist für unsereinen nicht so leicht. Aber es hat ja auch nie jemand behauptet, daß dieses Opernzeug leichte Kost sei.

Wenn Sie aber allmählich mit den Grundbegriffen vertraut sind – dem Wer, Was, Wo, Wann, Warum und Wie des Ganzen – können Sie sich bequem zurücklehnen und die sagenhafte Musik über sich ergehen lassen in dem sicheren Wissen, daß ein anderer ruhig denken mag, »Nessun dorma« sei etwas, was man bei Fußballspielen in Italien singt. Sie aber wissen genau, worum es wirklich geht. Jetzt erst kann der wahre Spaß an der Sache beginnen.

Und natürlich die wahre Arbeit.

5

Lieblingsopern – ein Grundrepertoire oder Muß ich mir denn *alle* anhören?

Von all den gezierten, saftlosen, anfangs- und endlosen, kopflosen, grundlosen, chaotischsten, kreischendsten, piepsendsten, knochentrockensten Knittelversen des Klangs, deren tödlichste ich je ertragen mußte, war die Ewigkeit des Nichts am tödlichsten.

JOHN RUSKIN ÜBER DIE MEISTERSINGER

Wir fuhren nach Mannheim und hörten eine Katzenmusik an – eigentlich eine Oper –, die man Lohengrin nannte. Das Krachen und Knallen und Dröhnen und Tosen war etwas Unglaubliches.

MARK TWAIN, A TRAMP ABROAD

Wenn man eine Oper nicht auf einem Leierkasten spielen kann, dann wird diese Oper keine Unsterblichkeit erlangen.

SIR THOMAS BEECHAM

Vermutlich ist das der Abschnitt, auf den Sie die ganze Zeit gewartet haben. Ich freue mich schon darauf, Ihnen alles über meine Lieblingsopern zu erzählen: Warum ich sie am liebsten mag, und warum ich glaube, daß sie wahrscheinlich auch Ihre Lieblingsopern werden (natürlich nicht Ihre einzigen Lieblingsopern). Und wir kommen auch gleich auf diese Ehrenliste zu sprechen. Aber zuerst noch ein Wort zum Auswahlverfahren.

Lassen Sie mich lieber gleich vorweg zwei Vorurteile eingestehen: Wie schon erwähnt, habe ich nicht viel für Belcanto-Opern eines Bellini, Donizetti und Rossini übrig. Ich finde es – aus Gründen, die ich schon erklärt habe – fast unerträglich, sie über mich ergehen zu lassen. Ein großer Fan von Barockopern, etwa eines Händel, bin ich auch nicht, obwohl ich den Enthusiasmus ihrer Bewunderer verstehe und respektiere. Andererseits weise ich ganz entschieden die modische Verachtung Puccinis als billigem Effekthascher als dumm und boshaft zurück.

Ansonsten bin ich ein Vorbild an geistiger Offenheit. Wenn Leute mich fragen, welche denn meine Lieblingsoper sei (oder noch schlimmer: wer mein Lieblingskomponist), tue ich mich mit einer Antwort schwer, wie es sich für ein rechtgläubiges Individuum kultivierten Geschmacks schließlich gehört. Der Grund dafür ist, daß ich keine Lieblingsoper (oder keinen Lieblingskomponisten) habe. Ich bin ein unparteiischer Schiedsrichter, gänzlich ohne irgendwelche besonderen Ideologien oder politischen Motive. Meine Liste ist zwar ziemlich umfangreich, geht aber nicht nach dem Prinzip vor, von jedem etwas zu bringen.

Wenn Sie die Liste überfliegen, werden Sie auf einige vertraute Standardwerke aus allen Epochen der Operngeschichte stoßen und auf ein paar kauzige Stücke neueren Datums. Das gefürchtete Zwölftonsystem wird seinen häßlichen Kopf erheben ebenso wie die umstrittene Schule des Minimalismus. Es gibt Opern, die auf Texten von Puschkin oder Goethe basieren, und eine Oper, die von einer Episode im Leben von Pat Nixon erzählt. Es gibt Opern, die in Fremdsprachen

– eine sogar in Sanskrit – gesungen werden. Historische Persönlichkeiten wie der heilige Franziskus treten auf, ebenso wie Henry Kissinger, ein russischer Zar, Don Juan und Mahatma Gandhi. Manche Opern spielen in Schlössern, andere in Gefängnislagern. Manche Figuren haben miteinander Geschlechtsverkehr, gewöhnlich unerlaubterweise. Manche werden schwanger. Manche begehen Inzest. Manche sind Päderasten und Vergewaltiger. Manche sind Mörder. Ein paar sterben an tödlichen Infektionskrankheiten. Andere begehen Selbstmord, indem sie sich erschießen oder in Flüsse springen. Eine legt ein ganzes Universum in Schutt und Asche. Alle jedoch sind menschlich – allzu menschlich.

Genau das ist nämlich, wie ich schon angemerkt habe, das Wesentliche an der Oper – daß sie von echten Menschen handelt (egal, wie extravagant oder exotisch sie sich gebärden) und daß sie uns etwas darüber zu sagen hat, wie wir leben und wie die gesellschaftlichen und moralischen Umstände sind, mit denen wir zu tun haben.

Sie werden hier nicht allzu viele Inhaltsangaben finden. Nichts ist langweiliger als eine Kurzübersicht über eine Oper, die Sie nicht kennen und von der Sie vielleicht noch nie etwas gehört haben.

Ich habe stattdessen versucht, Sie in die jeweilige Oper einzuführen, indem ich ihren Platz in der Geschichte, die hervorstechenden Aspekte ihrer Komposition sowie die Techniken, die der Komponist bei der Konzeption des Aufbaus verwendet hat, bespreche; anders ausgedrückt: wie weit sich das ausgewählte Werk mit den wesentlichen Punkten, die ich in diesem Buch bereits angeschnitten habe, vereinbaren läßt.

Ich hoffe, Sie finden es interessant, auf diese Weise etwas über Opern zu erfahren. Meine Anmerkungen können Ihnen sowohl als Vorbereitung auf ein Werk dienen als auch als Nachlese. Ich hoffe sogar, daß Sie auch dann noch auf dieses Buch zurückgreifen, wenn Sie schon Experte, sagen wir mal in Sachen *Così fan tutte* oder *Wozzeck*, geworden sind. Dann nämlich können Sie sich mit mir darüber auseinandersetzen oder Ihre eigenen Beobachtungen meinen Analysen hinzufügen.

Jetzt aber endlich ohne weitere Umstände und in der Reihenfolge, in der es mir gefallen hat, sie Ihrer Beachtung anheim zu stellen (doch, hier existiert eine innere Logik, wie Sie vielleicht bemerken werden): das Grundrepertoire für die letzten Tage (Gott sei Dank) des 20. Jahrhunderts.

Béla Bartók: *Herzog Blaubarts Burg* (*A k´kszakállú herceg vára*)

Dunkel, dunkel, dunkel. Sogar hoffnungslos düster. Deprimierend. Ein echtes Schluchz-Stück. Und obendrein noch in Ungarisch gesungen. Nicht gerade was für Lachanfälle à la *Barbier von Sevilla*.

Warum steht dann diese Oper hier an erster Stelle, fragen Sie.

Aus vielerlei Gründen: Es ist ein Werk des 20. Jahrhunderts, komponiert 1911 und 1918 in Budapest uraufgeführt. Die Oper ist kurz (kaum eine Stunde lang, was gut für Ihre anfangs noch begrenzte Aufnahmefähigkeit ist, aber Probleme für die Programmgestaltung aufwirft – was soll man an Stelle eines zweiten Aktes geben?). Sie ist in einer »modernen«, aber doch sehr zugänglichen tonalen Sprache geschrieben, die kaum Probleme bereiten dürfte. In dieser Oper haben die beiden wagemutigsten Künstler im Ungarn der Jahrhundertwende die fast perfekte Verbindung von Text und Musik zustandegebracht. Und doch ist sie ein tiefsinniges, dichtes, schwieriges Werk, das die Psyche zweier archetypischer Charaktere ergründet. Ein Werk, das Sie nächtelang um den Schlaf bringen wird, weil Sie dauernd darüber nachdenken, was es zu bedeuten hat. Kurz gesagt: Es ist das ideale Beispiel für alle Punkte, die wir bisher angesprochen haben.

Die Oper beginnt mit einem gesprochenen Prolog, der bei Aufführungen fast immer weggelassen wird (außer in Ungarn natürlich). In einer der Strophen heißt es:

»Ihr seht mich an. Ich sehe euch.
Ganz offen steht
der Vorhang unserer Augenlider.
Ihr sucht die Bühne?
Ja, wo ist die aufgeschlagen?
In dir? In mir? Am rost' gen Pol der Zeit?«

Mit anderen Worten: Was wir gleich sehen werden, ist nicht die Sage von Blaubart und seinen neugierigen Frauen – oder genauer gesagt, nicht einfach nur diese Geschichte –, sondern mehr als das. Es stimmt schon, der »Plot« hält sich an die vertraute Sage: Blaubart nimmt sich eine neue Frau, Judith, und bringt sie nach Hause in seine zugige, grabesdüstere Burg. Anfangs scheint der Ort ziemlich trostlos, doch je weiter Blaubart die Geheimnisse seiner Festung preisgibt, desto heller und prächtiger wird die Burghalle, bis an der fünften Tür Blaubarts weites Reich offenbar wird. Aber Judith, ganz Frau, will mehr. Die sechste Tür gibt den Blick auf einen großen Tränensee frei, und hinter der siebten Tür liegen Blaubarts drei letzten Frauen gefangengehalten. Nun muß Judith sich zu ihnen gesellen. Die Tür schließt sich, und Blaubart ist wieder einmal allein, diesmal für immer.

Nicht gerade ein frivoles Lustspiel, oder? Das soll es auch nicht sein. Statt dessen versuchen sich Bartók und Béla Balázs, der Librettist, an nichts Geringerem als der Erforschung der menschlichen Seele. Die Oper beginnt in finsterster Nacht. Wenn die verschiedenen Türen sich nacheinander öffnen – dahinter verbergen sich die Folterkammer, die Waffenkammer, die Kleinodkammer und der Garten, jeder Raum ist mit Blutspuren befleckt –, wird die bedrückende Burg immer heller bis hin zum Höhepunkt, dem Öffnen der fünften Tür (im strahlenden Glanz von C-dur). Jeder der fünf Räume bringt uns eine Stufe weiter nach oben zu Blaubarts Herz, doch nicht einmal die Herrlichkeit der fünften Tür ist immun gegen das »Blutmotiv« in der Musik, einer kleinen Sekunde. (Spielen Sie einmal auf einem Klavier egal welche schwarze mit danebenliegender weißer Taste gleichzeitig, dann verstehen Sie, was ich meine.) Blaubarts Qualen stehen immer kurz vor dem Ausbruch, und als Judith ihn drängt, weiter zu gehen, als es ihm lieb ist, findet sie nur noch den See der Tränen. Am Ende erleidet sie das gleiche Schicksal wie die anderen Frauen Blaubarts: Sie wird zur Gefangenen. Die letzte Szene der Oper gehört Blaubart, der voller Leidenschaft von seinen Geliebten singt, denen der Morgen, der Nachmittag und der Abend seines Lebens gehöre. Jetzt muß Judith, die die Schönste von allen ist und der nun die Nacht gehört, ihren Platz bei ihnen einnehmen. Blaubart bleibt im endlosen Dunkel der Einsamkeit allein zurück.

Blaubarts Burg ist nicht nur ein hervorragendes Beispiel für eine Oper des 20. Jahrhunderts, sie steht mit ihrer melodischen Eindringlichkeit und vor allem mit der reinen Schönheit ihrer Musik für jede Oper (Warnung: Versuchen Sie nicht, diese Oper in eine andere Sprache zu übersetzen – sie haucht sofort ihr Leben aus!). Bartók hatte damals gerade angefangen, die ursprüngliche Volksmusik Ungarns zu erforschen, und man kann, vor allem in seinem späten Kompositionsstil deutlich die Impulse erkennen, die er aus dieser Pionierarbeit zog. Doch schon im *Blaubart* sind diese Einflüsse unüberhörbar. Und man hört auch, wie sehr der Komponist von Debussy fasziniert war (dessen Oper *Pelléas et Mélisande* stammt aus dem Jahr 1902).

Bartók hat nie wieder ein Werk wie *Blaubarts Burg* geschrieben (er hat überhaupt keine weitere Oper geschrieben, und das ist wirklich jammerschade). Seine anderen Bühnenwerke – *Der holzgeschnitzte Prinz* und *Der wunderbare Mandarin* – sind Ballette. Zweifellos hatte man ihm bei seiner ersten Oper enorme Hindernisse in den Weg gelegt – Bartók hatte in Budapest an einem Wettbewerb teilgenommen, aber die Jury lehnte den *Blaubart* als nicht aufführbar ab. Sicherlich war das ein Hauptgrund, warum er keine Lust mehr hatte, in diesem Genre weiterzumachen. Aber Bartók hat in *Blaubarts Burg* alles gesagt, was er zu sagen hatte, und das in der unverkennbaren Sprache des Genies.

JACQUES OFFENBACH: *Hoffmanns Erzählungen* (*Les contes d'Hoffmann*)

Stella! Man weiß doch nie, aus welcher Ecke das nächste Meisterwerk kommt. Wer hätte denn auch erwartet, daß es aus der Feder eines Komponisten stammt, der berühmt war für seine eher seichten komischen Opern – denken Sie nur an den »Cancan« aus *Orpheus in der Unterwelt*. Doch bei Offenbach ist eben vieles anders, als man es erwarten würde. Er war ein Cello-Wunderkind, dieser Jacob, der zweite Sohn eines jüdischen Kantors, dessen ursprünglicher Familienname Eberst lautete (Offenbach nannte dieser sich nach seiner Geburtsstadt). Seines großen Talents wegen wurde er zum Studium nach Paris geschickt, wo er durch Zufall als Cellist in der Opéra Comique landete.

Offenbachs Ruf zu seiner Zeit gründete sich fast ausschließlich auf seine Erfolge als Komponist von komischen Opern und Operetten, wie etwa *Orpheus in der Unterwelt,* der allerersten abendfüllenden Operette, *Die schöne Helena*, *Barbe-Bleue* (schon wieder dieser verdammte Blaubart), *Pariser Leben*, *Die Großherzogin von Gerolstein* und *La Périchole*. Wer hätte damals gedacht, daß sein Meisterwerk *Hoffmanns Erzählungen* sein würde, eine fünfaktige Oper (eigentlich hat sie nur drei Akte, aber dazu noch ein Vor- und ein Nachspiel), die wohl genauso melodienreich ist wie alles andere, was Offenbach geschrieben hat, dabei aber weit davon entfernt, komisch zu sein?

Die Handlung, die auf verschiedene phantastische und groteske Geschichen des deutschen Romantikers E.T.A. Hoffmann zurückgeht, ist pikaresk. Hoffmann, ein Poet, erzählt von seinen drei Liebeserlebnissen – von Olympia, einer, wie sich herausstellt, mechanischen Puppe; von Antonia, einer leidenschaftlichen jungen Frau, die sich vor den Augen Hoffmanns zu Tode singt; und von Giulietta, einer treulosen venezianischen Kurtisane. Im Vorspiel zu Beginn der Oper sehen wir Hoffmann und seinen Freund Niklaus – übrigens eine von einem Mezzosopran gesungene Hosenrolle – in einer Taverne, versunken in Gedanken an Hoffmanns wahre Liebe, die Opernsängerin Stella. Doch auch Stadtrat Lindorf, der ebenfalls ein Auge auf Stella geworfen hat, ist dort. Er, dieser Erzrivale im Kampf um Stellas Hand, bleibt in den folgenden Erzählungen von Hoffmanns Liebesabenteuern in verschiedenen Inkarnationen dem Dichter auf den Fersen. Die Operntradition schreibt vor, daß ein und derselbe Baß-Bariton die Rollen Lindorf, Coppélius, Dr. Miracle und Dapertutto spielt. (Gelegentlich kommt es auch vor, daß die drei Heldinnen von derselben Sopranistin gesungen werden.)

Es gibt einige Opern, die aus unterschiedlichen Gründen nie ihre endgültige Form erhalten haben. *Boris Godunow* ist so eine, *Hoffmanns Erzählungen* ebenso. So weiß niemand, welche Form und welchen Inhalt Offenbach seinem Werk letztendlich geben wollte. Teile der Oper waren ursprünglich für andere Werke bestimmt, dann aber weggelassen worden – zum Beispiel die berühmte Barkarole, die ursprünglich für eine vom Unglück verfolgte ernste Oper, *Die Rheinnixen*, bestimmt war. Im Fall von *Hoffmanns Erzählungen* gibt es gleich mehrere strittige Punkte: die Abfolge der Akte; das Ende, da Offenbach starb, bevor er den vierten (den venezianischen) Akt und den Schluß des fünften Aktes vollendet hatte; und die Orchestrierung, denn Offenbach hatte mit ihr noch nicht einmal begonnen.

Nach Offenbachs plötzlichem Tod während eines Konzerts (er hatte hektisch noch an anderen Operetten geschrieben, um seine Familie finanziell zu unterstützen), nahm sich der Komponist Ernest Guiraud *Hoffmanns Erzählungen* an. Guiraud ließ den venezianischen Akt weg und kürzte die Rolle des Niklaus, weil die Sängerin der Uraufführung den Anforderungen der Rolle nicht gewachsen war. Damit setzte eine Bearbeitungswelle ein, die dem armen *Hoffmann* übel mitspielte. Mahler beispielsweise warf die Akte eins und fünf heraus, in denen geschildert wird, wie Hoffmann seinen Liebeskummer in Luthers Weinkeller in Nürnberg ertränkt. Erst 1977 veröffentlichte der Musikwissenschaftler Fritz Oeser eine kritische Ausgabe, die vermutlich bestmögliche Annäherung an die Absichten des Komponisten.

Dennoch: *Hoffmanns Erzählungen* sind ein Meisterwerk, ganz egal, wie man es aufführt. Jonathan Miller, der sich in seinem Buch *Subsequent Performances* mit dem beschäftigt, was er das »Nachleben« eines Werks nennt, hat ähnlich rätselhafte Fälle beleuchtet: Er behauptet, wir würden Kunstwerke wie den Belvedere Torso nicht genauso hoch einschätzen, hätte man Kopf, Arme und Beine der Figur restauriert. Das gleiche gilt für die Venus von Milo. Wir haben diese Skulpturen zu Kunstwerken gemacht, indem wir aus ihnen neue Wesen geschaffen haben, die deren Urheber so weder erdacht noch beabsichtigt hatten. Das Kunstwerk existiert also zumindest teilweise nur im Auge des Betrachters.

Was macht es da schon aus, wenn der venezianische Akt (auch bekannt als Giulietta-Akt) vor oder nach dem Antonia-Akt kommt? Oder die Barkarole eigentlich für eine erfolglose Oper geschrieben wurde? Oder *Hoffmanns Erzählungen* mit gesprochenen Dialogen oder aber mit Rezitativen aufgeführt werden? (Ein Problem, mit dem sich ein weiteres unvollendetes französisches Meisterwerk herumschlagen muß, nämlich Bizets *Carmen*, wie wir noch sehen werden.) Was wir an *Hoffmanns Erzählungen* so lieben, sind nicht nur die großen, melodisch vollendeten Stücke wie etwa Olympias Vogellied und Dapertuttos Diamantenarie, sondern der allgegenwärtige Hauch romantischer Gefahren und Geheimnisse.

Und natürlich seinen Schluß. Ein Teil des Nachlebens von *Hoffmanns Erzählungen* besteht im Grunde aus reinsten Hypothesen. Nachdem Hoffmann die Studenten in Luthers Weinkeller mit den Erzählungen über sein vom Pech verfolgtes Liebesleben erfreut und dadurch ihre Sympathie gewonnen hat, ist er zu betrunken, um richtig wahrzunehmen, wie Stella an Lindorfs Arm das Lokal verläßt. Die Muse der Poesie beansprucht Hoffmann für sich. Wenn er leidet, sagt sie, wird er ein noch größerer Dichter. Aber stimmt das? Oder ist die ganze Erzählung nur die pure Selbsttäuschung eines Trinkers, der seine Talentlosigkeit rechtfertigen will, der Wahn eines Auftragsschreiberlings, der sich für einen Künstler hält?

MODEST MUSSORGSKY: *Boris Godunow*

Apropos »Nachleben«: Es gibt kein besseres Beispiel für dessen Eigendynamik als *Boris Godunow*, die gemeinhin größte russische Oper und überhaupt eines der monumentalsten Meisterwerke aller

Kunstrichtungen. Und apropos Trinker: Mussorgsky hat auch darin Meisterschaft erlangt, soff er sich doch schon in jungen Jahren zu Tode und hinterließ uns ein einziges Chaos – nicht nur im Hinblick auf *Boris Godunow,* sondern auch auf andere Werke.

In der Geschichte, die im 16. Jahrhundert spielt, geht es um den Thronraub durch Zar Boris, der (in dieser Version) den rechtmäßigen Thronfolger Dimitrij umbringen ließ, als dieser noch ein Kind war. Dieser Mord jedoch verfolgt Boris, und als ein »falscher Dimitrij« an der Grenze seines Reiches auftaucht und die polnische Armee dazu bringt, gegen Mütterchen Rußland zu marschieren, überkommt ihn schlechtes Gewissen. Schließlich bricht Boris in einer der eindrucksvollsten Szenen der Operngeschichte auf dem Thron zusammen und stirbt. Am Ende stürzt das Land ins Verderben.

Soweit im Grunde die ganze Story. Was die Größe des *Boris Godunow* ausmacht, sind vor allem die mitleidslosen Charakterstudien der Hauptakteure – Boris, machthungrig, aber sympathisch; der intrigante (falsche) Dimitrij; die ehrgeizige polnische Magnatentochter Marina; der schmierige Berater des Zaren, Fürst Schujskij. Und, last but not least, das Volk, dargestellt vom Chor, der in dieser Oper eine Bedeutung erlangt wie nie zuvor in der Operngeschichte. Von der allerersten Szene an, in der das russische Volk zynisch die Machenschaften kommentiert, die hinter den Mauern des Nowodiewitsch-Klosters und des Kremls vor sich gehen, spielt der Chor eine Schlüsselrolle. Diese neuartige Verwendung des Chores hat für spätere russische – und seltsamerweise auch für amerikanische Opern-Maßstäbe gesetzt. Denn die Oper, die am meisten mit *Boris* gemein hat, ist George Gershwins *Porgy and Bess*. Gershwins Vater stammte aus Rußland, und *Porgy* ist eigentlich eine russische Oper, nur eben schwarzgeschminkt.

Die Probleme, die Bartók damit hatte, *Blaubarts Burg* auf eine Bühne zu bekommen, waren noch nichts im Vergleich zu dem, was Mussorgsky durchmachen mußte. Das gilt auch größtenteils für die vielen verschiedenen Fassungen, die es von *Boris Godunow* gibt. Die erste Fassung, der sogenannte *Ur-Boris*, entstand, als der Komponist von einem Tag auf den anderen die Arbeit an dem Werk, das eigentlich seine erste Oper hätte werden sollen – die Vertonung von Gogols Komödie *Die Heirat* – abbrach und stattdessen Puschkins historisches Boris-Drama aufgriff. (Wo wäre nur die russische Oper ohne Puschkin?) Er arbeitete fieberhaft daran, gestaltete das Libretto selbst und begann 1868 mit der Komposition. Im darauffolgenden Juli war sie abgeschlossen, die Instrumentation war im Dezember fertig. Obwohl brillant, wurde die Oper dennoch vom Kaiserlichen Theater in St. Petersburg abgelehnt, und zwar aus verschiedenen Gründen: praktischen und politischen.

Wichtigster praktischer Grund war das Fehlen jeglicher Liebesthematik, beziehungsweise das Fehlen einer großen Frauenrolle. So kam es, daß Mussorgsky eine zweite Fassung (fertiggestellt 1872) mit einem vollständig neuen dritten Akt (dem polnischen Akt) schrieb, in dem die schöne Polin Marina eine tragende Rolle bekommt. Außerdem warf er eine Szene aus dem Schlußteil der Oper heraus, die vor der berühmten St. Basilius-Kathedrale außerhalb des Kremls spielt. In dieser Szene wird der verwirrte Zar Boris mit der unzufriedenen Bevölkerung konfrontiert und trifft auf den Schwachsinnigen, der dem Vaterland eine düstere Zukunft vorhersagt. (Jeder, der einmal eine Zeitlang in Rußland verbracht hat, weiß, daß man mit dieser Vorhersage immer richtig liegt.) Er ersetzte sie durch die Revolutionsszene im Wald bei Kromy, in der das Volk dem falschen Dimitrij begeistert folgt und der Schwachsinnige allein zurückbleibt, über das Schicksal seines Landes wehklagend. Auch den Rest der Oper überarbeitete er ziemlich gründlich, fügte hier etwas dazu, nahm dort etwas heraus, füllte da und dort auf. Die Erstaufführung im Januar 1874 war ein Erfolg, was zum großen Teil an Julia Platonowa lag, der ersten Marina, die gefordert hatte, die Oper ihr zuliebe aufzuführen. Das Publikum liebte den *Boris*, doch die Kritiker lehnten ihn fast einhellig ab. Schon 1882 war *Boris* wieder von allen Spielplänen verschwunden.

Da trat Nikolai Rimsky-Korsakow auf, der 1896 (Mussorgsky starb 1881) das Stück überarbeitete und völlig uminstrumentierte, Teile strich und die Lücken mit neuem Material auffüllte. Diese Bearbeitung durch Rimsky-Korsakow übernahm der große russische Bassist Feodor Schaljapin, der bald schon mit der Titelrolle identifiziert wurde. Immer noch nicht ganz zufrieden, schrieb Rimsky-Korsakow eine zweite Bühnenfassung, in der er die gestrichenen Teile wieder einfügte, seine Zusätze aber beließ. Heute kennt man vor allem diese Version. 1940 machte auch Schostakowitsch eine eigene Ausgabe. Er orientierte sich an Mussorgskys erster Version.

Welche Fassung ist nun vorzuziehen? Die Antwort darauf lautet: alle gleichermaßen. Denn ideal ist keine der oben genannten Versionen. Eigentlich sollten sowohl die Szene vor der St. Basilius-Kathedrale als auch die im Wald von Kromy enthalten sein. Sie sollte aber auch Rimsky-Korsakows zugegebenermaßen bessere und glanzvollere Instrumentierung enthalten statt Mussorgskys ewig hartes Genudele. Sie müßte die nackte Gewalt von Mussorgskys erster, brutaler Version beibehalten, statt die Verniedlichungen des Polenaktes zu übernehmen. Sie sollte aber auch die lyrische Schönheit des Polenaktes anstelle der ewigen Düsternis der ersten Fassung bringen. Kurz gesagt: Es müßte alles enthalten sein.

In letzter Zeit neigt man dazu, eher eine der beiden Mussorgsky-Versionen zu inszenieren (wahre Puristen schmeißen den ganzen Polenakt raus), doch auch die Rimsky-Korsakow-Bearbeitung hat inzwischen ihre eigene Berechtigung erlangt. Mein Rat an die Neulinge wäre der, die Oper erst in der Rimsky-Korsakow-Version kennenzulernen, und dann sich intensiver mit den Ur-Gedanken des Komponisten zu beschäftigen. Sie können so oder so nichts falsch machen. Und über kurz oder lang sind Sie dann auch noch zum Puschkin-Fan geworden.

Falls Ihnen der *Boris* gefällt, möchten Sie vielleicht noch mehr russische Opern aus der gleichen Epoche kennenlernen: etwa Mussorgskys *Chowanschtschina* oder, etwas eingänglicher, nämlich Alexander Borodins *Fürst Igor*, noch eine Oper, die von ihrem Komponisten unvollständig hinterlassen und von dem allgegenwärtigen Rimsky-Korsakow fertiggestellt wurde (diesmal mit Hilfe eines anderen berühmten russischen Komponisten, Alexander Glasunow, der die Ouvertüre aus dem Gedächtnis rekonstruierte, nachdem er einmal gehört hatte, wie Borodin sie auf dem Klavier spielte – doch, das stimmt). Ein Stück aus *Fürst Igor* kennen Sie möglicherweise: die Polowitzer Tänze. Wenn nicht, dann kennen Sie aber sicher einige Popversionen davon, wie etwa »Stranger in Paradise«.

John Adams: *Nixon in China* und *Klinghoffer's Death*

Opern über historische Persönlichkeiten sind nichts Neues (siehe oben). Neu sind allerdings Opern über noch lebende Menschen. Ein solches Werk ist John Adams wegweisender *Nixon in China*, das erste Ergebnis der bemerkenswerten künstlerischen Zusammenarbeit zwischen Adams, der Librettistin Alice Goodman und dem Regisseur Peter Sellars.

Die Oper, die von dem letzten epochalen Besuch Nixons 1972 in Rotchina handelt, wurde am 22. Oktober 1987 in Houston uraufgeführt (in der Woche, in der der Börsenkrach war) – zwischen realer Begebenheit und dramatischer Verarbeitung lagen nur fünfzehn Jahre.

Alle befürchteten das Schlimmste. Sellars, der koboldhafte Regisseur, der sich mit seinen radikalen Neuinszenierungen verschiedener Opern- und Theaterklassiker einen Namen gemacht hatte, war bekannt als Brandstifter und Adams als bekennender Minimalist. Goodman war Amerikanerin, die ihre Heimat USA verlassen hatte und in London lebte. Loyalität war von ihr nicht gerade zu erwarten. Sicher würden diese drei Linken die Gelegenheit beim Schopfe packen und Nixon, einen der am wenigsten geliebten Präsidenten Amerikas, auf die Anklagebank bringen – mit ihm auch seine Frau, eine der am wenigsten geliebten First Ladies, und Henry Kissinger, einen der am wenigsten geliebten Politiker dieser Periode.

Aber dann: Überraschung! Was herauskam, war ein fein ausgearbeitetes inneres Drama über Menschen, die – selbst nicht wirklich groß – in großen Ereignissen gefangen sind. Für Tricky Dick Nixon, nervös und unsicher, schrieb Adams einen grandiosen Schlußmonolog (der zu einem größeren, komplexen Ensemble gehört); Plastic Pat bekam eine hinreißende Arie, bei der sie zittert wie ein Backfisch; die fabelhaften Maos – Zedong und die gnädige Frau Jiang Qing – sind zum Teil als Ikonen, zum Teil als Scharlatane dargestellt.

Nur bei Kissinger sind die Autoren nicht in der Lage, dem Versuch zu widerstehen, den Mann als Clown und Hanswurst zu porträtieren.

Nixon in China ist voller glänzender Stücke, angefangen mit der Landung von Nixons Flugzeug auf dem völlig veralteten Rollfeld in Peking. Opernhaft gesetzt ist auch die wunderbar gebaute Bankett-Sequenz am Ende des ersten Aktes und die Parodie-Aufführung des Propaganda-Balletts »Das rote Frauen-Sonderkommando« im zweiten Akt, bei der Kissinger sich so erregt, daß er auf die Bühne stürmt. Der letzte Akt besteht aus sechs ineinander verflochtenen Monologen, in denen die Hauptfiguren darüber sinnieren, welche besonderen Umstände ihres Lebens sie zu dieser Kreuzung der Geschichte geführt haben.

Musikalisch betrachtet verbindet Adams seine minimalistischen Neigungen mit einer breiteren kompositorischen Palette, die ihm die

Herrschaft über das Drama ermöglicht. Es gab natürlich bei der Uraufführung Leute im Publikum, die nichts weiter hörten als den Stachel wider den alten Trott der Musik (der Minimalismus wurde damals gern so beschrieben). Doch bessere Ohren entdeckten eine aufregende Synthese aus traditionellen Formen und minimalistischen Gepflogenheiten. Abgesehen von der Tonsprache ist *Nixon* eine ganz traditionelle und ebenso bemerkenswerte Oper wie zum Beispiel Verdis *Don Carlos*.

Das gleiche Trio fand sich 1991 zu *Klinghoffer's Death* noch einmal zusammen. Wieder basiert die Handlung auf einer Episode aus der jüngsten Vergangenheit. Diesmal ging es um den Mord, den palästinensische Terroristen an Bord der gekaperten *Achille Lauro* an dem an den Rollstuhl gefesselten amerikanischen Juden Leon Klinghoffer verübten.

Die Uraufführung fand in Brüssel statt, doch wie schon bei *Nixon* teilten sich mehrere internationale Opernhäuser die Produktion, und so machte dieses Werk schnell seinen Weg um die ganze Welt. *Klinghoffer* ist weniger erfolgreich als *Nixon*, und das liegt nicht etwa an dem Umgang Goodmans mit einem Thema, bei dem sich viele auf den Schlips getreten fühlen. (Die Oper war in New York ein riesiger Reinfall, da einige Mitglieder der großen jüdischen Gemeinde der Stadt sich über Goodmans freundliche Behandlung der Palästinenser empörten, die als menschliche Wesen dargestellt waren.) Was *Klinghoffer* fehlt, ist *Nixons* hochdramatische Art. Im Grunde steht das spätere Werk einem Oratorium näher als einer Oper, ein Gefühl, das Sellars statische Inszenierung noch verstärkte.

Es lohnt sich aber sehr, beide Werke zu Hause zu hören – die Chancen, *Nixon* oder *Klinghoffer* im Opernhaus zu sehen, sind leider immer noch ziemlich gering (wenn auch nicht gleich Null). Kaufen Sie also die CDs, lehnen Sie sich mit Goodmans bewegenden Libretti zurück, und gewöhnen Sie sich langsam an zwei der überzeugendsten zeitgenössischen Hörerlebnisse. Hier geht es nicht nur um neue Musik: Hier geht es um *Ihre* neue Musik, etwas, das Nirvana und Pearl Jam (wer auch immer die sind – oder, wenn Sie das hier lesen, waren), um viele Jahre überleben wird. Also dann: Rein ins Vergnügen! Sie werden es nicht bereuen.

Giuseppe Verdi: *Don Carlos* und *Othello*

Bestimmt dachten Sie, Opern, von denen Sie schon mal gehört haben, kämen hier gar nicht zur Sprache, nicht wahr? Aber keine Sorge, hier kommt er selbst: Josef Grün persönlich, die Apotheose der italienischen Operntradition (und größtenteils ihr Erfinder), der Komponist, dessen Werke kuschelig warm im Zentrum des internationalen Opernrepertoires liegen. Hier kommt er, meine Damen und Herren:

Giuseppe Verdi.

Ich bin kein uneingeschränkter Verdi-Fan. Für meinen Geschmack klingt die Begleitung – nicht nur bei seinen Frühwerken – oft zu sehr nach Leierkasten. Zu viele seiner Melodien sind nur mittelmäßig, aufgebaut auf den banalsten Sequenzen. (Denken Sie nur an Graf von Lunas »Il balen« aus Verdis lächerlichster Oper *Der Troubadour*.) Kurz und gut: Vor allem beim frühen Verdi ist für meinen Geschmack zu vieles noch zu nah an Bellini und Donizetti.

Als ich damals an der Eastman School war, erzählte der herausragende Musikwissenschaftler Charles Warren Foc uns Studenten immer, die Liebe zu Verdi käme erst mit einer gewissen Reife. Diese Worte trafen natürlich auf taube Ohren, denn wir längst allwissenden Studenten im Grundstudium machten fröhlich alles nieder, was wir als Verdis – vor allem im Vergleich mit Wagner – primitive Kompositionstechnik erkannt hatten. Jetzt aber, mehr als zwanzig Jahre später, fange ich langsam an, mir darüber Gedanken zu machen, ob unser Spott nicht vielleicht doch manchmal fehl am Platze war.

Sicher wären spöttische Bemerkungen bei keiner der hier genannten beiden Opern berechtigt gewesen. Mit dem *Don Carlos* setzt sich die edle Tradition der Mehrfachfassungen fort. Es gibt nicht weniger als acht verschiedene Versionen der Partitur (und zwei verschiedene Varianten für die Schreibweise des Titels). Wir begnügen uns aber mit drei Fassungen, und zwar denjenigen, auf die Sie im Theater stoßen könnten.

Verdi schrieb *Don Carlos* für die Pariser Oper. Seit Meyerbeers Tod hatten die Franzosen versucht, Verdi an das Haus, für das er *Jérusalem* und *Die sizilianische Vesper* geschrieben hatte, zurückzulocken. Was ihnen schließlich auch mit Schillers dramatischem Gedicht *Don Karlos, Infant von Spanien* als Köder gelang.

Die erste Version hatte fünf Akte und wurde in Französisch gesungen. Doch mußte der Komponist schon vor der Premiere bestimmte

Abschnitte seiner riesigen historischen Oper streichen, und diese Striche sind erst von dem Kritiker Andrew Porter wieder »aufgemacht« (so heißt das in der oft scheußlichen Opernsprache), beziehungsweise überhaupt erst entdeckt worden.

Die fehlenden Teile waren in den Orchesterstimmen einfach überklebt und irgendwo in der Pariser Opéra abgelegt worden. Weitere Kürzungen folgten nach der Premiere und im Zuge der Bearbeitung für Aufführungen in Italien.

1884, siebzehn Jahre nach der Uraufführung, war nach dem insgesamt mäßigen Erfolg der Oper klar, daß *Don Carlos* so nie den Durchbruch schaffen würde. Verdi revidierte ihn deshalb gründlich, ließ fast den gesamten ersten Akt (den Fontainebleau-Akt) weg – nur Carlos Arie blieb davon übrig – und übersetzte sie ins Italienische (deshalb: *Don Carlo*). Diese Fassung ist vermutlich die bekannteste. Eine Mischedition von 1886, bekannt als Modena-Fassung, rekonstruiert den fehlenden ersten Akt. Doch in letzter Zeit tendiert man eher dazu, die ursprünglichen Absichten des Komponisten wiederaufzugreifen, so daß die fünfaktige Version ein Comeback erlebt.

Wofür man sich auch entscheidet – in diesem Fall am besten für das Original –, *Don Carlos* ist ein episches Meisterwerk, das auf Verdis Bestenliste ganz oben rangiert. Die Geschichte handelt von dem spanischen Prinzen Carlos, dem Enkel Kaiser Karls V. Carlos liebt Elisabeth von Valois, doch ihre Verlobung und spätere Heirat mit seinem Vater, Philipp II., dem spanischen König, macht alle Hoffnungen zunichte.

Die Oper lotet einige komplexe Themen aus, darunter das Wesen der Freundschaft (zwischen Carlos und seinem Jugendfreund Posa), das Wesen der Liebe (unter anderem der zwischen Carlos und Elisabeth, Elisabeth und Philipp, Philipp und Carlos sowie zwischen der Prinzessin Eboli und Carlos) und das Wesen der Pflicht (das Amt des Großinquisitors). Den zentralen Platz nimmt die spektakuläre Autodafé-Szene ein – leider ist sie nicht ganz auf der Höhe musikalischen Erfindungsreichtums und wird auch noch von einer unglaublich blöden kleinen Melodie der Blechbläser verunstaltet.

Ansonsten aber ist der *Don Carlos* ganz in Ordnung. Einer der Höhepunkte der Oper ist die Szene zwischen Philipp und dem Großinquisitor, in der der König sich dessen Willen unterwirft – wieder einmal triumphiert Staatsräson über persönliche Gefühle. Erwähnenswert auch Philipps klagende Arie »Elle ne m'aime pas«

(»Sie hat mich nie geliebt«), in der er erkennt, daß Elisabeth und Carlos immer noch etwas füreinander übrig haben. Das Duett der Freunde Carlos/Posa ist eine melodische Bezugsgröße (es taucht ergreifend nochmal bei Posas Tod auf), genauso die großen Shownummern der Eboli, das »Schleier-Lied« und die Arie »O don fatale«.

Selbst das Ende, das sich einen Rückzieher ins Mystische erlaubt, scheint zu funktionieren. Bei Schiller übergibt Philipp seinen renegaten Sohn der Inquisition. In der Oper sucht Carlos im Kloster von Saint Just, in dem schon sein Großvater seinerzeit seine letzten Tage verbrachte, Zuflucht vor der Rache seines Vaters. Gerade als die Soldaten ihn festnehmen wollen, schießt ein Arm aus Karls V. Grab heraus – ein Mönch vielleicht oder der Geist Karls V. persönlich? –, der Carlos in Sicherheit oder in sein Verderben oder sonstwohin bringt. Jeder ist mystifiziert, nicht zuletzt auch das Publikum.

Mit *Othello*, den Verdi zwischen 1884 und 1886 schrieb (im Grunde zu der Zeit, als er den *Don Carlos* überarbeitete) hat er nochmal kräftig zugelegt und eine Oper geschaffen, die in Form und Funktion so perfekt ist, daß sie alle späteren Komponisten eigentlich zur Verzweiflung treiben muß. Das Geheimnis um *Othello* ist eines der größten der Musikgeschichte. Verdi fühlte sich schon ziemlich ausgelaugt – zu alt, sagte er, zu müde, um noch etwas zu komponieren. Doch ein schlauer junger Mann namens Arrigo Boito, ein ordentlicher Komponist dazu (*Mefistofele*), klopfte so lange an Verdis Tür und lockte immer wieder mit etwas, dem Verdi schließlich nicht widerstehen konnte: einem herrlichen Libretto, das auf einem Stück von Verdis Lieblingsbühnenautor Shakespeare beruhte. Was Boito aus dem Original gemacht hatte, war geradezu genial: Er hatte die 3500 Zeilen des Originals auf weniger als 800 gekürzt, es aber dennoch geschafft, sowohl Wort als auch Geist des Stückes zu erhalten (was mal wieder beweist, daß jeder einen Lektor gebrauchen kann, selbst Shakespeare). Die Handlung kommt zügig und zielgerichtet voran. Die Szenen gehen ohne Pause ineinander über (nur im dritten Akt gibt es einen Szenenwechsel, allerdings auf offener Bühne). Nichts behindert die Vorwärtsbewegung der Oper, die klar auf ein tragisches Ende zuläuft.

Dieser zeitlose Stoff inspirierte Verdi ungemein, und so schrieb er für den *Othello* seine dramatischste, berührendste und unwiderstehlich schönste Musik. Vom ersten markerschütternden Siegesruf des Mohren »Esultate!« bis zum Schluß der Oper, wenn das Liebesduett des ersten Aktes noch einmal anklingt – Desdemona ist schon tot, der Mohr liegt sterbend am Boden – steht dieses majestätische Werk erhaben über allen Rivalen. Verdis Jago, eine finstere Gestalt, folgt ganz seiner eigenen schurkischen Logik. Im »Credo«, diesem Meisterwerk des Bösen, rechtfertigt er seine haßerfüllte Existenz. Desdemona ist das vielleicht lieblichste Geschöpf in Verdis Pantheon. Dominierend auf der Bühne aber ist der Mohr Othello – egal ob als siegreicher Held oder als im Staube liegender, von Eifersucht geplagter Liebhaber.

Hören Sie sich das Ende des dritten Aktes an. Schon nach wenigen Takten wird Ihnen klar werden, warum *Othello* so großartig ist. Othello liegt am Boden, durch die Intrigen Jagos nur noch ein kleines, sich windendes Bündel. Draußen ruft das Volk jubelnd seinen Namen; drinnen ist er ein Wrack. »Ecco il Leone!« (Da liegt der Löwe!) ruft der triumphierende Jago aus, und das Orchester schmettert eine niederträchtige Kadenz: von E-dur nach C-dur. Dieser direkte Zusammenprall zweier Tonalitäten faßt die konfliktgeladene dramatische Situation perfekt zusammen.

Selten war ein Schluß in strahlendem C-dur weniger »glücklich« als dieser. Und was im letzten Akt passiert, wissen wir nur allzu gut: »Ich küßte dich, / Eh ich dir Tod gab – / nun sei dies der Schluß: / Mich selber tötend / sterb' ich so im Kuß.« *Othello* ist in der Tat zum Sterben schön.

GEORGES BIZET: *Carmen*

Da wir gerade von nicht so glücksstrahlenden Dur-Schlüssen – und von unvollendeten Meisterwerken, die in verschiedenen Fassungen existieren – reden: Wie wär's mit *Carmen*? Bizets kesser kleiner Senorita wird zu Recht der Titel »populärste Oper der Welt« zugestanden (einer französischen Oper!). Daß sich hinter diesem »Hit« ein wirklich wunderbares Kunstwerk verbirgt, wird leider oft übersehen. Basierend auf Prosper Mérimées Novelle schrieb Bizet die Oper für die Opéra Comique in Paris. Die *Carmen* fiel bei ihrer Uraufführung im März 1875 durch, zumindest nach Ansicht Bizets, dessen Erwartungen hoch gesteckt waren. (Vielleicht war das ein Grund für den allzufrühen Tod des Komponisten einige Monate später im Alter von nur 36 Jahren.) Tatsächlich aber wurde sie in jenem Frühling fünfunddreißigmal gespielt, in der nächsten Spielzeit folgten noch einmal dreizehn weitere Vorstellungen; insgesamt gab es also mehr Aufführungen als bei jeder früheren Oper Bizets. Doch die Sage von *Carmens* feindseliger Aufnahme ist für all jene, die das Bild des ewig Hunger leidenden Künstlers hochhalten, die bessere Story.

Erstaunlicherweise wurde die Partitur von den Kritikern – schon wieder diese scharfsinnigen Kritiker – als zu »wissenschaftlich« und zu »wagnerianisch« empfunden (letztgenanntes Adjektiv heftete man auch Verdis *Aida* und *Othello* an). Die Handlung galt als »unmoralisch«. Sicher, man bewunderte auch einige Musiknummern, aber die Leute waren verständlicherweise verwirrt, daß eine tragische Oper ausgerechnet an der Opéra comique aufgeführt wurde. Vielschichtig war sie auch noch! Was sollte denn die Pariser Bourgeoisie mit so etwas anfangen?

Gute Frage. Kurz nach Bizets Tod ersetzte Guiraud (der gleiche, der ein paar Jahre später auch *Hoffmanns Erzählungen* in Ordnung bringen sollte) die gesprochenen Dialoge durch von ihm komponierte Rezitative. In dieser Form machte die *Carmen* dann ihren Weg um die ganze Welt. (Wenn Bizet noch gelebt hätte, hätte er sicher das gleiche getan.) Natürlich muß man heute, will man die *Carmen* »korrekt« aufführen, die Rezitative weglassen und die Dialoge bringen. Die kritische Ausgabe von 1964 (durch Fritz Oeser) restaurierte außerdem Material, das Bizet vor und nach den Proben gestrichen hatte. Wieder einmal taucht hier das Problem des »Nachlebens« auf: Ähnlich wie bei *Boris*, wo die Visionen Mussorgskys in der Rimsky-Korsakow-Version wirkungsvoller zur Geltung kommen als in der Urfassung, ist die *Carmen* vermutlich besser – und in gewisser Weise trotzdem »authentisch« – in Guirauds Bearbeitung. Ein weiterer Punkt spricht für die gesungenen Rezitative: Es ist schon schwer genug, internationale Sänger zu finden, die sich im französischen Repertoire zu Hause fühlen. Fast gänzlich unmöglich ist es aber, Sänger zu finden, die die Dialoge richtig aussprechen können. Die beste Lösung wäre sicherlich, stückchenweise Original und Oeser-Version zu mischen und dann für eine Aufführung das künstlerisch Beste daraus zu machen.

Inzwischen fragen Sie sich vielleicht: Warum können Komponisten nicht einfach die Noten, die gespielt werden sollen, hinschreiben und dann das verdammte Ding in Ruhe lassen? Einige zeitgenössische Schöpfer tun genau das (was ein Grund dafür sein mag, daß ihre Opern sich nicht lange halten). Doch für einen Komponisten, der

Theatererfahrung hat, ist das nicht so einfach. Er kann zwar Vorschläge machen, aber letztendlich entscheiden oft Aufführende oder besondere Umstände über Änderungen. Da müssen dann Arien umgeschrieben oder ganz gestrichen werden, an Ensembleszenen muß noch gebastelt werden, Chöre kommen hinzu oder fallen weg. Eine »endgültige« Ausgabe einer Oper oder genausogut einer Broadway-Show kann es kaum geben. (Denken Sie nur an *Show Boat*, von dem es mehr Variantfassungen gibt als von *Boris Godunow*.) Eine Musicalaufführung ist, wo immer sie stattfindet, das Ergebnis längeren Herumprobierens; immer wieder wird es Bearbeitungen unterzogen. In der Oper ist das nicht anders: Der Tenor kann »Il mio tesoro« nicht singen? Dann schreibt man eben schnell »Dalla sua pace« und macht weiter mit der Show. Was bei Mozarts *Don Giovanni* funktioniert, ist auch bei anderen Werken erlaubt. Falls die Oper oder das Musical dann schließlich Erfolg hat, ergibt sich vielleicht eine mehr oder weniger endgültige Form. Das kann sich aber von jetzt auf gleich auch wieder ändern.

Was lieben wir denn so an der *Carmen*? Die vielen Hits natürlich, wie »Habanera« und das »Torero-Lied«, die wohl jedem auch ohne jegliche musikalische Vorkenntnis vertraut sind. Die *Carmen* ist eine der melodienreichsten Opern der Geschichte, eine Abfolge von Schlagern, wie man ihresgleichen kaum in einem anderen Werk finden wird.

Mehr noch als die Melodien aber lieben wir an der *Carmen* die Dramatik. Bizet und seine Librettisten Meilhac und Halévy verbesserten Mérimées Novelle gleichen Titels in vielerlei Hinsicht, nicht zuletzt dadurch, daß sie die Konfrontation zwischen José und Carmen am Schluß der Oper von einer einsamen Straße vor die Arena verlagerten, in der Escamillo gerade kämpft. Außerdem erfanden sie die Figur der Micaela, die Stereotype vom netten Mädchen von nebenan, als Kontrast zu dem temperamentvollen Zigeunermädchen Carmen. Die Oper geht, trotz mancher Längen, rasch von Szene zu Szene, und es gibt kaum eine Note, auf die wir gern verzichten würden. Bizets Musik verziert niemals nur die Worte, sie lenkt sie. Von der ersten Note der berühmten Ouvertüre bis zum letzten (sehr unglücklichen) Dur-Klang hält uns *Carmen* gefangen, und es ergeht uns ein bißchen wie dem armen, glücklosen José, der von der Titelheldin in Bann geschlagen ist.

Soprane und Mezzos lieben die Rolle der Carmen, und jeder große

Star hat sich einmal an ihr versucht. Die Liste ist schier endlos. Zu den größten Interpretinnen zählen Emma Calvé (vielleicht die Carmen mit dem größten Sexappeal der Geschichte), Mary Garden, Geraldine Farrar, Rise Stevens, Grace Bumbry und Leontyne Price. Die Figur ist fast unerschöpflich – wenn es je einen weiblichen Don Giovanni gegeben hat, der stirbt, ohne seinen Lebensstil bereut zu haben, dann Carmen. Diese große tragische Heldin gehört genau zu der Art von Mädchen, vor denen uns unsere Mütter gewarnt haben und denen wir – Gott sei Dank – nicht widerstehen können.

Alban Berg: *Wozzeck* und *Lulu*

Apropos böse Mädchen, wie wär's mit dem kleinen Flittchen Lulu, der Heldin in mehreren Stücken Frank Wedekinds und namengebenden Venusfliegenfalle. Sie ist ein Ärgernis, soviel ist sicher, sie stürzt jeden Mann, den sie trifft, ins Verderben, bis sie am Ende der Oper ihren wohlverdienten Lohn (von keinem geringeren als Jack the Ripper!) erhält. Im *Wozzeck* dagegen ist der Held ein eingetragenes Mitglied des Lumpenproletariats, ein armseliger Trottel, der vom Hauptmann mißhandelt, vom Doktor gefoltert, vom Tambourmajor geschlagen wird, und seine Freundin Marie (von der er einen unehelichen Sohn hat) setzt ihm auch noch Hörner auf. Am Ende treibt ihn das alles in Mord und Selbstmord.

Da stellt sich doch die Frage: Wie kommt es, daß die Oper so oft von Abscheulichkeiten wie Vergewaltigung, Mord, Inzest und so weiter handelt? Gibt es denn keine »netten« Opern, zum Beispiel über ... Nonnen? Gibt es. Puccinis *Schwester Angelica* (*Suor Angelica*) handelt von einem jungen Mädchen, das ein uneheliches Kind zur Welt bringt, ins Kloster geht und sich dann, überwältigt von Reue, nachdem sie vom Tod ihres Kindes gehört hat, mit einem Gifttrank umbringt. (Ein »Happy End« gibt es dennoch: Die heilige Maria erscheint persönlich, um Angelica in den Himmel zu führen.) Na, war wohl auch nichts. Wie wär's dann mit Poulencs Oper *Die Gespräche der Karmeliterinnen* (*Dialogues des Carmélites*), die während der französischen Revolution spielt: Am Höhepunkt der Handlung werden die Mitglieder des Ordens – eine erstaunliche Ansammlung unglücklicher, milieugeschädigter, gestörter Frauen – eine nach der anderen guillotiniert. Okay, vielleicht lieber keine Nonnen ...

Es ist nur so: Friede-Freude-Eierkuchen-Themen sind nicht das richtige Futter für Komponisten. (Aus dem gleichen Grund verkaufen sich Zeitungen mit guten Nachrichten nicht.) Vielleicht hatte Tolstoi recht: Alle glücklichen Familien sind gleich, doch jede unglückliche Familie ist auf ihre eigene Art unglücklich. In der Kunst geht es doch im Grunde darum, die wahre Natur des menschlichen Wesens zu erforschen – es kann gut sein oder nicht, oder es kann niedrig sein oder nicht.

Doch Opernkomponisten und andere kreative Künstler wissen eben etwas, das den vielen Aposteln bürgerlicher Weltanschauung verborgen geblieben ist: Daß der menschliche Charakter in seinem Kern zutiefst amoralisch ist. Bitte, halten Sie das jetzt nicht für ein Plädoyer für Perversitäten. Aber Perversität bestimmt sich weitgehend durch das kulturelle Umfeld des Betrachters.

Deshalb haben wir auch so viele vermeintlich unmoralische Figuren in der Oper. Ich sage »vermeintlich«, weil Vergewaltigungsopfer oder Kinderschänder oder Geschwister, die Inzest begehen, und andere nicht automatisch schlechte Menschen sind. Im Grunde sind sie uns allen ganz ähnlich, und im Kontext einer Oper erscheinen sie uns völlig normal. Deshalb finden wir sie so faszinierend.

Ein paar Worte zum Kontext der Oper. Es ist eigentlich klar, daß es in der Oper nicht um lebensnahe Geschehnisse geht. Wir sind heutzutage offenbar aber nicht mehr in der Lage, das zu begreifen. Früher mußte man nicht gleich dazusagen: »Ist ja nur ein Film« (oder ein Theaterstück oder ein Musical). Nur weil *Show Boat* mit der Zeile »Niggers all work on de Mississippi« anfängt, ist das Musical noch lange nicht rassistisch. Wenn überhaupt, dann ist *Show Boat,* was Rassismus angeht, zutiefst liberal. Diesen automatischen Reaktionären, die einen Klassiker des amerikanischen Musicaltheaters wegen eines Wortes im Libretto verdammen, ist es nur zu viel Arbeit, sich das ganze Werk anzuhören.

Wahrscheinlich ist es nur eine Frage der Zeit, bis bei uns die gleichen selbsternannten Moralapostel entdecken, daß *Figaros Hochzeit* von einem Adeligen handelt, der auf das Recht pocht, mit der neuen Frau seines Dieners zu schlafen, oder daß in der *Zauberflöte* ein Schwarzer als unsympathisch dargestellt wird.

Genauso aber sind die, die Kunst auf der Basis ihres Inhalts beurteilen wollen, auf dem Holzweg. Die Kunst soll sich mit den verflixten Themen der Verhaltensweisen und Sitten auseinandersetzen. Darum geht es doch. Kunst soll nicht bequem sein. Kunst ist nicht dazu da, damit Sie sich in Ihrem miesen, kaputten, wertlosen Selbst besser fühlen. Stattdessen soll sie Sie dazu bringen, daß Sie danach forschen, warum Sie sich so beschissen fühlen.

Deshalb also Wedekind, Berg und *Lulu*. Wenn Wedekind, dieser gräßliche Avantgardist, gekommen wäre und sich um Stiftungsgelder für seine Arbeiten bemüht hätte, er hätte sie bei dem Klima, das heute in den USA herrscht, nie bekommen. Und doch haben seine Stücke, *Die Büchse der Pandora* und *Erdgeist*, nicht nur die Grundsubstanz für Bergs Meisterwerk gebildet, sie waren es auch, die die denkwürdige filmische Zusammenarbeit von Louise Brooks und G. W. Pabst angeregt haben. Sind Wedekinds Stücke denn nun »unmoralisch« (als »unmoralisch« bezeichneten Zeitgenossen auch die *Carmen*, und sogar Mozarts *Don Giovanni* galt als unsittlich)? Wenn sie es sind, kann es dann sein, daß trotzdem moralische Kunstwerke (Bergs Oper, Pabsts Film) daraus entstehen? Und wenn ja, wie? Wenn nein, warum nicht?

Schweres Thema. Aber gerade so etwas lieben wir an der Oper.

Also lassen Sie uns zur Sache kommen. Lulu ist *das* Opernprodukt, die Femme fatale. Jeder, der mit ihr in Kontakt kommt – selbst Alwa, der Komponist, sein Vater, Dr. Schön, ein Arzt, ein Maler, Schigolch (der vielleicht ihr Vater ist oder auch nicht), die lesbische Gräfin Geschwitz, der Athlet und der Gymnasiast – verliebt sich in sie, und fast jeder wird von ihr auf irgendeine Art ins Verderben gestürzt. (Durch einige Doppelrollen ergeben sich so hübsche Nebeneffekte wie der, daß der Schauspieler, der die Sprechrolle des Medizinalrats spielt, am Schluß als Jack the Ripper zurückkehrt.)

Ähnlich wie sie bringt auch Wozzeck, der mißhandelte Soldat, Tod und Verderben, wenn auch nur innerhalb seines eigenen unmittelbaren Umfelds. Unerträglich gequält, und das sowohl körperlich als auch psychisch, richtet sich seine Zerstörung aber nicht gegen seine Folterer, sondern schließlich gegen sich selbst: Er stößt Marie ein Messer in den Hals, versucht dann, offenbar geistig völlig verwirrt, die Mordwaffe im See verschwinden zu lassen und ertrinkt dabei.

Bergs Tonsprache ist in diesen beiden Werken sehr unterschiedlich. *Wozzeck*, zwölf Jahre vor *Lulu* entstanden, ist mehr oder weniger atonal – was heißt, daß sie kein festes tonales Zentrum hat. Doch wenn man sich mit Berg beschäftigt, ist gerade dieses »Mehr-oder-weniger« der springende Punkt. Berg war Schüler und Anhänger Schönbergs, er verehrte seinen Meister, war aber ein weit größerer

Humanist – und ein weit besserer Komponist – als dieser. Schönbergs Opern sind Abstraktionen: *Erwartung* ist ein symbolistischer Einakter, *Moses und Aron* ein stilisiertes, undramatisches Vortragsstück, das sich eigentlich nicht zur Aufführung eignet. Bei Bergs Opern geht es um echte Menschen, und seine Kunst, so intellektuell sie auch sein mag, steht immer im Dienst der Emotionen. So scheut Berg nicht davor zurück, im letzten Orchesterzwischenspiel (zwischen Szene 4 und 5 des dritten Aktes) sein Klagelied über den Tod von Wozzeck und Marie in d-Moll zu schreiben. In der ganzen Oper kommen nur wenige Stellen an die emotionalen Höhepunkte dieser Passage heran, einer der berühmtesten und berührendsten Passagen der gesamten zeitgenössischen Musik.

Für *Lulu* übernahm Berg Schönbergs berühmtes (oder berüchtigtes) Zwölftonsystem. Bereits im *Wozzeck* hatte Berg eine der Szenen im Zwölftonsystem komponiert. Jetzt, in *Lulu,* setzte er es in großem Umfang ein. Zwölftonmusik wird gewöhnlich als »kompliziert« bezeichnet, seltsamerweise aber erwies sich *Lulu* als beliebter als *Wozzeck.* Warum das so ist, darauf muß ich Ihnen die Antwort schuldig bleiben. *Lulu* ist viel, viel länger und dichter, aber der Handlungsstrang ist klarer (und weniger expressionistisch angehaucht), und jeder scheint sich mit der Geschichte der unmoralischen Verführerin, die schließlich doch ihre wohlverdiente Strafe bekommt, identifizieren zu können.

Bei beiden Opern lohnen sich genaues Hinhören und genaue Analyse. Berg war Numerologe und hat seine Musik mit versteckten Strukturen, Verweisen und Bedeutungen gewürzt. Formale Probleme waren seine Leidenschaft: *Wozzecks* drei Akte gliedern sich in »5 Charakterstücke«, eine »Symphonie in Sätzen« und »6 Inventionen«, von denen eine die berühmte d-Moll-Zwischenaktsmusik ist. Auch *Lulu* verrät eine ähnliche Vorliebe für innere Strukturen.

Lulu ist auch – und damit greifen wir einen anderen Gesichtspunkt unserer bisherigen Besprechungen auf – unvollendet. Oder war es zumindest. Am Weihnachtsabend 1935 starb Berg an einer Blutvergiftung infolge von Komplikationen nach einem Bienenstich. Er hinterließ die Oper zwar in Skizze als sogenannte »Particell-Fassung« (das heißt im Klavierauszug, in den schon Details für die Orchestrierung eingetragen sind), doch der größte Teil der Orchestrierung des dritten Aktes stand noch aus. Eigentlich hätte es keine Probleme geben dürfen, dieses Werk für seine Aufführung fertigzustellen, doch 1935 hatten die Nazis Berg schon als einen Komponisten »entarteter Kunst« in die Liste der Gebannten aufgenommen. Später versuchte seine Witwe Helene mit allen Mitteln, die Bemühungen, den dritten Akt fertigzustellen, zu vereiteln, vermutlich aus dem Gefühl heraus, Berg könnte darin irgendwelche geheimen Hinweise auf eine Liebesaffäre, die er damals gehabt hatte, versteckt haben. (Bergs *Lyrische Suite* ist, wie wir heute wissen, eine heimliche Ode an seine Geliebte, also hatte Helene wohl allen Grund für ihren Verdacht.) So kam es, daß *Lulu* bis zu Helene Bergs Tod 1976 nur in einer unfertigen Fassung (nur 1. und 2. Akt mit einem kleinen Teil des 3. Aktes) gehört werden konnte. Erst 1979 wurde das ganze Werk – mit der von dem Wiener Komponisten Friedrich Cerha vervollständigten Orchestrierung – unter der Leitung von Pierre Boulez in Paris aufgeführt. Heute wird *Lulu* nur noch in dieser dreiaktigen Form auf die Bühne gebracht – und so sollte es auch bleiben.

Ziemlich einschüchternd, finden Sie? Müssen Sie denn wirklich Ihre zarten Ohren an Bergs harte Klangwelten gewöhnen, nur weil ich es sage? Sie müssen gar nicht. Es würde mich auch wundern, wenn mehr als zehn Prozent der Leser dieses Buchs schließlich doch noch eins von Bergs ungezogenen Problemkindern lieben würden. Und doch ist Berg genau wie Mozart, Verdi oder Wagner Teil des Opernkontinuums, und seine beiden Werke – unwiderlegbar zwei Meisterwerke – werden sicher aufgeführt werden, solange es Opern geben wird. Mag sein, daß Ihre Ohren an manchen Stellen arg strapaziert werden. Doch die Überwindung lohnt sich.

Scott Joplin: *Treemonisha*

Warum ist dieses herrliche Werk aus der Feder eines der berühmtesten und am wenigsten verstandenen Komponisten Amerikas nicht bekannter? Vielleicht lege ich mich auch nur für ein fehlerhaftes, unausgereiftes Werk ins Zeug. Aber ich würde es mir nie verzeihen, wenn ich Ihre Aufmerksamkeit nicht auf *Treemonisha* lenken würde, und das nicht nur wegen seines wunderbaren Finales (»A Real Slow Drag«).

Für mich ist Joplin der größte amerikanische Komponist des 19. Jahrhunderts, und das in zweierlei Hinsicht: wegen des Umfangs seines Werks und der Größe seiner Leistung. (Soll doch der, der darüber spotten will, einen Konkurrenten nennen. MacDowell etwa?) Zweifellos kennen Sie ihn alle als den König der Ragtime-Schreiber und als Komponisten des »Maple Leaf Rag«. Aber Joplin war weit mehr und weit besser. Er war der amerikanische Archetypus, der erste, dem es gelungen ist, europäische klassische Musiktradition und amerikanische Popkultur miteinander zu verbinden. Der Sohn eines befreiten Sklaven, dessen Bildung sehr willkürlich ausgefallen war, verschmolz Musik und Tanz des schwarzen Amerika mit den einfachen europäischen Formen (Marsch, Twostep, Walzer), die im späten 19. Jahrhundert im ganzen Land große Popularität erlangt hatten, und schuf so die erste eigenständige Musik des Landes.

Scotts Erfolg mit »Maple Leaf Rag« verschaffte ihm 1899 ein Maß an finanzieller Sicherheit – er hatte, anders als die meisten anderen Komponisten, die ihre Rechte komplett verkauften, ein Prozent Gewinnanteil auf jedes verkaufte Exemplar erhalten –, und dies war nach den mühseligen Jahren als Bordellpianist in der Demimonde mehr als willkommen. (Auch der junge Brahms war einige Zeit »Puff-Professor« gewesen.)

In den ersten zehn Jahren des neuen Jahrhunderts produzierte Joplin einen Classic Rag nach dem anderen, darunter auch den »Gladiolus Rag«, sein vielleicht schönstes Klavierstück.

Aber er wollte mehr. Er war ehrgeizig, wollte, daß man ihn als ernsthaften Komponisten akzeptiert. Was für eine absurde Vorstellung! Ein Schwarzer, dessen musikalische Ausbildung darin bestand, daß er ein paar Kurse auf dem George R. Smith College for Negroes in Sedalia, Missouri, besucht hatte, glaubte wohl, er könne sich auf einen Rang erheben, der weißen Europäern vorbehalten ist. Sicher macht der nur Spaß.

Sicher nicht. Ermutigt durch den in Amerika lebenden deutschen Dirigenten Alfred Ernst macht er sich daran, eine Oper zu komponieren. Monroe H. Rosenfeld, ein damals bekannter Komponist, schrieb 1903 einen Zeitungsartikel über Joplin:

> *»Joplins Ehrgeiz geht dahin, sich in anderen Sphären hervorzutun ... Für dieses Ziel müht er sich beharrlich, eine Oper zu schreiben, ungefähr so etwas wie in Partitur gesetzte Nummern, die er schon komponiert hat; und nun hofft er, daß sie sehr bald schon [In St. Louis] aufgeführt wird.«*

Die Oper, um die es hier geht, war nicht *Treemonisha*, sondern ein Werk namens *A Guest of Honor*, und seine Geschichte ist ein einziges Trauerspiel. Offenbar wurde sie nur ein einziges Mal in St. Louis aufgeführt. Nach Aussage von Joplins Freund und Ragtime-Komponisten-Kollegen Arthur Marshall, wurde sie ziemlich gut aufgenommen: »Ich denke, [Joplin] ist gerade dabei, Haviland oder die Majestic-Produzenten dazu zu kriegen, das Stück zu unterstützen oder zu finanzieren und es dann auch zu übernehmen. Ich weiß nicht, wie weit das Ganze schon gediehen ist.«

Überhaupt nicht weit. Die Oper wurde zwar in der Library of Congress registriert, man hat dort aber nie eine Kopie der Partitur erhalten. Anscheinend ist *A Guest of Honor* verschollen. Von Zeit zu Zeit tauchen Gerüchte auf, sie existiere doch noch – sei in einem Banksafe in Carson City oder Nevada City oder Emerald City gefunden worden –, aber bisher hat niemand ein Exemplar dieser Oper gesehen. Ich habe dennoch eine Theorie: Wenn Joplin nun ein Exemplar seinem Freund Ernst gegeben hat (nicht unwahrscheinlich)? Was, wenn Ernst es mit nach Deutschland gebracht hat (ebenso wahrscheinlich); was, wenn er es in seinem Haus in Halle zu seinen Unterlagen gelegt hat (die Chancen dafür stehen eins zu zwei)? Und was, wenn es die Bombardierungen dieser ostdeutschen Stadt während des Krieges überstanden hat (anfechtbar)? Wäre es möglich, daß *A Guest of Honor* eines Tages in Halle auftaucht? Ich denke, das wäre noch am wahrscheinlichsten. Joplin kehrte zu seinen Ragtimes zurück. Aber der Opernbazillus blieb in ihm. Nach seinem Umzug 1909 nach New York machte er sich an die Arbeit zu *Treemonisha*, und 1911 war die Partitur fertig. Leider wollte niemand sie veröffentlichen, nicht einmal Joplins langjähriger Verleger John Stark, der ein Jahr zuvor aus dem Schlagergeschäft ausgestiegen und nach St. Louis zurückgekehrt war. So hat Joplin eben die Veröffentlichung von *Treemonisha* aus eigener Tasche bezahlt, ein Akt der Torheit, der ihn finanziell und emotional ruiniert hat.

Niemand wollte die Oper aufführen. *Treemonisha* war nicht die erste Oper, die ein Afro-Amerikaner über ein schwarzes Thema geschrieben hatte – die Ehre gebührt *The Martyr* von Harry Lawrence Freeman, 1893 in Denver produziert –, aber sie war die bedeutendste, und Joplin wußte das. 1913 zog er mit seiner Frau in den Norden der Stadt, nach Harlem. Er überarbeitete einige Nummern – nicht zu ihrem Vorteil, muß man leider sagen – und organisierte 1915 die erste und einzige Aufführung, die in einem gemieteten Raum des Lincoln Theaters stattfand. Das ganze war aber nicht mehr als eine Durchlaufprobe ohne Kostüme. Da Joplin sich kein Orchester leisten konnte, spielte er selbst am Klavier.

Die Aufführung war ein Flop und hat ihn letztlich umgebracht. (Wie einen das doch an Bizet erinnert, nur daß dieser Fall hier historisch genauer belegt ist.) Joplin litt an tertiärer Syphilis. Der Mißerfolg von *Treemonisha* hatte ihm den Rest gegeben und in den Wahnsinn getrieben. Er starb am 1. April 1917 im Manhattan State Hospital auf Wards Island. Doch unsere Geschichte hat ein Happy End. *Treemonisha* wurde 1975 in Houston endlich richtig aufgeführt und gewann sogar noch im gleichen Jahr den Pulitzer Preis für Musik.

Die Geschichte handelt von den Bemühungen Treemonishas, eines Findelmädchens, die eben erst befreiten Sklaven einerseits in das Texarkana-Gebiet in Arkansas (ganz in der Nähe war Joplin aufgewachsen), andererseits aus ihrer Unwissenheit und ihrem Aberglauben heraus ins Licht der Bildung und der Vernunft zu führen. Das Libretto stammt von Joplin selbst und gibt seine Gedanken wieder. Nur durch Bildung, so empfand er es, kann ein Schwarzer in Amerika seinen Platz neben den Weißen einnehmen. Treemonishas Kampf gegen die gemeinen Verschwörer war gleichbedeutend mit dem Kampf für die Seele des schwarzen Amerika.

Joplin war als Komponist von Bühnenwerken unerfahren – sein frühes Volksballett *The Ragime Dance* war kein Erfolg gewesen, und *Treemonisha* zu inszenieren ist, zugegeben, ein kompliziertes Unterfangen. Zum einen ist die originale Orchestrierung schon seit langem verloren; heute nimmt man meist die von Gunther Schuller. Das Libretto kommt uns heutzutage irgendwie laienhaft und naiv vor. Ein größeres Manko aber besteht darin, daß das Werk auf pittoreske Bühnenmalerei vertraut und das auf Kosten echter dramatischer Handlung.

Im Grunde aber ist es egal, ob *Treemonisha* je in ein größeres Repertoire aufgenommen wird oder nicht, denn die Musik lebt auf jeden Fall weiter. »A Real Slow Drag«, der Festtanz am Schluß der Oper, ist eine von Joplins inspiriertesten Kompositionen und dazu eines der wirkungsvollsten und erhebendsten Opernfinali, die je geschrieben wurden. Aber auch viele andere Stücke sind genauso gut, darunter das mitreißende »Aunt Dinah Has Blowed de Horn« oder das erstaunlich avantgardistische Ensemble »Confusion« mit seinem

Refrain, der keine bestimmte Tonhöhe hat und die Klagen der Frauen auf den Plantagen nachahmt, und nicht zuletzt die strahlende Hymne »We Will Trust You as Our Leader«.

Treemonisha verdient einen Ehrenplatz in der amerikanischen Musikgeschichte – nicht aus irgendwelchen verschwommenen Gründen politischen Minderheitenschutzes, sondern weil es ein erstaunliches Meisterwerk ist, zu dem es kein Pendant gibt.

Leos Janácek: *Jenufa*

Bei Verdi haben wir schon gesehen, daß richtig große Opern auch von richtig alten Menschen geschrieben werden können. Wer hätte das gedacht! Aber bei dem tschechischen Komponisten Leos Janácek sehen wir etwas noch Bemerkenswerteres: daß man nämlich noch im Rentenalter sein erstes (!) großes Werk schreiben kann.

Bevor wir uns *Jenufa* richtig zuwenden – wenn Sie mal richtig angeben wollen, nennen Sie sie beim richtigen Titel, *Její Pastorkyna* (*Ihre Ziehtochter*) –, noch ein paar Worte über Janáceks besonderen und eigentümlichen Sinn für Harmonik und Melodik. Janácek, der 1854 in Mähren zur Welt kam, war ein erklärter tschechischer Patriot, der heftig gegen die kulturelle Hegemonie der Deutschen kämpfte und das Prager deutschsprachige Theater zugunsten des Theaters, das Aufführungen in tschechischer Sprache brachte, einfach links liegen ließ. (Die tschechischen Provinzen Böhmen und Mähren standen schon immer unter dem starken Einfluß ihres mächtigen Nachbarn.) Die meisten seiner Werke haben irgendwie mit tschechischer Geschichte oder mit tschechischem Volkstum zu tun.

Noch wichtiger aber: Sie orientieren sich stark an Rhythmus und Modulation der tschechischen Sprache. Tatsächlich sind sie ohne diese überhaupt nicht denkbar.

Na und? Kann man denn Opern nicht einfach von einer Sprache in eine andere übersetzen? Bei Romanen geht das doch auch. Läßt man die Frage außen vor, ob Romane einen nahtlosen Übergang, sagen wir mal, aus dem Russischen ins Französische schaffen (sie schaffen ihn nicht!), dann ist die Antwort ganz eindeutig: nein. Die Art und Weise, wie ein Komponist die Worte eines Librettos vertont, ist eng begrenzt (falls der Komponist was taugt) durch die natürliche Modulation der Sprache selbst. Opern sind eben nicht mit Schlagern zu vergleichen, wo der »Komponist« einigen zusammengeschusterten Versen eine

Melodie verpaßt, denn beim Schaffensprozeß einer Oper sind immer zuerst die Worte da.

Nehmen wir ein Beispiel. Im Ungarischen ist der Tonfall ziemlich regelmäßig, da jedes Wort auf der ersten Silbe betont wird. Das Französische dagegen hat einen hohen Prozentsatz an Wörtern, bei denen der Akzent auf die letzte Silbe fällt, wohingegen im Englischen und Deutschen Akzente überall verteilt sind. Das mag Ihnen vielleicht nebensächlich vorkommen, aber im Verlauf einer 400seitigen Partitur summieren sich dann die verschobenen Akzente, falschen Silbenbetonungen und anderen Gräßlichkeiten, die in einer Opernübersetzung vorkommen. Am besten ist es also, Sie hören sich *Jenufa* (und eigentlich auch jede andere Oper) in der Originalsprache an. Denn Janácek hat sich genauso wie sein slawischer Kollege Mussorgsky bemüht, Melodielinien zu komponieren, die genau dem natürlichen Fluß seiner Muttersprache entsprechen. Tatsächlich könnte man Janáceks Musik als eine hochentwickelte Alternativform der tschechischen Sprache ansehen.

Auch die Harmonik seiner Musik ist ungewöhnlich. Warum, läßt sich schwer erklären. Aber hören Sie sich nur zwei Minuten lang ein Janácek-Stück an, dann verstehen Sie, was ich meine. Vielleicht liegt es daran, daß er seinen ausgereiften Stil erst so spät gefunden hat (den größten Teil seiner berühmten Werke schrieb er erst mit über sechzig) oder einfach daran, daß er ein Genie war. Janáceks Musik klingt, als würde ein Marsmensch versuchen, tonale Musik des 19. Jahrhunderts zu schreiben. Die Harmonik ist so »fehlerhaft«, daß sie irgendwie außer Konkurrenz läuft. Seine Akkordfortschreitungen scheinen nie in die Richtung zu gehen, die man erwartet. Was als konventioneller harmonischer Verlauf beginnt, schwenkt plötzlich um, bringt überraschende und originelle Wendungen. Janáceks Musik verlangt Aufmerksamkeit – nicht weil sie von Natur aus so kompliziert wäre, sondern weil sie so herrlich schrullig ist. Vielleicht ist das das falsche Wort. Seltsam ist seine Musik zwar manchmal, aber sie ist weit mehr: tiefgründig, von Herzen kommend, leidenschaftlich.

Mit *Jenufa*, seiner ersten großen Oper (die erste Oper, die auch aufgeführt wurde, denn er hatte vor ihr schon andere geschrieben), hatte Janácek eine Story gefunden, die seinem Talent angemessen war. Die Geschichte handelt von Jenufa, einem Mädchen vom Lande, das von ihrem Cousin, dem Säufer Stewa, schwanger wird. Doch ihre strenge, mitleidlose Stiefmutter, die Küsterin Buryja, mißbilligt diese Verbindung. Laca, der Stiefbruder Stewas, ist ebenfalls in Jenufa verliebt. Rasend vor Eifersucht zerschneidet er am Ende des ersten Aktes Jenufas Wange und entstellt damit ihr hübsches Gesicht.

Der zweite Akt setzt fünf Monate später ein. Die ledige Jenufa, die inzwischen heimlich einen Sohn zur Welt gebracht hat, schläft gerade. Buryja, die Küsterin, beschwört Stewa, Jenufas Ehre zu retten – aber Stewa bleibt stur. Als nächster Besucher kommt Laca, der Jenufa immer noch liebt (obwohl er eine etwas merkwürdige Art hat, das zu zeigen). Die Küsterin erzählt ihm alles. Laca ist so durcheinander, als er von dem Kind erfährt, daß die Küsterin, um ihn zu besänftigen, behauptet, das Kind sei gestorben – und diese Behauptung setzt sie, nachdem er gegangen ist, in die Wirklichkeit um: Sie wirft das Baby in den nahegelegenen Eisbach. Als Jenufa aufwacht und fragt, wo ihr Baby sei, sagt ihr die Küsterin, das Kind sei an einem Fieber gestorben. Laca hat sich inzwischen wieder beruhigt und kommt zurück, macht Jenufa einen Antrag, der ohne Enthusiasmus angenommen wird. Die letzte Szene des zweiten Aktes gehört der Küsterin. Als draußen plötzlich ein unheimlicher Wind pfeift, beginnt sich ihr Gewissen zu regen, und die böse Frau duckt sich zu Boden, in maßloser Angst vor den Elementen. Die Vorbereitungen für Jenufas und Lacas Hochzeitsfeier eröffnen den letzten Akt. Doch die Entdeckung eines kleinen Leichnams unter dem Eis setzt den Feierlichkeiten ein jähes Ende. Die vorurteilsbehafteten Dorfbewohner wollen die arme Jenufa schon lynchen – doch da gesteht die Küsterin plötzlich ihre Tat. Sie wird vom Richter aus dem Haus geholt und der Gerechtigkeit zugeführt. Jenufa, dem offenbar einzigen intelligenten Wesen im Dorf, bleibt nur noch, ihrer gemeinen Stiefmutter zu verzeihen und sich ihre Liebe zu Laca – allmählich liebt sie ihn nämlich auch – einzugestehen, dann ist die Oper aus.

Eine etwas seltsame und fragwürdige, doch – dank Janáceks innovativem Stil – auch unglaublich kraftvolle Geschichte. Denn der Komponist verleiht ihr durch seine wunderbare Musik moralische Größe und tiefere Bedeutung. Er sagt uns, was wir für die Figuren empfinden sollen, und schafft es irgendwie, daß uns an diesen nicht gerade liebenswürdigen, bigotten Leuten doch etwas liegt. Er bringt einen Sinn in deren (uns doch sehr fremdartiges) Universum, und er ist es auch, der Jenufas fast unglaubliche Großherzigkeit doch noch überzeugend wirken läßt. Kurz gesagt: Der Komponist macht die Geschichte erst menschlich.

Dmitrij Schostakowitsch: *Lady Macbeth von Mzensk*

Womit wir gleich zu einer weiteren Oper kommen, die von exotischen und schlimmen Slawen handelt, zu einem Werk, das den mächtigsten Mann im »Reich des Bösen« beleidigte: Dmitrij Schostakowitschs zweite Oper brachte keinen Geringeren in Rage als Onkel Joseph Stalin, den Bösen persönlich. Dessen Kritik an dieser Oper veränderte damals den weiteren Verlauf von Schostakowitschs Leben und vielleicht auch den der modernen Operngeschichte.

Was hat Stalin denn so sehr auf die Palme gebracht, daß die *Prawda* (was soviel heißt wie »die Wahrheit«) 1936 einen Leitartikel brachte, in dem die Oper als »Chaos statt Musik« angeprangert wurde. Wie aber hätte es auch anders sein können? Fast alles an *Lady Macbeth* mußte doch, absichtlich oder nicht, bei der verknöcherten Sowjet-Hierarchie Anstoß erregen. Die Geschichte handelt von einer frustrierten Hausfrau, Katerina Ismailowa, die ihren langweiligen Ehemann Zinowi mit dem Tagelöhner Sergej betrügt. Sie vergiftet ihren Schwiegervater, der Verdacht geschöpft hat und ihr nun lästig ist, mit einem Pilzgericht. Zinowi schlägt sie mit einem Kerzenleuchter tot. Katerina und Sergej wollen gerade heiraten, als ein Betrunkener die Leiche ihres Mannes findet, die im Keller vor sich hin fault. Die beiden werden verhaftet und nach Sibirien geschickt. Auf dem Weg dorthin betrügt Sergej Katerina mit einer anderen Frau. Außer sich vor Wut schubst Katerina seine neue Freundin in einen Fluß und springt dann selbst hinein.

Mit anderen Worten: ein stinknormaler Tag für Mütterchen Rußland – manche gehen eben baden.

Wieder einmal haben wir es hier mit Figuren zu tun, die nicht gerade Vorbildcharakter haben. Und doch sollen wir diese Menschen – wie schon früher angemerkt – nicht wegen ihres Verhaltens verdammen. Wir sollen mit ihnen mitfühlen, ihre Probleme begreifen. Weil der Komponist das so will.

In Nikolaj Leskows Kurzgeschichte von 1865, *Lady Macbeth aus dem Kreise Mzensk* werden die Protagonisten ironisch dargestellt. Katerina ist eine grausame Hexe ohne eine einzige gute, versöhnlich stimmende Eigenschaft. Für Schostakowitsch war dieser Stoff aber genau richtig, vor allem um seine moralischen – und politischen – Argumente vorzubringen. »Als sowjetischer Komponist«, so schrieb er 1934, dem Jahr der Uraufführung von *Lady Macbeth*, »bin ich fest entschlossen, die Stärke der Leskow'schen Erzählung zu erhalten und dennoch, im Zuge einer kritischen Annäherung, die Ereignisse aus einer modernen Sicht zu interpretieren.« Damals, in der Mitte der dreißiger Jahre, herrschten für alle Bürger der Sowjetunion gefahrvolle Zeiten, vor allem aber für Stalin-Gegner, egal ob wirkliche oder nur vermeintliche. Das Klopfen an der Tür um Mitternacht und der gedämpfte Pistolenschuß am Hintereingang – davor hatte jeder Angst. Niemand wußte, wann er in Ungnade fallen würde. Künstler mußten besonders auf der Hut sein, denn man erwartete von ihnen, daß sie den Kampf für den sowjetischen Kommunismus auch in ihren Werken voranbrachten. »Formalismus« war out, »sozialistischer Realismus« in.

Nun, was versteckte sich hinter den Begriffen »Formalismus« und »sozialistischer Realismus«? Im Grunde das, was die sowjetischen Zensoren darunter verstanden. Die Liste dessen, was verboten war, enthielt natürlich alles, was auch nur ansatzweise nach Zwölftonmusik roch, und fast alles, was es damals in der westlichen Komposition an fortschrittlichen Techniken gab. Gleichzeitig erwartete man von guter sozialistischer Kunst, daß sie die Hoffnungen, Träume und Erwartungen des Volkes widerspiegelt. Opern, die ehebrechende und mordende Gestalten der Unterschicht darstellten, hatten Marx und Lenin definitiv nicht im Sinn.

Wie Schostakowitsch der Idee verfallen ist, er käme mit einem Werk wie der *Lady Macbeth* ungeschoren davon, wird eines der kleinen Mysterien der Oper bleiben.

Das Seltsame ist, daß es fast zwei Jahre dauerte, bis das jemandem auffiel. Erst war die Oper ein Riesenerfolg, man hielt sie für eine würdige, sogar überlegene Nachfolgerin von Schostakowitschs erster Oper *Die Nase*. *Lady Macbeth* wurde in der ganzen Sowjetunion und auch außerhalb des Landes gespielt. Im Dezember 1935 sah Stalin zufällig eine Aufführung – und das war dann das Ende. Einen Monat später erschien der berüchtigte Leitartikel – unsigniert, aber jeder wußte, wer dahinterstand –, und *Lady Macbeth* verschwand über Nacht aus dem Repertoire. »Erklärt sich ihr Erfolg im Ausland nicht durch die Tatsache, daß sie die pervertierten Geschmacksnerven der Bourgeoisie mit ihrer zappeligen, schreienden, neurotischen Musik kitzelt?« fragte sich die *Prawda*. Klar doch!

Der Hieb saß. Schostakowitsch, der freundliche, scheue Komponist, war am Boden zerstört. Aus Angst um sein Leben entschuldigte er sich unterwürfig, indem er nicht nur die *Lady Macbeth* zurückzog, sondern auch gleich noch seine neue vierte Sinfonie. Die gefeierte fünfte Sinfonie von 1937 erhielt den Untertitel »Antwort eines sowjetischen Komponisten auf gerechte Kritik«.

Fast dreißig Jahre später, als Stalin schon eine Weile unter der Erde war, überarbeitete Schostakowitsch sein Problemkind. Heraus kam unter dem Namen *Katerina Ismailowa* eine von allen anstößig erscheinenden Stellen bereinigte Fassung der Partitur. In dieser Form wurde die Oper dann bis nach dem Tod des Komponisten 1975 meist aufgeführt. Da haben wir also wieder unsere beiden Hauptthemen: Darstellung schuldhafter Charaktere und verschiedene Werkfassungen. Was das letztere angeht, ist der Fall klar: Die richtige *Lady Macbeth* existiert nur in einer Fassung, und zwar in der ersten. Es gibt allerdings Leute, denen die *Katerina* lieber ist. Doch verdankt sie ihre Existenz dem starken Druck, dem der Komponist damals ausgesetzt war, und ist eben nur die allzu brave Version.

Was nun den erstgenannten Punkt angeht, fällt die Ironie der ganzen Sache auf, daß nämlich mörderische, gottlose Diktatoren und bigotte Moralapostel sich in ihrer Ablehnung sexueller Themen die Hand reichen – etwas seltsame Verbündete! Als Schostakowitsch, einer höheren Gewalt gehorchend, seine Oper überarbeitete, warf er die anstößigsten Passagen heraus, darunter auch die extrem deutliche Beschreibung von Sergejs und Katerinas erster Vereinigung (die langsam abschwellenden, kurzatmigen Motive der Posaunen entlocken dem Publikum doch jedesmal Gekicher). Die zu entfernen heißt aber, der Oper, in der es doch um die Folgen sexueller Frustration und ungezügelter Leidenschaft geht, das Herz herauszuschneiden.

Noch einmal: Man muß verstehen, daß Schostakowitsch nicht unbedingt für Zügellosigkeit plädiert. Der Künstler zwingt uns stattdessen, sexuelle Triebe im Licht unseres eigenen Moralkodexes zu betrachten. Sie mögen seltsam und böse oder verheißungsvoll und verführerisch sein, doch egal wie wir sie sehen, sie sind Teil unserer Welt. Der wahre Künstler kann das alte lateinische Motto »Nichts Menschliches ist mir fremd« nur unterschreiben. *Lady Macbeth* zwingt uns dazu, daß wir uns unseren Leidenschaften stellen und uns fragen, ob auch wir zu den gleichen Exzessen fähig wären. Und wenn nicht, warum nicht.

RICHARD STRAUSS: *Salome*, *Elektra* und *Der Rosenkavalier*

Apropos Exzesse ... Richard Strauss war einer der bedeutendsten Komponisten und eine der interessantesten Gestalten der Musikszene in der ersten Hälfte des 20. Jahrhunderts (er starb 1949). Mit *Salome*, *Elektra* und dem *Rosenkavalier* steuerte er dem Opernrepertoire drei der aufregendsten Werke bei, die je geschrieben wurden.

Natürlich hat er noch viel mehr, aber eben nichts Besseres geschrieben. Wenn man ganz lässig die meisten Opern, die nach *Ariadne auf Naxos* kamen, als zweitklassig abtut – mit möglicher Ausnahme von *Die Frau ohne Schatten*, *Arabella* und *Capriccio*, kann man sich mit Straussianern ganz schön in die Haare kriegen. Aber es stimmt. Warum also Zeit mit so Kram wie *Die ägyptische Helena* und *Daphne* vergeuden?

Lieber beschäftigen wir uns hier gleich mit den Leckerbissen. Als Strauss mit *Guntram* und *Feuersnot* – zwei noch stark an Wagner orientierten Vorübungen – seine Aufmerksamkeit der Oper zuwandte, war er bereits ein bekannter Komponist von Tondichtungen. Dann bekam er die deutsche Übersetzung von Oscar Wildes in Französisch verfaßtem Drama *Salome* in die Finger. Strauss war sofort Feuer und Flamme. Er bearbeitete das Stück selbst, schneiderte sich eine abendfüllende, einaktige Oper, die vor Sexualität und brutaler Leidenschaft nur so schäumte, daß sie – inoffiziell zumindest – einige Zeit sowohl in Großbritannien als auch nach der Premiere an der Met in den USA verboten wurde. (Arthur Rubinstein, der große Pianist, berichtet in seinen Memoiren, daß er für Edward VII. das verbotene Stück des öfteren heimlich auf dem Klavier vorgespielt habe.) Kaiser Wilhelm II. meinte: »Mir gefällt dieser Strauss, aber *Salome* wird ihm sehr schaden.« Worauf Strauss erwiderte, die Oper habe es ihm immerhin gestattet, sich seine Villa in Garmisch zu bauen.

Strauss ließ dem Skandal um die *Salome* einen zweiten Schocker, nämlich *Elektra*, folgen. Mit ihr begann eine außerordentlich fruchtbare Zusammenarbeit mit dem Dichter und Librettisten Hugo von Hofmannsthal. Strauss hatte sich auf Anraten eines Freundes Hofmannsthals *Sophokles*-Adaption im Deutschen Theater in Berlin angesehen und war sofort begeistert. Als er dann bei Hofmannsthal anklopfte und fragte, ob er sich eine Vertonung vorstellen könne, wurden die beiden schnell handelseinig.

Die Geschichte von Johannes dem Täufer und seinem Kopf auf dem

Silbertablett, nehme ich an, kennt jeder, und jeder weiß auch, was im Hause des Atreus nach dem für Agamemnon so fatalen Bad geschah. Es reicht doch sicher, wenn ich sage, daß die Stories der beiden Opern sich eng an das berühmte Original anlehnen. Aber Strauss hat nicht einfach diese Geschichten vertont: Er hat sie durch musikalische Mittel in höhere Wesen verwandelt. Gleich von Anfang an steigert er sowohl die musikalische als auch die dramatische Spannung durch seine nervöse, sprunghafte Musik: Das laszive Seufzer-Motiv der Klarinette, mit dem *Salome* einsetzt, springt direkt auf die Szene über, das donnernde Agamemnon-Motiv rauscht gleich zu Beginn der *Elektra* wie Gewitter und Sturm über die Opernbühne. Vom ersten bis zum letzten Ton muß man genau hinhören: Die Nahtlosigkeit, mit der in diesen beiden Opern die Szenen ineinander übergehen – die einzige Verschnaufpause ist der »Schleiertanz« in *Salome* – macht es einfach unmöglich, irgendwo zu unterbrechen.

Bis zu diesem Punkt seiner Karriere war Strauss ein artiger Vertreter der Spätromantik gewesen. Selbst seine großen Orchesterwerke, wie die *Sinfonia domestica* und die *Alpensinfonie* paßten sich noch den Wagner'schen Grundprinzipien an. Doch *Salome* und *Elektra* sind anders: Diese beiden Werke strecken sich bereits in Richtung des grellen Expressionismus eines Schönberg oder Berg, ohne ihn allerdings zu erreichen. Es ist ein Klischee zu behaupten, Strauss hätte sich dem Abgrund der Atonalität genähert, sei aber erschrocken wieder zurückgetreten – das mag ja sein. Aber, was soll's? Atonalität hätte diese beiden Wunderwerke keinen Deut kraftvoller gemacht, als sie schon sind.

Nach *Salome* und *Elektra* machte Strauss mit dem *Rosenkavalier* eine Kehrtwendung zurück zum Geist Wiens im 18. Jahrhundert. *Der Rosenkavalier* ist sicherlich die beliebteste deutsche Oper im Repertoire und dazu eine der perfektesten, die je geschrieben wurden. Hofmannsthals Libretto ist fast schon zu gut, die Wortspiele sind höchst amüsant, und die drei Hauptrollen – Oktavian, der junge Ritter der silbernen Rose, Sophie, die Naive, und die Marschallin, die Frau des Feldkommandanten, mit der Oktavian eine Affäre hat – sind drei unsterbliche Figuren der Oper.

Der Rosenkavalier war ein freiwilliger Rückschritt – bis hin zur Besetzung des Oktavian mit einem Mezzosopran (einer sogenannten »Hosenrolle«). Bei diesem Doppelspiel der Geschlechter sollte man schon genau hinsehen: An einer Stelle muß sich das Mädchen, das den

Jungen Oktavian spielt, als Mädchen verkleiden, damit Baron Ochs ihr/ihm/ihr schöne Augen macht. Diese Art von Verwirrspiel oder Maskierung der Geschlechteridentität hatte von Anfang an einen festen Platz in der Oper. Viele Opernleute mögen's eben heiß – ganz offensichtlich auch Strauss und Hofmannsthal.

Musikalisch gesehen ist diese Oper wesentlich zugänglicher als alle ihre wilden Schwestern. Die anachronistischen Walzer (der Walzer wurde erst im 19. Jahrhundert erfunden) sind schon seit langem beliebte Konzertstücke, und das Schlußterzett erreicht Höhen einer – im Prinzip tonalen – Ausdrucksfähigkeit, die später nie wieder erreicht wurden. Das ganze Werk besteht aus Tricks und Kunstgriffen, und doch, dank Strauss' Talent, genau das musikalische Mittel einzusetzen, mit dem er die Geschichte richtig an den Mann bringt, bewegt es den Hörer. Keiner kommt beim *Rosenkavalier* ohne Träne im Augenwinkel oder ohne Frosch im Hals davon.

CLAUDIO MONTEVERDI: *Die Krönung der Poppea* (*L'incoronazione di Poppea*)

Kehren Sie nun mit mir zurück in die glorreichen Tage früherer Zeiten, in das sittsame goldene Zeitalter des kaiserlichen Roms, als Männer noch Männer waren. Aber manchmal haben sie sich doch als Frauen verkleidet und ...

Nein – protestieren Sie! – Moment mal! Sie werden mir doch nicht schon wieder so eine Oper über Transvestiten und Perverse ans Herz legen wollen!

Immer mit der Ruhe. Lassen Sie uns erst einen genaueren Blick auf die früheste Oper des Standardrepertoires werfen. Vielleicht können wir dann auch gleich diese blöden Fragen über Charakterstärke und Variantfassungen ein für allemal abhaken.

Poppea, Monteverdis letzte Oper, wurde während des venezianischen Karnevals von 1642 oder 1643 uraufgeführt. Sie sollte ein möglichst großes Publikum anziehen, denn die Aufführung fand in einem öffentlichen Theater und nicht am Hofe statt. *Poppea* ist die erste Oper, die ein historisches Thema verwendet: Sie spielt in Rom im Jahre 62. Poppea ist eine Frau mit ungewöhnlichen Reizen, die die Aufmerksamkeit keines Geringeren als Nero persönlich erregt hat. Wenn die Oper beginnt, kehrt Poppeas Gatte Ottone gerade aus dem Krieg zurück und entdeckt, daß seine Puppe den Boß ins Haus gelassen hat. Ottone verflucht Poppea wegen ihrer Unbeständigkeit. Auch die beiden Soldaten, die vor Poppeas Haus Wache halten und auf den Kaiser aufpassen, während er sich mit seiner neuen Liebe vergnügt, haben Grund zu klagen. Poppea wird schnell bewußt, welchen Einfluß sie auf Nero hat, und drängt ihn, die Kaiserin Ottavia abzuservieren. Der staatsmännische Seneca aber rät Nero davon ab. Ärgerlich für ihn, denn er muß daraufhin auf Geheiß Neros Selbstmord begehen. Klar, daß Poppea Nero zu dieser Entscheidung ermutigt hat. Ottone hat sich schon überlegt, Poppea umzubringen, aber er beschließt dann doch, sich mit Drusilla, Poppeas Freundin, die außerdem heimlich in ihn verliebt ist, zusammenzutun. Da läßt Ottavia Ottone zu sich rufen und befiehlt ihm, ihre Rivalin Poppea zu töten. Um diesen Auftrag unerkannt erledigen zu können, muß er sich als Frau verkleiden, also geht er zu Drusilla, um sich von ihr Kleider zu borgen. Natürlich ist sie nur allzu gern bereit dazu. Inzwischen ...

Reicht schon! Klingt ja weniger nach Oper als nach einer 08/15-Episode aus *Baywatch* oder *Gute Zeiten, schlechte Zeiten.* Monteverdis Publikum aber war sicher mit der Story gut vertraut, und ihre schockierende Unmoral hat sie nicht eine Sekunde aus dem Konzept gebracht. Die Leute damals hat es sicher auch nicht gestört, daß der potente Nero höchstwahrscheinlich von einem Kastraten dargestellt worden ist. Es war damals durchaus üblich, daß die Männer die Frauen- und die Frauen Männerrollen übernahmen. Monteverdis Publikum hat sich bestimmt keine Gedanken über die komplexen Themen Transvestie und sexuelle Identität gemacht, ganz im Gegensatz zu unserer modernen Gesellschaft, die soviel Energie darauf verwendet.

Die einzigen beiden erhaltenen Exemplare der originalen *Poppea*-Partitur sind erstaunlich karg: nur Singstimmen und einfache Baßlinie, manchmal mit Angaben für den sogenannten bezifferten Baß. Bezifferter Baß oder auch Basso continuo ist eine Art musikalische Kurzschrift: Über einer Baßnote stehen meist zwei Ziffern, normalerweise 6-4 oder 6-3, die die Intervalle angeben, die der Spieler über der jeweiligen Note zu ergänzen hat. Offenbar genügt im Grunde schon eine Besetzung mit Sängern, kleiner Continuobesetzung aus Orgel, Cembalo oder Harfe und Gambe.

Doch jahrelang vermutete jedermann, daß die *Poppea* mit mehr Instrumenten gespielt werden müsse. Bei Wiederaufnahmen kamen oft noch Streicher und Trompeten hinzu. Neuere Forschungen aber neigen zu der Annahme, daß Monteverdi aus ökonomischen Gründen deutlich weniger Mitwirkende verlangte als 35 Jahre vorher am Hof von Mantua. Schließlich war die *Poppea* für das öffentliche Theater geschaffen worden und spiegelte die Notwendigkeit wider, die Kosten zu verringern und Profit zu machen. Ein weiterer strittiger Punkt ist die Frage, was an der Oper wirklich von Monteverdi stammt. Barockexperten meinen, Stücke von Cavalli und Francesco Sacrati erkannt zu haben.

Wie dem auch sei, wir haben in der *Poppea* auf jeden Fall das erste große Meisterwerk der Operngeschichte – aus mehreren Gründen. Erstens, und das ist das Wichtigste, ist sie einfach hinreißend schön. Lassen Sie sich durch das Fehlen vertrauter Strickmuster aus dem 19. Jahrhundert nicht aus dem Konzept bringen. Hören Sie sich lieber die Reinheit und Schönheit der Melodien an, achten Sie darauf, wie sie den Gefühlszustand der Figuren wiedergeben. Die *Poppea* ist eine Oper über die Liebe, und die Gottheiten Fortuna, Virtù und Amor spielen zusammen mit Pallas Athene, Merkur und Venus tragende Rollen. Monteverdis Musik läßt keine Zweifel, auf wessen Seite der Komponist steht. Das letzte Duett zwischen Nero und Poppea, eine schamlose Ode an die Freuden physischer Liebe, ist eines der hinreißendsten der Operngeschichte.

Alle anderen Aspekte – welchen Platz sie in der Musikgeschichte einnimmt, was sie uns über den Publikumsgeschmack im Italien des 17. Jahrhunderts sagt – sind zweitrangig. Verstehen Sie die *Poppea* als eine Huldigung an Eros, nicht als Moralgeschichte mit Warneffekt. Am Ende siegen tatsächlich die Bösen: Poppea heiratet Nero, Ottone und Drusilla werden des Landes verwiesen und Ottavia ins Exil geschickt. Amor und Venus sehen das mit Genugtuung. Die Liebe, oder zumindest Wollust, besiegt alles, ob es einem gefällt oder nicht.

Benjamin Britten: *Tod in Venedig*

Tod in Venedig ist Brittens letztes und größtes Werk – ein Werk, das all die selbsternannten Sittenwächter in Panik versetzt, denn jetzt kommen die Homosexuellen aus dem Keller, kommen auf die Bühne und singen und tanzen.

Britten war einer der führenden Komponisten Großbritanniens – und schwul. In einem Land, in dem die Homosexualität erstens weitverbreitet war, zweitens Tradition hatte, aber drittens illegal war und viertens hart bestraft wurde, da lebte Britten ziemlich offen mit seinem langjährigen Partner, dem Tenor Peter Pears, zusammen. Fast genauso offen spiegelten seine Opern und anderen dramatischen Werke seine Neigungen wider: *Peter Grimes*, sein erstes großes Meisterwerk für die Bühne, handelt von einem etwas sonderbaren ostenglischen Fischer, dessen junge Helfer gern verunglücken; in *Albert Herring* geht es um einen naiven, in einem Gemüseladen arbeitenden Burschen, der zur Maienkönigin gekrönt wird; *Billy Budd*, eine nette Vorübung zu *Tod in Venedig*, ist ein ganz offen erotisiertes Porträt von Melvilles schönem jungen Matrosen; *Gloriana*, eine Oper über eine Königin (Elizabeth I.), schrieb Britten zur Krönung einer Königin (Elizabeth II.).

Dennoch war »der gute alte Ben« so etwas wie ein Idol im Gay Old England. In seinen späten Jahren war er zu einer richtigen Institution geworden. Bis heute wird er von den Briten verehrt – blättern Sie nur mal in einem in England veröffentlichten Opernbuch, Sie werden sehen, daß das Britten-Kapitel genauso lang ist wie Abschnitte über Verdi oder Wagner –, was natürlich auch daran liegt, daß England auf dem Gebiet der Musik nicht gerade viel vorzuweisen hat. Deshalb neigen die Engländer eben dazu, schon bei bescheidenen Komponistentalenten wie etwa dem eitlen und glanzlosen Michael Tippett maßlos zu übertreiben.

Natürlich ist Britten aus ganz anderem Holz geschnitzt als Tippett, und bei seinen besten Opern – *Grimes*, *Billy Budd* und *Tod in Venedig*, die Werke, die vermutlich weiterleben werden – erreicht er wahre Größe. Von diesen drei Opern wiederum ist sein Schwanengesang *Tod in Venedig*, nach einer Novelle von Thomas Mann, die beste. Britten schrieb sie in den Jahren 1971 bis 1972, damals bereits schwerkrank (er starb 1976), als Huldigung an Pears.

Zur Uraufführung 1973 in Paris konnte er nicht kommen. Erst zwei Jahre später schaffte er es, seinen Freund in der Rolle des Aschenbach zu hören.

Das Libretto von Myfanwy Piper ist eine brillante Verkürzung von Manns emotional und moralisch komplexer Geschichte. Britten reagierte darauf mit einer Tiefe des Gefühls und einer vollendeten Beherrschung der musikalischen Technik. Wie in *Hoffmanns Erzählungen* gibt es auch in dieser Oper Mehrfachrollen für einen Baßbariton. Sie stellen die verschiedenen Nemesen dar, die Aschenbach auf seinen Reisen begegnen – auf der eigentlichen Reise von München nach Venedig, auf seiner moralischen Reise von der bürgerlichen

Moralität zu hemmungslosem Hedonismus und der daraus resultierenden symbolischen Reise von Gesundheit über Krankheit zum Tod. Sicher plant ein kreativer Regisseur auch schon eine Neuinterpretation, in der Aschenbach nicht der Cholera erliegt, sondern an Aids stirbt.

Britten zieht alle Register. Die Musik, die zu Aschenbachs Bootsfahrt über die Lagune zu La Serenissima erklingt, ruft Erinnerungen an die »Sea Interludes« aus *Peter Grimes* wach, und die Tanzmusik, die mit dem polnischen Jungen Tadzio, in den der Schriftsteller sich verliebt, verknüpft ist, erinnert an den Geist früherer Werke wie etwa *Gloriana* und *Ein Mittsommernachtstraum*. Aschenbachs eigene Musik – erst zittrig, zögernd, unsicher und verwirrt, dann aber immer leidenschaftlicher und am Ende resigniert – ist Brittens wirkungsvollste dramatische Schöpfung.

Britten gelingt hier, wie auch schon Janácek mit *Jenufa*, das Opernwunder: Er schafft es, uns alle – egal ob schwul oder nicht – von den Gefühlen seines zentralen Charakters betroffen zu machen. Aschenbachs leidenschaftliches Verlangen nach Tadzio erscheint uns weder pervers noch pervertiert, sondern natürlich und, wenn auch mitleiderregend, irgendwie rührend.

Nur wenige Bilder sind so eindrucksvoll wie das, in dem der frisch gepuderte und rasierte Aschenbach verzweifelt versucht, die Aufmerksamkeit eines Jungen auf sich zu lenken, dem seine Existenz aber mehr als gleichgültig ist. An diesem Punkt übersteigt die Geschichte ihre homosexuelle Ausrichtung und wird zu einer universellen Geschichte eines Mannes (wie beispielsweise auch Don José, Hoffmann oder Werther), der sich aus Liebe selbst zerstört und sehenden Auges in sein Verderben läuft.

PIETRO MASCAGNI: *Cavalleria rusticana*
RUGGIERO LEONCAVALLO: *Der Bajazzo* (*I Pagliacci*)

Wie oft macht uns die Liebe doch zu Narren – aber auch zu Mördern! Das berühmte Doppel *Cavalleria/Bajazzo* erteilt uns zwei Lektionen, warum wir vor lauter wahnsinniger Leidenschaft nicht die Kontrolle über uns verlieren sollten.

Diese beiden Einakter waren von Anfang an ein riesiger Erfolg, und Mascagni und Leoncavallo hätten gern noch mehr solcher Hits gelandet. Doch trotz heftiger Bemühungen der beiden sonst eher unbedeutenden Komponisten ließ sich der Erfolg nie wiederholen.

Vergeblich versuchten sie, dem Fluch ihres frühen Ruhms zu entkommen, oder haben Sie solche »Wunderwerke« Mascagnis wie *L'amico Fritz*, *Guglielmo Ratcliff*, *Iris*, *Le maschere*, *Isabeau*, *Parisina*, *Lodoletta* und *Il piccolo Marat* je gesehen oder wenigstens gehört? (Nur das erste Stück dieser Versagerliste wird überhaupt noch aufgeführt.) Leoncavallo versuchte sich mit *La Bohème* (ja, die gleiche Geschichte wie bei Puccini – ist das nicht ein Himmelfahrtskommando?), *Zazà* und *Edipo re*.

Wir sollten also für die beiden Opern, die gelungen sind, dankbar sein. Die Geschichten ähneln sich: eine Affäre, eine Schwangerschaft, ein tödliches Duell in Sizilien, beziehungsweise einige besonders hitzige Techtelmechtel mit tödlichem Ausgang in Kalabrien – beides Musterbeispiele »Verismo« (von italienisch vero: wahr), eine kurzlebige, naturalistisch angehauchte Opernbewegung, die ihre Blütezeit am Ende des 19. Jahrhunderts hatte. Diese beiden Opern sind im Grunde auch schon der ganze Verismo, doch zwei schönere oder erfreulichere Beispiele kann man nicht verlangen.

Cavalleria war zuerst da. Komponiert wurde sie vom jungen Mascagni als sein Beitrag zum zweiten Opernkompositionswettbewerb des Verlegers Sonzogno. Er war mit der Komposition schnell fertig, bekam aber kalte Füße, als es an der Zeit war, sie vorzulegen. Kurzerhand beschloß er, den vierten Akt von *Guglielmo Ratcliff* stattdessen einzuschicken. Zum Glück hatte seine Frau ein besseres Gespür: Sie war es schließlich, die die *Cavalleria* einreichte.

Die Oper siegte haushoch. Mit erstaunlicher Geschwindigkeit raste sie um den Globus und machte Mascagnis Namen in der Szene zu einem festen Begriff. Nach der Uraufführung 1890 wurde das Werk im folgenden Jahr in den Vereinigten Staaten und in England aufgeführt. Mascagni war der John Grisham seiner Zeit, der leidlich talentierte Künstler, der mit seiner Art zu schreiben ein neues Genre geschaffen hat. Ganz plötzlich mußte jeder eine Verismo-Oper haben. Aus der Unmenge von Nachahmern kam nur Leoncavallos *Pagliacci* (*Bajazzo*, 1892) an das Original heran.

Von diesen beiden ist mir die *Cavalleria* wesentlich lieber. Den wohlbekannten Prolog des Bajazzo und vor allem die Arie »Ridi, pagliaccio« (Lachen, immer nur lachen) erkennt jeder sofort wieder, vor allem, seit Caruso sie zum Hit gemacht hat. Aber ich finde die Harlekin-Columbine-Vorstellung (I pagliacci sind eine Gruppe von Wanderschauspielern) langweilig und kann es immer kaum erwarten, daß Canio, der traurige Tenor, auftritt, um seine treulose Frau Nedda und ihren Liebhaber, den Schwächling Silvio, umzulegen.

Cavalleria dagegen hat von Anfang bis Ende ein Glanzstück nach dem anderen zu bieten. (Mascagni lebte lange genug, um seine Oper 1940 mit Gigli in der Hauptrolle einzuspielen.) Der Schauplatz der Handlung – von der Kirche beherrschter Dorfplatz auf Sizilien – ist für jeden kreativen Regisseur geradezu ideal. Wen wundert es da, daß der musikalischste aller Filmregisseure, Francis Ford Coppola, im dritten Teil des *Paten* gerade diese Oper als musikalisches Pendant und als Hintergrund für Corleones Schlußtragödie wählte. (Die Oper ist von sich aus eigentlich fast ein Drehbuch.) Was bildet einen besseren Kontrapunkt zu einem Epos über Liebe, Tod, Verrat und Rache als eine Oper über Liebe, Tod, Verrat und Rache?

Cavalleria – nach einer Novelle von Giovanni Verga – ist so etwas wie ein häßliches Entlein, denn in den ersten zehn Minuten ist sie weniger eine Oper als eine Tondichtung für Orchester mit Stimmen hinter der Bühne (später dann noch mit einem Chor). Der 26jährige Mascagni entwickelte hier ein wesentlich wirkungsvolleres Gespür für Zeit und Raum – und das mit rein musikalischen Mitteln – als Leoncavallo. Man spürt fast, wie die Hitze aus den staubigen Straßen des fernen Dorfes hochsteigt, und mit der Hitze des Tages kommt die Hitze des Herzens, die ihre vollste Ausdruckskraft im Blut findet.

Wie in allen großen Opern übernimmt das Orchester eine den Sängern ebenbürtige Rolle. Hier handelt es sich nicht um ein vor Leitmotiven berstendes Wagner-Orchester. Und es ist auch keine Ra-ta-ta-bum-Kapelle wie beim frühen Verdi. Stellen Sie sich den Orchestersatz des *Othello* kombiniert mit dem anpassungsfähigen lyrischen Stil eines Puccini vor, dann bekommen Sie einen Eindruck davon, welches Wunderwerk Mascagni da vollbracht hat. Sein besonderer Geniestreich besteht darin, daß er nicht allzu direkt auf das tödliche Dreiecksverhältnis Turiddù/Santuzza/Alfio hinsteuert, genausowenig wie auf die Beziehung zwischen Turiddù und Mamma Lucia. Stattdessen bezieht er die ganze Stadt in das Drama mit ein. Es ist kein Zufall, daß das erste, was wir von der Hauptfigur hören, ihre Stimme aus dem Bühnenhintergrund ist. Ganz ähnlich liegt der Fall bei dem Duell, das ebenfalls hinter der Bühne stattfindet. Mit anderen Worten: Nicht das, was passiert, ist von höchster Bedeutung, sondern die Wirkung, die eine Handlung auf die Gemeinschaft ausübt. Wir sehen nicht, wie Turiddù von Alfio getötet wird. An Stelle dessen ist das letzte Bild der Oper das der verschmähten und rachsüchtigen Santuzza – sie hatte Alfio angestachelt –, wie sie bei der Nachricht vom Tod ihres Geliebten ohnmächtig zusammenbricht. So paßt es auch, daß die letzten Worte nicht von einer der Hauptrollen gesungen werden, sondern von einem der Dorfbewohner, der herausschreit, daß Turridù getötet worden ist.

Das absolute Highlight allerdings ist das berühmte Intermezzo ungefähr zu Beginn des letzten Drittels, das – die kommende Tragödie zeichnet sich schon ab – wie ein kurzer Moment der Ruhe vor dem Sturm erscheint. Eben hat Santuzza Alfio darüber informiert, daß Turiddù seiner Frau Lola Gesellschaft geleistet hat. Was als nächstes geschehen wird, ist eigentlich klar.

Doch kurz bevor es soweit ist, leert sich die Bühne und das Intermezzo erklingt. Gibt es ein perfekteres Drei-Minuten-Orchesterzwischenspiel als dieses? Ganz sehnsuchtsvolle Geigen und tröstende Harfen, rekapituliert es die hoffnungslose Lage nicht nur Turiddùs, sondern im Grunde aller Dorfbewohner.

Weit davon entfernt, ein niedlicher, sehr lyrischer, aber eigentlich unwichtiger Fremdkörper zu sein, ist das Intermezzo der Dreh- und Angelpunkt der Oper – ein kurzes Stück, das es in sich hat. Mag sein, daß das der Grund war, warum Coppola es gewählt hat, den einsamen Tod Michael Corleones zu untermalen.

Es gibt keinen Grund, sich dafür zu schämen, daß man die *Cavalleria rusticana* mag. Sie kann in die Kategorie »Liebstes Laster« oder genausogut »Lieblingsplatte für die einsame Insel« fallen. Nur wenige Repertoireopern kommen ihr an Frische der Inspiration gleich. Wenn sie auf den ersten Blick wie eine konventionelle Oper der italienischen Romantik wirkt, dann liegt das nur daran, daß sie so populär ist. Viele mißverstehen das und reagieren mit Geringschätzung, wenn nicht gar Verachtung. Das sollten sie aber nicht.

JULES MASSENET: *Werther*

Wieder eine Oper, in der Liebe im Tod enden muß. Aus irgendeinem unerfindlichen Grund ist es immer den Franzosen vorbehalten geblieben, die Meisterwerke der deutschen Literatur anzupacken: Gounod hat Goethes großes Gedicht *Faust (Teil I)* vertont, während Jules Massenet sich an den so folgenreichen Roman gleichen Autors *Die Leiden des jungen Werther* machte, der am Ende des 18. Jahrhunderts so viele männliche Leser mitgerissen und eine Welle von Selbstmorden ausgelöst hat. (»Dieses Buch müßte verboten werden. Es ermutigt unsere jungen Leute dazu, bla-bla-bla ...«)

Die Deutschen haben das künstlerische Ausschlachten ihrer kulturellen Totems nicht allzu freundlich aufgenommen. (Gounods *Faust* wird manchmal sogar als *Margarethe* bezeichnet – damit auch keiner auf die Idee käme, es würde dem geheiligten Goethe gerecht werden.) *Werther* rangiert zwar schon ein bißchen höher auf der Beliebtheitsskala, aber den Deutschen ist es doch am liebsten, wenn man Goethe liest und nicht singt.

Die Franzosen (und fast alle anderen) dagegen finden, Goethe sei mit ein bißchen Musik besser zu ertragen, da sie seine unerträgliche Schwülstigkeit und Unverständlichkeit ein bißchen entschärft. (Haben Sie je versucht, *Faust II* zu lesen?)

Wieder einmal handelt die Geschichte von einem Dreiecksverhälnis: Werther ist in Charlotte verliebt, aber sie ist dummerweise verlobt, wie das bei solchen Frauen immer ist, und zwar mit einem langweiligen bourgeoisen Dummkopf namens Albert. Natürlich ist sie verrückt nach Werther, aber das Problem ist, daß er einfach ein bißchen zu spät kommt. Sie hatte ihrer inzwischen verstorbenen Mutter versprochen, Bertie zu ehelichen, und versprochen ist versprochen, vor allem in Deutschland, auch wenn man dabei französisch singt.

Natürlich ist Werther am Boden zerstört und verbringt fast den ganzen Rest der Oper damit, Trübsal zu blasen. Eines schönen Septembernachmittages läuft er Albert und Charlotte über den Weg, als die aus der Kirche kommen. Albert, Typ Sportsfreund, sagt etwas in der Richtung »hey, Kumpel, sei mir nicht böse, okay« und schlägt vor, daß Werther sich mit Charlottes temperamentvollen 15jährigen Schwester Sophie begnügen solle.

Charlotte aber gibt ihm zu verstehen, daß man sich Weihnachten vielleicht wiedersehen könnte.

Im dritten Akt geschieht genau das. Werther hat inzwischen wahnsinnig leidenschaftliche Briefe an Charlotte geschrieben, die seine Gefühle mit Zins und Zinseszins erwidert (naja, sie ist eben schon einige Monate verheiratet). Jetzt taucht er am Weihnachtsabend vor ihrer Tür auf. Sie umarmen sich, aber Charlotte reißt sich los, unfähig die Schuld zu ertragen. Völlig verwirrt eilt Werther davon, schickt aber Albert noch eine Notiz, in der er ihn bittet, ihm seine Pistolen zu leihen. Ahnen Sie schon, was das zu bedeuten hat?

Zu Beginn des vierten Aktes, der in Wirklichkeit die zweite Szene des dritten Aktes ist, liegt Werther mit tödlicher Schußwunde auf dem Boden seines Arbeitszimmers. Charlotte, bei der endlich der Groschen gefallen ist, ist zu ihm geeilt, aber es ist fast schon zu spät – fast zu spät, um noch zu hören, wie er seine letzte Arie singt. Traurige Lieder können so viel bewirken: Als Werther stirbt, gesteht Charlotte ihm endlich ihre Liebe. Mit »Noël, noël«, gesungen von den unbekümmerten Kindern aus der Nachbarschaft, klingt die Oper aus. (*Wozzeck* endet mit einer ähnlichen Szene, nur daß bei Bergs Oper die Kinder Maries Sohn fröhlich darüber informieren, daß man eben die Leiche seiner Mutter gefunden hat.)

Werther ist eine der anrührendsten Opern weit und breit, und man wird ihrer nie überdrüssig. Die Titelrolle bietet dem Tenor eine unendliche Melodienfülle, darunter Werthers große Anrufung der Natur im ersten Akt und sein liebeskranker Ausbruch, mit dem dieser Akt schließt. Hat süße Liebesqual je musikalisch schöneren Ausdruck gefunden? Die Oper erfordert für die Titelrolle einen erstklassigen lyrischen Tenor – Alfredo Kraus war einfach meisterhaft – und eine sympathische, attraktive Sopranistin als Charlotte. Vor allem aber geht es nicht ohne einen Dirigenten, der keine Angst davor hat, die quälende Leidenschaft der Partitur transparent zu machen. Jeder, der verzweifelten Liebesschmerz erlebt hat, wird dieses Gefühl in der Musik des *Werther* wiederfinden. Mehr als jeder andere Komponist hat Massenet in dieser Oper die Qualen unmöglicher und unerwiderter Liebe eingefangen – nicht nur an einer Stelle, sondern immer wieder, in jeder Note. Werthers Selbstmord scheint weniger ein egoistischer Ausweg zu sein als die natürliche Folge seiner Gefühle. Seine Liebe zu Charlotte könnte nicht reiner oder intensiver sein, und so bleibt ihm am Ende eben nichts anderes übrig, als zu sterben. Was bei Goethe schwach, dumm und sich selbst gegenüber zu nachgiebig erscheint, wirkt in Massenets musikalischer Psychoanalyse fast schon heldenhaft. Werther und Charlotte können nicht bis in alle Ewigkeit glücklich zusammenleben. Stattdessen sind beide zu ihrer jeweiligen privaten Hölle verurteilt: er zum Tode, sie zu einer lieblosen Ehe. Hier gibt es kein Happy End. Es gibt nicht einmal eine Chance dazu.

Aber ist das so schlimm? Unser Zeitalter der Maßlosigkeit verlangt wie die kleinen Kinder danach, daß alles immer gut ausgeht – es fällt uns schwer, uns vorzustellen, daß Liebende nicht zusammenkommen können oder daß so dumme kleine abstrakte Begriffe wie Ehegelübde eine nicht funktionierende Ehe davor bewahren könnten, auseinanderzubrechen, oder daß ein Wort, das man gegeben hat, einen bindet, selbst wenn die Person, der man es gegeben hat, schon tot ist (oder vielleicht gerade deshalb). Aber das späte 18. Jahrhundert war eine andere Zeit, und Ehre war etwas Wichtiges. Undenkbar, daß Charlotte einfach mit Werther durchbrennt. Für ihre unsterbliche Seele war es weit besser, in diesem Leben zu leiden, um im nächsten belohnt zu werden.

So gesehen wird aus der Love Story zwischen Charlotte und Werther keine unmoralische, sondern eine zutiefst moralische Geschichte. Und das ist genau der Punkt, der sich wie ein roter Faden durch dieses Kapitel ziehen soll: Zwar geht es in Opern meist um einen ganzen Haufen übel beleumdeter Gesetzesbrecher und Sexualverbrecher – doch werden uns deren Schicksale als christliche Moralstücke dargeboten. Opern über Heilige wären uninteressant. Viel aufschlußreicher ist es, das Leben der Geringsten und Schlechtesten von uns zu untersuchen. Jesus sagte: »Lasset den, der ohne Sünde ist, den ersten Stein werfen.« In der Oper fliegen keine Steine. Aber viele Seelen werden gerettet.

Olivier Messiaen: *Saint François d'Assise*

Endlich mal eine Oper über einen Heiligen – vielleicht des heiligsten aller Heiligen. Und funktioniert so etwas? – Aber klar doch.

Saint François wurde am 28. November 1983 in Paris uraufgeführt, und ich hatte das große Glück, dabeizusein. Ein gewaltiges Werk – fast fünf Stunden lang – für eine riesige Besetzung: Unter anderem wirken ein gigantisches Orchester und ein 150köpfiger Chor mit. Nicht alle waren von diesem Mammutunternehmen begeistert. Als wir das Opernhaus nach der Uraufführung verließen, bemerkte eine erfahrene und sehr respektierte Kollegin aus der Musikbranche, dies sei der widerlichste Abend gewesen, den sie je in einem Theater verbracht habe.

Das war ihre Meinung. Meine war und ist die, daß *Saint François* ein herrliches, zwar dramatisch träges, vermutlich unaufführbares und sicher verdammt schwieriges, aber trotzdem geniales Werk ist, mit dem wir einfach werden leben müssen. (Ein ganz ähnlicher Fall ist Ralph Vaughan Williams *The Pilgrim's Progress*.) Ja, es ist eher ein Oratorium als eine Oper. Ja, es sollte eher in der Kathedrale von

Chartres als in der Pariser Oper aufgeführt werden. Ja, es wird vermutlich nie ins Repertoire aufgenommen werden – obwohl es eine zweite Produktion Anfang der neunziger Jahre für die Salzburger Festspiele gab, was an sich ein gutes Zeichen ist. Aber das alles bedeutet nicht, daß diese Oper nicht herrlich ist.

Messiaens besonderer Stil ist schwer zu beschreiben. Er ist einfach sehr eigenwillig. Bei keinem anderen klingt die Musik so wie bei ihm. Ornithologisch exakt notierter Vogelgesang, Modalkomposition, harte, moderne Klänge und französisch-lyrischer Stil vermischen sich zu einer ganz individuellen Synthese. Teilweise erklärt sich Messiaens Stil auch durch seine Erfahrungen als Kirchenorganist.

Wie sein Organistenkollege Anton Bruckner liebt Messiaen die massive Klangfülle, die einem durch Mark und Bein geht. Die *Turangalîa-Sinfonie* ist eines der originellsten sinfonischen Werke des 20. Jahrhunderts und wahrscheinlich das beste Beispiel für Messiaens Reifestil.

Nichtsdestotrotz ist *Saint François* ein Meisterwerk von Anfang bis Ende. Auf diese eine Oper (Messiaen schrieb nur eine) hat der Komponist sein ganzes Leben lang hingearbeitet. Messiaen, der 1992 starb, war immer frommer Katholik gewesen, dessen zweite große Leidenschaft das Studium der Vögel und Vogelstimmen war. In *Saint François*, der Geschichte des Tier- und vor allem Vogelfreundes Franz von Assisi, fand er ein Thema, bei dem er ganz natürlich seine beiden Passionen vereinen konnte.

Die Geschichte kennen sie wahrscheinlich. In Messiaens Oper wird sie in acht Bildern erzählt, die die wichtigsten Stationen auf dem Weg des heiligen Franziskus zu seinem Seelenheil darstellen. Höhepunkt ist das fünfte Tableau mit dem Untertitel »L'ange musicien« (»Der Engel der Musik«). In diesem blendenden Stück musikalischer Erleuchtung erscheint François ein Geige spielender Engel und offenbart ihm in einer starken Vision die Macht der Musik – eine Vision, die so stark ist, daß François sagt, sie hätte ihm die Seele aus dem Leib gerissen, wäre er nicht sofort ohnmächtig geworden. Kaum eine Szene der zeitgenössischen Opernmusik ist so eindrucksvoll und schön wie diese.

Womit sich aber die Oper für unser Thema qualifiziert, ist die zweite Szene, »Lobgesang«, in der François klar wird, daß Gott zwar alles Schöne in der Welt geschaffen hat, aber eben auch alles Häßliche. Und obwohl François bei den Schrecken und Sünden der leider nicht perfekten Welt Abscheu empfindet, muß er doch auch mit ihnen als einem Teil der natürlichen Ordnung zurechtkommen. Diese Erkenntnis führt zur Umarmung des Leprakranken in der nächsten Szene – genau der Moment, wo er zum Heiligen wird.

Soll das etwa mit der für das 20. Jahrhundert typischen Spitzfindigkeit heißen, daß böse gleich gut ist? Keineswegs. Im Gegenteil, der Punkt ist doch der: Nur indem wir das Böse sehen, die Natur des Falschen begreifen und sie annehmen, so wie François den Leprakranken annimmt, lernen wir die Güte kennen und definieren für uns, was richtig ist. Tugendhaftigkeit gibt es rein theoretisch betrachtet genausowenig wie Sünde. Es ist unmöglich eine Negation zu widerlegen, deshalb können wir das, woran wir wirklich glauben, nur entdecken, indem wir die Negation dem Licht aussetzen – sowohl dem der Realität als auch dem des Gefühls.

Wenn diese Philosophie für den heiligen Franziskus richtig war, dann sollte sie auch gut genug für uns sein.

PHILIP GLASS: *Satyagraha*

Noch eine fromme, philosophische Oper, diesmal allerdings über ein nichtchristliches Thema. »Satyagraha« nannte Mahatma Gandhi seine politische und ethische Bewegung des gewaltlosen Widerstands. Satyagraha wurde, anders als Sie vielleicht denken, erst in Südafrika getestet, wo Gandhi einige Zeit lebte, bevor er in seine Heimat Indien zurückkehrte.

Glass hatte 1976 mit seinem und Robert Wilsons epochalem Werk *Einstein on the Beach* einen erstaunlichen Achtungserfolg erlebt. Doch nachdem sich der Wirbel um *Einstein* gelegt hatte, war er immer noch pleite und mußte in New York City wieder Taxi fahren. Für *Satyagraha*, den zweiten Teil einer geplanten Operntrilogie über große Männer, arbeitete Glass mit einem Libretto, das Constance de Jong und er selbst geschrieben hatten. Die Geschichte stammt aus dem 700strophigen religiösen Epos Indiens *Bhagavad Gita* und wird ganz in Sanskrit gesungen. Ähnlich wie *Saint François* ist auch *Satyagraha* weniger eine Erzählung als eine Abfolge von Bildern, die verschiedene Szenen aus dem Leben schildern.

Faßt man die Handlung kurz zusammen, wirkt das Ganze, als hätte der Komponist einfach ein aktuelles Thema aufgegriffen und mit ein paar seiner typischen Minimalismus-Musiken aufgepeppt: Gandhi regt sich fürchterlich über die Staatsbürgerschaft zweiter Klasse auf, die der großen indischen Gemeinde Südafrikas zugestanden wird. Er organisiert friedliche Proteste. Ende. Aber so schlicht ist das ganze nicht. Jede einzelne Szene ist sorgsam gerastert und aufwendig umgesetzt. Bei *Satyagraha*, das 1980 in Rotterdam Premiere hatte, bewegte sich Glass schon weg von einer bloßen Wiederholung seines früheren Musikstils und hin zu einem freieren, beweglicheren Stil, der es ihm ermöglichte, eine beachtliche Ausdruckstiefe zu erreichen.

Mit *Satyagraha* ist der Höhepunkt des Minimalismus erreicht. Glass hat wohl mit dem düsteren *Akhnaten* einige Jahre später ein weiteres Meisterwerk geschrieben, aber für mich ist die frühere Oper die bessere, vor allem wegen ihres reinen Gefühls verklärter Ekstase, das der Komponist in der bemerkenswerten letzten Szene erreicht. Diese Szene – sie zeigt die Nachwirkungen eines Protestmarsches gegen die Diskriminierung, der gewaltsam endete – besteht aus einer einzigen Melodielinie: Eine Skala von e nach e (die einzelnen Stufen entsprechen den weißen Tasten des Klaviers) wird von Gandhi langsam und lyrisch gesungen und immer wieder wiederholt. Nichts könnte Mahatmas eiserne Bestimmtheit und gleichzeitig seine innere Heiterkeit besser auf den Punkt bringen. Hinter seiner Philosophie steckt moralische Kraft, vor der die britische Unterdrückung einfach kapitulieren muß, erst in Südafrika, später dann in Indien.

Glass hat bewiesen, daß er ein bemerkenswert produktiver Künstler ist. Damit knüpft er an frühere Zeiten an, als die Komponisten (Haydn zum Beispiel) nicht bloß träge herumsaßen und darauf warteten, daß sie die Muse küßte, sondern lieber ihren Geschäften nachgingen. Sie hatten jeden Tag etwas zu schreiben, meist Auftragskompositionen für spezielle Aufführungen.

Inzwischen ist der einst verspottete Glass zu einer geachteten Figur der internationalen Opernbühne geworden und gehört fest zum Kunstestablishment – sehr zum Verdruß des früheren Hippies und antikulturellen Revolutionärs. Dennoch sollten wir *Einstein*, *Satyagraha* und *Akhnaten* nicht wegen ihrer musikpolitischen Bedeutung, sondern wegen ihrer unglaublichen Schönheit achten.

In jeder Oper gibt es eine Stelle, die in gewisser Weise einen besonderen Rang einnimmt, wie etwa der Schluß von *Einstein*. Wenn einer der Sprecher Samuel M. Johnsons »Two Lovers« anstimmt, ist das einfach herzzerreißend schön – ein erhebender Moment, der durch die exponierte Stellung am Ende eines sehr langen und schwierigen Werks nachhaltig wirkt. *Akhnaten* seinerseits enthält die strahlende »Hymne an die Sonne« des Pharao, die jeden noch so heidnischen Ägypter dazu bringen könnte, sich ab sofort dem Monotheismus zu verschreiben. Die Schlußszene von *Satyagraha* aber hat in meinem Herzen einen besonderen Platz. Ich hoffe, bald auch in Ihrem.

PIOTR ILJITSCH TSCHAIKOWSKY: *Eugen Onegin*

Sie ahnten sicher schon, daß ich irgendwann auf *Onegin* zu sprechen kommen würde. Im ersten Kapitel haben wir anhand dieses Stücks erklärt, wie das mit der Musik in einer Oper so läuft. Lassen Sie uns jetzt einen genaueren Blick auf dieses Werk werfen.

Onegin war nicht die erste Oper des berühmten russischen Komponisten, aber es war seine erste große Oper. Tschaikowsky war notorisch unsicher. Er hatte die Angewohnheit, Stücke, die durchgefallen waren und keinen Gefallen gefunden hatten, einfach zu zerstören. Sein Erstlingswerk, *Der Wojewode*, lief 1869 nur fünf Abende lang am Bolschoi-Theater in Moskau. Tschaikowsky hat es vernichtet. (Die Oper wurde später aus den Stimmen rekonstruiert.) Auch sein nächstes Werk, *Undine,* hat er den Flammen übergeben. Zuvor war es von der Kaiserlichen Oper in Sankt Petersburg abgelehnt worden. Einige Teile beider Werke fanden ihren Platz schließlich in anderen Partituren. Noch zwei weitere Opern gingen dem *Onegin* voraus. Die erste, *Der Opritschnik*, war fast schon ein Hit und lief vierzehn Abende lang am Maryinsky Theater in Sankt Petersburg. Doch der Komponist mochte dieses Stück bald nicht mehr und weigerte sich, nachdem er berühmt geworden war, einer Wiederaufnahme zuzustimmen. Die zweite war *Wakula der Schmied*, eine komische Oper nach Gogol, die gut aufgenommen wurde. Allerdings für Tschaikowsky wohl nicht gut genug, denn später arbeitete er sie gründlich um und gab ihr einen neuen Namen, *Die Pantöffelchen*. Der Erfolg, den er sich erhofft hatte, stellte sich zwar nicht ein, doch 1877 geschahen zwei Dinge, die Tschaikowskys Leben veränderten. Völlig unverhofft erhielt er von einer jungen Frau namens Antonina Milyukowa einen leidenschaftlichen Brief, in dem sie dem eingefleischten Junggesellen ihre wahnsinnige Liebe gestand. Zur gleichen Zeit schlug ein Sänger Puschkins Roman *Eugen Onegin* als Thema für eine Oper vor.

Als erstes Stück dieser geplanten Oper vertonte Tschaikowsky die Szene, die ihm bei weitem am liebsten war: Tatjanas langen, leidenschaftlichen Brief an Onegin, in dem sie ihm ihre Liebe gesteht. Mitten in seiner Arbeit kam ein weiterer Brief von Milyukowa. Natürlich verband Tschaikowsky die Ereignisse seines realen Lebens mit den fiktionalen Begleitumständen seiner Figuren. Entschlossen, nicht den gleichen Fehler zu begehen wie Onegin, war er einverstanden, sie kennenzulernen. Unfaßbar, er machte ihr sogar einen Antrag. Im Spätsommer 1877 steckte er bereits in Hochzeitsvorbereitungen, arbeitete aber gleichzeitig hart an seiner Oper. Natürlich war die Ehe von Anfang an eine Katastrophe. Milyukowa war eine unreife und labile Frau und Tschaikowsky ein nicht bekehrbarer Homosexueller. Im Oktober bereits hatte der Komponist einen Selbstmordversuch hinter sich. Er floh zu seinem Bruder Anatoli, der ihn zur Erholung ins Ausland brachte. Dieser kurze Anfall von Eheglück hatte schon genügt, Tschaikowsky aus seinem kompositorischen Trab zu bringen. Die Oper war erst im März 1879 aufführungsreif. Tschaikowsky wollte, daß sie von Studenten des Moskauer Konservatoriums aufgeführt würde. So kam es, daß der *Onegin* nach dem mäßigen Erfolg seiner Erstaufführung erst 1884 in Sankt Petersburg eine erstklassige Besetzung und Inszenierung erhielt – genau das, was er brauchte. Sein Siegeszug begann, und schnell war *Onegin* zur beliebtesten und populärsten russischen Oper überhaupt geworden.

Und das mit gutem Grund. *Onegin* hat alles, was eine gute Oper braucht. Das fängt schon mit der Handlung an. Puschkins Romanvorlage ist eine Fallstudie über die Dickköpfigkeit, die überall verstanden wird. Die Story hat eine gewisse Ähnlichkeit mit *Werther*, nur daß Onegins Schicksal weitaus schlimmer ist. Tatjana ist zwar auch zu einer Ehe ohne Liebe verurteilt, doch Onegin sucht nicht den einfachen Ausweg wie Werther. Stattdessen muß dieser hochnäsige Mann die plötzliche Erkenntnis, was für ein Narr er gewesen ist, in Demut ertragen. Und er muß den Rest seiner Tage mit diesem Wissen leben.

Dann ist da noch die Musik. Viele tun Tschaikowsky gern als zweitrangigen Komponisten ab, als einen, der sich hauptsächlich auf hübsche Melodien und protzige Orchestrierung versteht. Aber ich fordere jeden heraus, mir zu zeigen, warum *Onegin* nicht eines der psychologisch scharfsinnigsten und emotional anrührendsten Werke sein soll.

Die Briefszene, Lenskys gefühlvolle Arie vor seinem Duell mit Onegin, die mitreißende Polonaise, selbst Prinz Gremins Arie aus dem letzten Akt, in der er arglos Onegin erzählt, wieviel Glück ihm Tatjana gebracht habe – all diese Momente ergeben ein überwältigendes Opernerlebnis, das uns immer wieder bewegen wird, weil es so zutiefst menschlich ist.

Sicher, Tschaikowsky war physisch nicht in der Lage, Gefallen an heterosexueller Liebe zu finden, obwohl er es versucht hat. Sicher aber war er in der Lage, sie mit musikalischen Mitteln auszudrücken. In der ganzen Oper gibt es nicht einen farblosen Charakter – Olga nicht, Tatjanas bescheuerte Schwester nicht, Lensky nicht, dessen Arie im ersten Akt ein Muster an jugendlicher Leidenschaft ist; nicht einmal Gremin, der einfach die russische Version von Massenets altem Mann Albert sein könnte. Der Komponist hat jeden einzelnen ernst genommen und sie alle mit seiner schönsten Musik überhäuft. Hier gibt es keine vom Durchschnitt abweichende Individuen, keine Hauszerstörer, keine mordenden Wahnsinnigen oder selbstmörderischen Nervenbündel. Nur reale Menschen, gefangen in ihren realen Gefühlen, im Widerstreit mit einem eisernen Kastensystem, aber doch nicht von ihm zerstört. Eher werden sie von ihrem eigenen dickköpfigen Stolz zu Fall gebracht. Und was wäre natürlicher als das?

Giacomo Puccini: *La Bohème*, *Tosca* und *Die Schwalbe* (*La Rondine*)

Ein weiterer Komponist, dessen Popularität seinem Ansehen eher geschadet hat, ist Giacomo Puccini. Mit ihm geht die Ära der klassischen italienischen Operngeschichte mehr oder weniger zu Ende. Puccini gefällt auch der breiten Masse, und das macht ihn anfechtbar. Er sei einer, der aus kitschigem, falschem Gefühl Kapital schlägt, wirft man ihm vor. Ich finde diese Kritik vollkommen unberechtigt, denn sie würdigt Puccinis unwiderlegbare Qualitäten als vollendeter Komponist von Vokalmusik und als genialer Instrumentator herab.

Puccinis Opern sind so populär, daß sie praktisch den Begriff »Oper« definieren, zumindest für die Volksseele. Kaum ein Opernhaus schafft es, eine ganze Spielzeit ohne mindestens einen Puccini-Renner auszukommen. Sie sind einfach gut und beliebt. Sicher, manche Szenen drücken kräftig auf die Tränendrüse – niemand kann von sich behaupten, Mimis Tod in *La Bohème* ließe ihn kalt.

Glauben Sie bloß nicht, Puccini hätte das nicht gewußt. Nur wenige Komponisten haben die Effekte so genau kalkuliert wie er. In seinen Opern bleibt nichts dem Zufall überlassen. Puccini hatte einen guten Riecher für geeignete Stoffe. Er wußte genau, wie er seine Librettisten Giuseppe Giacosa und Luigig Illica dazu bekam, das Rohmaterial in die richtige operngemäße Form zu gießen.

Zu den bemerkenwertesten Eigenschaften Puccinis zählt seine Fähigkeit, musikalische Einfälle auf konstant hohem Niveau zu Papier zu bringen. Anders als etwa Verdi startete er seine Karriere nicht mit lauter Nieten. Wie bei Richard Strauss gab es nur zwei Fehlstarts, *Le Villi* und *Edgar*. Aber dann! *Manon Lescaut*, danach *La Bohème*, *Tosca*, *Madame Butterfly*, *La Fanciulla del West* (*Das Mädchen aus dem goldenen Westen*), *La Rondine* (*Die Schwalbe*), *Il Trittico* (drei Einakter: *Il Tabarro*, *Suor Angelica* und *Gianni Schicchi*) und schließlich *Turandot*. Erstaunlich hohe Trefferquote – das schaffen nur wenige Opernkomponisten.

Soll heißen: Was ich am alten Giacomo am meisten bewundere, ist seine Professionalität. Das Komponieren von Opern ist heute zur Spielwiese von Dilettanten und Anfängern geworden, von Komponisten, die ihre Werke bis ins Detail ausarbeiten, dann die Partitur auf das Dirigentenpult knallen oder den Sängern in den Schoß legen und sagen: Nun macht mal. Daß durch ihren Mangel an Erfahrung einige Umarbeitungen nötig sind, daß nicht singbare Passagen und unmöglich hohe oder tiefe Noten geändert, einige Faux pas in der Orchestrierung ausgemerzt werden müssen, weil sie der Gesangslinie in die Quere kommen – das alles interessiert sie nicht.

Puccini dagegen war vom Kopf bis zu den Zehenspitzen Theatermensch.

Die drei Opern, die ich herausgegriffen habe, sind nur ein Einstieg. Wenn Sie erst einmal den reifen Puccini entdeckt haben, das garantiere ich Ihnen, wird Ihnen alles gefallen, was er geschrieben hat, ausgenommen möglicherweise *La Fanciulla del West* (*Das Mädchen aus dem goldenen Westen*) und den Mittelteil der Trilogie *Suor Angelica* (*Schwester Angelica*), doch auch in diesen beiden gibt es hinreißende Momente.

Aber es gibt keinen, der die *Bohème*, die Oper für alle Liebenden der Welt, nicht mag. Die Partitur strotzt nur so von Puccinis frischester und glücklichster Musik. Jede Szene ein Highlight: wie sich Rodolfo und Mimi beim Schlüsselsuchen auf dem Boden der eiskalten Mansarde ineinander verlieben; wie die Bohémiens der Stadt im zweiten Akt ausgelassen Musettes Walzerthema aufgreifen; die unvermeidliche Ernüchterung im dritten Akt; und natürlich Mimis Tod durch Schwindsucht im vierten Akt. Jede Note eine Wonne, jede Gefühlswallung dem Zuschauer irgendwie vertraut. Betrachtet man Rudolf und Mimi, Marcel und Musette und den Rest der Mannschaft im kalten Tageslicht, entpuppen sie sich vielleicht als ein Haufen dummer, egoistischer Selbstdarsteller, ewige Studenten, die wirklich endlich erwachsen werden und ihr Leben auf die Reihe bekommen sollten. Aber trotzdem sind sie unsere Freunde.

Tosca, nach einem Theaterstück von Victorien Sardou, dagegen ist hochdramatisch. Tosca ist eine feurige Sängerin, ihr Liebhaber Cavaradossi ein hitzköpfiger Revolutionär, ihr Peiniger Scarpia der feuerspeiende Chef der Geheimpolizei. Von Anfang an kochen die Emotionen, und die Oper bringt eine überraschende Wendung nach der anderen. Der erste Akt endet mit einer herrlichen Prozession in die Kirche Sant' Andrea della Valle; Akt Zwei enthält Toscas Mord an dem lüsternen Scarpia und ihre berühmte Arie »Vissi d'arte«; im dritten Akt treffen wir auf die beliebteste Melodie der ganzen Oper »E lucevan le stelle«. Vom ersten Ton an bewegt sich die Handlung zielstrebig auf ihr absehbar tragisches Ende zu. Da möchte man keine Minute missen.

La Rondine (*Die Schwalbe*) ist vielleicht nicht unbedingt Puccini vom Feinsten, enthält aber doch einige ganz hinreißende Passagen. Ich begreife einfach nicht, warum die Oper nicht öfter ins Programm genommen wird. Vielleicht muß man zum Teil der bewegten Geschichte dieses Werks die Schuld daran geben, denn es hatte das Pech, gerade fertig geworden zu sein, als der Erste Weltkrieg begann. Wahrscheinlicher jedoch ist, daß es am ungeschickten Libretto lag, einer Art »Traviata light«. Dennoch möchte ich Ihnen dringend raten, *La Rondine* kennenzulernen. Die zentrale Figur der Magda hat hier eine geniale Melodie nach der anderen. Puccini legt eine Gewandtheit und ein Understatement an den Tag, die seinen anderen Werken weitgehend fehlt.

In welchen Puccini Sie sich auch verlieben (und Sie werden sich verlieben), vergessen Sie nie, daß das, was Sie so anspricht, die menschliche Natur der Charaktere ist. Selbst die extravagante Tosca berührt uns. Bis zu »Vissi d'arte« hält jeder sie für ein richtiges Miststück. Doch in dieser Arie, in der sie uns erklärt, wie und warum sie so lebt, geht sie aus sich heraus, und wir sind berührt. Wir erleben eine Frau, die sich mit einem Haufen Problemen herumschlagen muß und die nicht weniger real ist als wir, die wir sicher auf unseren Plätzen sitzen und sie beobachten.

Wolfgang Amadeus Mozart: *Figaros Hochzeit* (*Le nozze di Figaro*), *Così fan tutte*, *Don Giovanni* und *Die Zauberflöte*

Womit wir beim größten aller Humanisten gelandet sind, bei Wolfgang Amadé (er selbst hat sich nie »Amadeus« geschrieben) Mozart. Ich habe für unsere Besprechung die vier bekanntesten Opern ausgewählt, aber bitte sehen Sie das nur als einen Einstieg in Ihre private Mozartforschung an.

Alle seine musikdramatischen Werke – angefangen vom jugendlichen *Il sogno di Scipione* bis hin zu seiner letzten Oper *La clemenza di Tito* – verdienen Ihre höchste Aufmerksamkeit.

Jedes dieser vier allgemein anerkannten Meisterwerke – die ersten drei italienische Opern zu Libretti von Lorenzo da Ponte, das vierte ein deutsches Singspiel – hat einen Dauerplatz im internationalen Opernrepertoire gewonnen.

In gewissem Sinn beginnt die moderne Opern-Hitliste mit Mozart. Händels Opern werden heute sehr selten aufgeführt, nur die auf Barockopern spezialisierten Ensembles nehmen sich ihrer öfter an. Haydn, dieser vollendete Sinfoniker, war nicht in der Lage, bei seinen Opern genauso inspiriert zu komponieren.

Warum nicht? – Gute Frage. Von allen Komponisten bewunderte Mozart Papa Haydn am meisten. Umgekehrt war es bei dem so viel älteren Haydn. Mozarts richtiger Vater, der fabelhafte Leopold Mozart, berichtet von einer Begegnung mit Haydn: »Herr Haydn sagte mir: ›Ich sage Ihnen vor Gott, als ein ehrlicher Mann, Ihr Sohn ist der größte Componist, den ich von Person und dem Namen nach kenne; er hat Geschmack, und überdieß die größte Compositionswissenschaft.‹« Kaum ein Musiker würde zwischen Haydns 104 und Mozarts 41 Sinfonien wählen wollen. Auch die Kammermusik – vor allem die Streichquartette – beider Komponisten zeugen von einem ähnlich hohen Grad an Inspiration.

Doch die Opern ... Gustav Kobbés umfangreiches Opernkompendium *Complete Opera Book* erachtet nicht eine einzige Haydn-Oper eines Eintrags in diese 1400 Seiten wert. Dabei schrieb Haydn viele

Opern, allein 21 in der Zeit von 1762 bis 1783 (zwischen 1776 und 1790 beschäftigte er sich fast ausschließlich mit der Komposition von Opern). Haydn selbst hatte von seinen Opern, die meist für das Hoftheater von Esterházy geschrieben waren, eine hohe Meinung. Aber ein bißchen zurückhaltender hätte er sich über sie schon äußern können: »Ich versichere, daß dergleichen Arbeith in Paris noch nicht ist gehört worden und vielleicht ebensowenig in Wien, mein Unglück ist nur der Aufenthalt auf dem Lande«, schrieb er 1781 an seinen Verleger über sein neuestes Werk. Doch nur wenige sahen das genauso. Nach und nach dämmerte auch Haydn, daß es sinnlos sei, mit Mozart konkurrieren zu wollen. Als man ihn 1787 beauftragen wollte, eine Oper für Prag zu schreiben, lehnte er das Angebot mit dem Hinweis auf den großen Konkurrenten ab: »Aber da hätte ich viel zu wagen, indem der große Mozart schwerlich jemanden andern zur Seite haben kann.«

Oberflächlich betrachtet ist der Unterschied zwischen den musikalischen Stilen der beiden gar nicht so erheblich. Was also trennt sie? Warum ist die Kluft zwischen der Leistung Mozarts und der Haydns so groß? Die Antwort ist einfach: Mozarts Charaktere sind echte Menschen.

Diese humanistische Grundhaltung – und auf die läuft es immer wieder hinaus – ist der Schlüssel zum Verständnis. Sie ist der Grund dafür, warum wir Opern lieben. Opern müssen von echten Menschen mit echten Gefühlen handeln, die wir alle nachempfinden können. Haydns Werke, wie etwa *Il mondo della luna*, *Armida* und *L'isola disabitata* haben viele musikalisch reizvolle Passagen, aber dabei bleibt es auch – musikalisch hübsche Passagen ohne dramatische Substanz oder Bedeutung.

Bei Mozart dagegen hat alles Substanz. Von seinem ersten Meisterwerk, *Idomeneo*, bis zu seinen ausgereiften Werken der letzten Jahre (er starb, wie Sie sicher wissen, einen Monat nach seinem 36. Geburtstag), ist Mozart durchweg ein Komponist von überwältigender Menschlichkeit. Beim reifen Mozart ist nichts abstrakt, findet man keine Figuren vom Reißbrett, die für irgendwelche erhabenen philosophischen Ideale stehen. Sie alle sind atmende, schwitzende, kämpfende, liebende Menschen. Sie leben ihr Leben, so gut sie es vermögen. Manchmal sind sie erfolgreich, manchmal versagen sie. Immer aber bemühen sie sich.

Die Handlung bei *Figaro* ist an sich nichts Besonderes: Graf

Almaviva hat sich in den Kopf gesetzt, mit dem Dienstmädchen Susanna zu schlafen, und zwar ausgerechnet in der Nacht ihrer Hochzeit mit seinem Diener Figaro. Durch eine List muß er daran gehindert werden. Mozart macht aus diesem frivolen Lustspiel Beaumarchais ein Werk voll tiefen Mitgefühls. Seine Sympathie gilt allen Charakteren – nicht nur Figaro und Susanna, sondern auch dem blutjungen Pagen Cherubino und vor allem der prächtigen Gräfin – sie taucht später bei Rossini als junge Rosina im *Barbier von Sevilla* wieder auf –, mit deren Worten der liebevollen Vergebung die Oper ausklingt.

Don Giovanni, die manche für die größte Oper halten, die je geschrieben wurde, führt uns den allen wohlbekannten Lebemann vor. Und er ist wirklich ein schlimmer Bursche. Zu Beginn der Oper versucht er, Donna Anna zu vergewaltigen. Von ihrem Vater, dem Komtur, entdeckt, fordert Giovanni den alten Mann zum Duell heraus und tötet ihn. Dieser Frevel, nicht seine unbarmherzigen, zwanghaften Fraueneroberungen (die in Leporellos »Katalogarie« so brillant dokumentiert sind) bringen ihm Verdammnis und Höllenfeuer ein. Von Seiten der Damen droht ihm keine Gefahr: Donna Anna, das vermeintliche »Opfer«, scheint sich doch zu Giovanni hingezogen zu fühlen, die verführte, dann aber verlassene Donna Elvira ist offensichtlich sogar verrückt nach ihm, und Zerlina, das Bauernmädchen, geht durchaus willig mit ihm mit. Muß wohl was dran sein an dem Mann ...

Das Komische ist nur: Bei keiner kommt Giovanni zum Zug, ein Punkt, von dem Feministinnen vermutlich keine Notiz nehmen werden. Bei seiner Eroberung der Donna Anna wird er gestört, Elvira ist eine alte Flamme, die er nicht wieder so richtig entfachen kann, und Zerlina wird von ihrem Freund Masetto gerettet. Mit Giovanni ist seltsam wenig los. Am Ende ist es der Mord – genaugenommen der Ermordete –, der ihn zur Strecke bringt. Als der Titelheld hastig die Statue des Komturs, die über dem Grab des Toten steht, zum Abendessen einlädt, nimmt diese an. Die vorletzte Szene, die in der herrlichen Ouvertüre schon so gruselig vorausgesagt wird, zeigt, wie Giovanni sich weigert, auf seinen lasterhaften Lebenswandel zu verzichten. Wenn er denn zur Hölle fahren muß, dann wenigstens als standhafter Kerl.

Heutzutage würde Don Giovanni sich natürlich entweder schuldig bekennen, um eine mildere Strafe herauszuhandeln, oder eine aggressive Verteidigung inszenieren, die ihn selbst als Opfer hinstellt. Er sei als Kind mißbraucht worden, habe die Erinnerung daran aber immer verdrängt, und außerdem habe seine Oma ihm nie seine Lieblingskekse gebacken.

Vielleicht würde er alles auf Leporello oder auf die Frauen schieben. Klar, er würde vermutlich eine Weile absitzen müssen. Doch wenn er vor das Tribunal der selbsternannten Moralapostel ginge, gestehen würde, daß er damals sexsüchtig gewesen sei, aber jetzt gelobe, nie wieder zu sündigen, käme er mit einem hochdotierten Buchvertrag und Einladungen zu diversen TV-Shows davon. Und wissen Sie was? Die Frauen würden sich ihm an den Hals werfen.

Eine Warnung an alle, die sich der Political Correctness verschrieben haben: Auch von *Così fan tutte* werden Sie graue Haare bekommen. Schon der Titel bringt Sie garantiert auf die Palme, bedeutet er doch übersetzt soviel wie »So sind eben alle Frauen« oder »Was kann man denn von den Weibern schon erwarten?«. In dieser Oper sind die Frauen gutgläubige Sexobjekte. Ein alter Lebemann namens Don Alfonso wettet mit den beiden jugendlichen Liebhabern Ferrando und Guglielmo, daß ihre Freundinnen, die Schwestern Fiordiligi und Dorabella, ihnen untreu würden, sobald sie sie aus den Augen ließen. »Ach ja?« fragen die Jungs. »Klar!« sagt Don Alfonso. Er bittet die kesse kleine Zofe Despina (weibliche Figuren, die mit »-ina« enden, sind bei Mozart immer kess), ihm zu helfen, seine Behauptung zu beweisen.

Die Jungs marschieren davon, angeblich in den Krieg; den Mädchen bricht es das Herz. Die Jungs kommen zurück, allerdings verkleidet als »Albaner«. Sofort beginnen sie damit, jeweils der Liebsten des anderen den Hof zu machen. Ferrando (Tenor) kümmert sich um Fiordiligi (Sopran) und Guglielmo (Bariton) um Dorabella (Mezzo). Auch wenn der clevere Opernfan schon aus der stimmlichen Zusammenstellung schließen kann, daß das natürlich die richtigen Paarungen sind, richtet sich das Augenmerk im Rest der Oper nur darauf, wie die neuen Paare sich verlieben. Am Ende wird der grausame Scherz aufgedeckt, und die Liebenden sollen wieder zu ihren ursprünglichen Verlobten zurückkehren. Wir aber haben so unsere Zweifel ...

Das Libretto, das da Ponte sich zusammenbraute – immerhin literarisch besser als der chaotische *Don Giovanni*, bei dem da Ponte offensichtlich im zweiten Akt die Ideen ausgegangen sind –, ist kalt, berechnend und sehr schematisch. Aber auch hier vermenschlicht Mozart es durch seine Musik. Die *Così* ist kein rationalistisches Traktat, sondern eine detaillierte Zeichnung des menschlichen Herzens. Die Worte mögen zynisch sein, die Musik ist es eindeutig nicht. In vieler Hinsicht ist mir diese Mozartoper die liebste. Die sechs Charaktere (mehr sind es nicht, außer einem kleinen Chor) sind jeder für sich sorgfältig und sehr individuell ausgearbeitet. Fraglos haben sich am Ende der Oper Ferrando und Fiordiligi ineinander verliebt. Dorabella hat zwar schon viel früher kapituliert als ihre Schwester, doch scheint ihre eben erst eingegangene Beziehung mit Guglielmo weniger sicher. Denn nachdem wir gesehen haben, wie schwer Fiordiligi sich die Entscheidung zwischen Treue und wahrer Liebe abgerungen hat, glauben wir, daß *ihre* Gefühle tiefer und aufrichtiger sind.

Die *Così*, wie so manche andere Oper, endet mit einem großen Fragezeichen: Wie geht das Ganze eigentlich weiter? Klar, so sagen wir uns, die Paare können nicht so tun, als hätte es die letzten drei Stunden nie gegeben. Klar, man kann wohl nicht erwarten, daß sie ihre vorherigen Verlobungen aufrechterhalten. Was aber, wenn sie Teil einer Gesellschaft sind, die es mehr würdigt, wenn jemand seine Pflicht erfüllt, als wenn er einer Versuchung nachgibt? Die sich – um einer für die Gesellschaft stabileren Philosophie willen – scheut, einem Prinzip des Tu's-doch-wenn's-Spaß-macht nachzugeben? Der Schluß der *Così* ist vieldeutig, und das vermutlich in einer Weise, wie Mozart und da Ponte, die die sexuelle Revolution und die Playboy-Philosophie schließlich nicht vorhersehen konnten, das nie geahnt hätten. Auch das gehört zum Eigenleben des Werks. Doch wir werden, solange es Opernhäuser gibt, weiter diesen Punkt diskutieren.

Die Zauberflöte, letzter Teil unseres Quartetts, steht etwas abseits von ihren Geschwistern, nicht nur wegen ihrer Sprache, sondern wegen ihrer Bestimmung. *Die Zauberflöte* wurde für das Volkstheater komponiert, nicht für das große Opernhaus. Mozart hat ganz offen versucht, etwas zu schreiben, was der breiten Masse gefällt. In den wenigen Wochen, die er nach der Uraufführung noch zu leben hatte, konnte er sich riesig darüber freuen, daß ihm das gelungen war.

Das Libretto stammt von Emanuel Schikaneder, einem Sänger, Stückeschreiber, Komponisten und Theaterleiter, der auch schon den Hamlet gespielt hatte. In der *Zauberflöte* schusterte er sich die Rolle des Papageno zu. Wie Mozart war auch Schikaneder Freimaurer, und so ist auch das naiv-mystische Libretto voll mit Freimaurersymbolen. Wieder einmal handelt es sich hier um eine Oper, die es geradezu darauf abgesehen hat, Feministinnen in Rage zu bringen. Hier sind die Frauen, angeführt von der Königin der Nacht, die Bösen, wogegen die Männer, allen voran deren Anführer Sarastro, die Guten sind. Natürlich braucht der Held Tamino ein Weilchen, bis er das herausgefunden hat. Die Königin hat ihn nämlich gebeten, ihre Tochter Pamina für sie zu suchen und sie aus den vermeintlichen Klauen Sarastros zu retten.

Selbst bei einer solchen Cartoon-Story konnte Mozart nicht anders als sie zutiefst menschlich zu gestalten. Der wundersame Vogelmensch Papageno und sein Weibchen Papagena stellen das gemeine Volk dar; Tamino (ein japanischer Prinz) und Pamina stehen für den Adel; Sarastro und die Königin der Nacht stellen natürlich die höhere (beziehungsweise tiefere) Macht dar. Mozarts Herz für seine Figuren steckt in der Musik: im ergreifenden Duett Pamina/Papageno, das die Liebe von Mann und Frau preist; im Papageno/Papagena-Duett am Ende der Oper, dieser Hymne an die Freuden der Fortpflanzung; und in Taminos »Bildnisarie«, in der er sich, kaum daß er einen Blick auf das Kamee-Bild der schönen Pamina geworfen hat, sofort verliebt. Trotz des schweren Symbolismus der Geschichte sind die Charaktere doch nie Archetypen.

Wenn es den Anschein hat, als würde ich Mozarts Humanismus stark betonen, dann hat das seine Richtigkeit. Das 18. Jahrhundert war eine verzopfte Ära, aber in dieser Zeit liegt auch der Ursprung aller bürgerlichen Freiheiten, die uns heute lieb und teuer sind: ein tiefes Verständnis für die Natur der Liebe, eine Sympathie für die Schwächen der Menschheit, ein Streben nach politischer Freiheit (die verborgene Botschaft in *Figaros Hochzeit*), eine Anerkennung der Menschenrechte.

Was hat unser angeblich so aufgeklärtes Jahrhundert denn außer diesen Tugenden zu bieten? Faschismus, Nazismus und Kommunismus, sie alle postulierten die grundlegende Wertlosigkeit des Individuums.

Die Psychiatrie, zumindest soweit sie vom Rechtssystem pervertiert worden ist, strebt danach, das Individuum von der Verantwortung für seine Taten loszusprechen. Das Zwölftonsystem, das bis zu seinem Zusammenbruch in den späten siebziger Jahren so unverwundbar schien wie der Kommunismus, versuchte, Inspiration als operatives Prinzip der Komposition zu streichen und sie durch schematische Intellektualität zu ersetzen. Nur sprach die eben niemanden an.

Das ist der Grund, warum Mozart immer noch so nachdrücklich und klar zu uns spricht. Er ist heute noch genauso revolutionär wie vor zweihundert Jahren. Mozarts Opern sind Unabhängigkeitserklärungen – sie sind eben unabhängig von leeren Phrasen, Heuchelei und Konformismus. Man sollte sie nicht nur wegen ihres musikalischen Gehalts schätzen, sondern weil sie uns so vieles über uns selbst sagen.

Richard Wagner: *Der Ring des Nibelungen*, *Tristan und Isolde* und *Die Meistersinger von Nürnberg*

Damit kommen wir langsam zum Ende unserer kleinen Übersicht. Und mit welchem Komponisten könnte man besser schließen als mit Richard Wagner, diesem Hexenmeister von Bayreuth? Keiner hat die Musik des 19. Jahrhunderts so entscheidend geprägt wie er, und manche behaupten sogar – aber darüber läßt sich streiten –, er sei *der* Komponist aller Zeiten.

Wagner ist ein so mächtiges Phänomen, daß wir nur einige herausragende Punkte in dieser Besprechung streifen können. Angeblich ist über Wagner schon mehr geschrieben worden als über jeden anderen, mit Ausnahme von Napoléon Bonaparte und Jesus Christus. So bedeutend war Wagner, und er ist es noch. Aber darum geht es hier nicht. Wir versuchen lieber genau zu verstehen, warum wir uns den viertägigen *Ring* antun oder fünfstündige Musikdramen wie *Tristan* und *Meistersinger* über uns ergehen lassen sollen. Sind diese Werke unsere Zeit wert?

Denn etwas, das die meisten von uns heutzutage überhaupt nicht haben, ist Zeit. Wagner allerdings wird Sie in eine zeitlose Welt entführen, eine Welt, von der Sie nicht einmal wußten, daß sie existiert. Wahrscheinlich wußte nicht einmal er selbst, daß sie existiert, höchstens sein Unterbewußtsein. Für viele sind schon die Werke von Puccini & Co. ein Hort primitiver Gefühle – doch die sind nichts gegen Wagners Opern. Jenseits der inzestuösen Beziehungen des *Rings*, jenseits der unerlaubten Liebesaffaire zwischen Tristan und Isolde, jenseits all der anderen Paarungen, die das zentrale Thema bei Wagner sind, durchdringt ein elementarer, fundamentaler Sinn für Sexualität sein gesamtes Schaffen.

Mehr als jeder andere Opernkomponist spricht Wagner direkt unsere verborgensten Instinkte an.

Gerade deshalb ist der Knabe so faszinierend. Im realen Leben war er nicht gerade liebenswert – zum üblichen ermüdenden Katalog ehelicher Untreue und notorischer Mittellosigkeit kamen bei ihm noch sklavische Speichelleckerei bei jedem dazu, von dem er annahm, er würde ihm seine Projekte finanzieren (zum Beispiel der berühmte verrückte bayerische König Ludwig II., der Wagner zu seinem persönlichen Guru machte), und das Gefühl, daß die Welt ihm seinen Unterhalt schuldig sei. Doch nichtsdestotrotz war Wagner ein Genie. Er hat ein Universum erschaffen und lädt uns ein, Teil dieses Universums zu werden.

Im *Ring* versuchte Wagner nichts Geringeres als eine große musikphilosophische Synthese des bekannten Universums, was ihm in hohem Maße gelungen ist. Seit seiner Erstaufführung als Zyklus 1876 in Bayreuth bietet der *Ring* endlosen Diskussionsstoff. Für Shaw beispielsweise war er ein sozialistischer Kommentar zu den Übeln des Kapitalismus. Auch heute noch ist eine *Ring*-Produktion automatisch der Höhepunkt jeder Opernsaison. Mit der Geschichte über die schicksalhaften Folgen, die Wotans rechtswidrige Aneignung des Rheingolds – und natürlich des Rings, der aus diesem Gold geschmiedet worden war – nach sich gezogen hat, schuf Wagner eine Metapher für Gesellschaft und soziale Desintegration, die heute sogar noch überzeugender ist als damals vor hundert Jahren.

Wie überzeugend? Das läßt sich anhand der eindrucksvollsten Publikumsreaktion, die ich je erlebt habe, gut verdeutlichen. 1983 kam ich zu einer Produktion von Wagners *Ring des Nibelungen* nach Bayreuth, der kleinen nordbayerischen Stadt, in der Wagner sein eigenes Theater gegründet und erbaut hat. Bis heute hat die lokale Bevölkerung ein vitales Interesse an Wagner-Sagengeschichten. In jenem Jahr gehörten der Dirigent Georg Solti und der Regisseur Peter Hall zum Team, beide Ritter des British Empire, beziehungsweise dessen, was davon noch übrig ist. Die Erwartungen waren hoch, nicht unbedingt an Hall, aber doch an Solti, der in den späten fünfziger und frühen sechziger Jahren mit der wegweisenden kompletten Einspielung des *Rings* Plattengeschichte geschrieben hatte.

Aus verschiedenen Gründen wurde die ganze Produktion ein einziges Fiasko. Erstens war es unerträglich heiß (fast 40° C), und die Bedingungen im Festspielhaus – das natürlich weder klimatisiert, noch mit Ventilatoren ausgestattet ist – waren während der vier Stunden der Eröffnungsvorstellung unzumutbar. Die Herren legten ihre fast obligatorischen Smokingjacken ab und klebten schweißgebadet und hemdsärmelig auf ihren Plätzen. Die Damen dagegen ließen schnell ab von den Brokat-Abendroben, die sie am ersten Abend noch getragen hatten, und tauchten nach und nach in Hemdchen auf, die eher nach Nachtgewändern oder Unterwäsche aussahen. Das war ein Anblick!

Künstlerisch gesehen war alles noch schlimmer. Sir Georg und Lady Solti schienen sich gegenseitig darin zu übertreffen, die Einheimischen mit etwas zu ärgern, was allgemein als Feine-Pinkel-Art angesehen wurde. Das Bayreuther Orchester, eines der besten der Welt, sabotierte als Vergeltungsmaßnahme ganz offen den Dirigenten, indem sie zum Andenken eine ihrer technisch miesesten Aufführungen ablieferten.

Das Schlimmste an allem aber war Halls Beitrag, eine schlecht konzipierte und schlampig ausgeführte Inszenierung, die weder avantgardistisch noch traditionell, sondern schlicht daneben war. Abgesehen von einem reizenden Einfall – die Rheintöchter tollten splitternackt durchs Wasser, beneidet vom gesamten schweißgebadeten Publikum – war die Konzeption eine arrogante Katastrophe. Diesen *Ring* über mich ergehen zu lassen war eine der härtesten Geduldsproben, denen ich je im Theater ausgesetzt war.

Am Ende der Woche (der *Ring* besteht aus drei ausgewachsenen, das heißt unglaublich langen Opern plus einem Vorspiel, das allein schon über zwei Stunden dauert) war Zahltag. Die Besetzung – sie hatte sich wirklich wacker geschlagen – wurde bejubelt, Solti aber nur mit mäßigem Applaus bedacht. Dann warteten alle gespannt, ob Hall und sein Produktionspartner William Dudley zu zweit vor den Vorhang treten würden. Sie kamen nicht. Schließlich erschienen sie doch, schützend umgeben von Solti und der gesamten Besetzung. Genützt hat ihnen das dennoch nichts: Das Publikum entdeckte sie und machte seiner Mißbilligung lautstark Luft. Die Buhrufe hielten sich einige Minuten, und als Hall und Dudley all ihren Mut zusammenkratzten und zur Gemeinschaftsverbeugung später noch einmal auf die Bühne kamen, brandeten sie erneut auf. Nie war ein Ausbuhen so wohlverdient. (Die chauvinistische englische Presse freilich sah das nicht ganz so. Unter dem Hinweis darauf, daß viele der Hauptakteure dieser Produktion geborene oder eingebürgerte Engländer waren, gaben die Speichellecker der Fleet Street kund, die Aufführung des »englischen Rings« sei ein großes Ereignis für England.)

Daran können Sie sehen, wie ernst die Leute Opern nehmen. Im eben geschilderten Fall von Bayreuth entsprang die Reaktion einer tiefen und beständigen Kenntnis Wagners. Nicht, daß das Publikum einer Veränderung oder Neuinterpretation grundsätzlich ablehnend gegenübergestanden wäre. Wolfgang Wagner, Festspielleiter und Enkel des Komponisten (der 1813 geboren wurde!), hatte zusammen mit seinem kreativeren Bruder Wieland die Bayreuther Festspiele aus den Trümmern der Nazizeit erfolgreich ins 20. Jahrhundert geführt. Der Hall-*Ring* wurde schnell ausrangiert und durch eine Neuproduktion des deutschen Regisseurs Harry Kupfer ersetzt, dessen Sichtweise des Stücks weit ehrgeiziger, unerhörter und intellektuell herausfordernder war als die Halls. Sie traf zwar anfangs auf einige Scheinwiderstände, gewann dann aber durch die bloße dramatische Kraft der Vision Kupfers gleichermaßen Kritiker und Bürger für sich.

Die enormen Anstrengungen bei der Komposition des *Rings* verlangten nach einigen Unterbrechungen. Und so machte Wagner zwischen dem zweiten und dem dritten Akt des *Siegfried* Pause und schrieb erst einmal *Tristan* und *Die Meistersinger*, zwei sich ergänzende Werke. *Tristan* ist hochchromatisch, die *Meistersinger* sind diatonisch, *Tristan* ist eine Illustration der intimen Beziehung zwischen Eros und Thanatos, in den *Meistersingern* geht es um die Vitalität junger Liebe und darum, wie das Alter Platz machen muß für Jugend und Schönheit.

Wagners große Leistung besteht nicht nur darin, daß er seine Charaktere zu wahren Menschen formt. Er schafft es sogar, uns in das Geschehen mit einzubeziehen. Sobald wir seine Zauberwelt betreten, verschwindet der Proszeniumsbogen, und wir werden vom Strudel erfaßt und in die Oper hineingezogen. Tristan, Eva, Walther, Siegfried und andere sind keine Figuren mehr, sie sind realer als wir selbst. Sie existieren in unserer Welt mit unserer Duldung. Also passen Sie auf, wohin Sie treten!

In dem großartigen Liebesduett im zweiten Akt des *Tristan* etwa bringt Wagner uns dazu, daß wir uns genauso wie König Marke und sein Gefolge, das plötzlich herbeistürmt, als Störenfriede bei einer intimen Liebesszene fühlen. Die Musik schreit uns förmlich an, wir sollten verschwinden. Das Finale der *Meistersinger*, ein Festspiel, bei dem die Stadt Nürnberg sich zum großen Wettsingen herrichtet, läßt das Mittelalter auf eine Art lebendig werden, wie es Literatur oder Malerei allein nie könnten. Genau so fühlen sich die Leute, denken wir, als steckten wir irgendwie in deren Haut.

Was Wagner da macht, ist, daß er uns im Grunde zu seinen Hauptdarstellern auf die Bühne stellt. Kein anderer Komponist kann das für sich beanspruchen. Deshalb kann auch kein anderer Komponist Wagner im Hinblick auf die Kraft seiner Musik oder ihre Wirkung auf die Psyche das Wasser reichen. Wagner ist einer von der ganz gefährlichen, nämlich subversiven Art von Künstlern. Er trotzt jeglicher Zensur, weil er den Mittelsmann ausgeschaltet und seine Argumente direkt in die Herzen und Köpfe der Zuhörer gebracht hat. »Zum Raum wird hier die Zeit«, bemerkt Gurnemanz im *Parsifal*, und das gleiche gilt auch für Wagners große Werke. Sie existieren für sich, in einem Parallel-Universum. Nur uns, den wenigen Privilegierten wird Zutritt gewährt, nur wir werden durch die Musik dorthin katapultiert, nur wir dürfen eine Weile bleiben. Nach einer Wagner-Aufführung verlassen wir zwar das Theater und gehen nach Hause, doch das Theater läßt uns nicht mehr los.

Hier bitte, da haben Sie es – Ihr Grundrepertoire. Jetzt können Sie stolz darauf sein, endlich in der Familie oder bei Freunden mitreden zu können. Ganz klar, es gibt noch viel, viel mehr Opern, und sicher möchten Sie die auch noch kennenlernen. Das werden Sie im Laufe der Zeit auch. Wer weiß, vielleicht setzen Sie eines Tages noch *Rinaldo* oder *Norma* auf diese Liste, mir ist das nur recht.

Doch diese Auswahl ist unter zwei Aspekten getroffen worden: Zum einen ging es mir darum, Ihnen einen geschichtlichen Überblick zu verschaffen und Ihnen gleichzeitig zu zeigen, was alle Opern grundsätzlich verbindet. Die zeitgenössischen Opernkomponisten sind noch immer von den gleichen geistig-moralischen Themen besessen wie damals vor vierhundert Jahren ihre Kollegen – ihre Werke zeigen uns das. Der rote Faden, der sich durch die ganze Auswahl zieht, war die Frage, wie die Charaktere mit der psychisch, emotional und physisch extremen Lage, in die sie ihre Schöpfer gebracht haben, fertig werden und welche Lehren wir, die Zuschauer, aus ihren Erfahrungen ziehen können.

Der zweite Zweck dieses Buches war der, Ihnen Bausteine an die Hand zu geben, mit denen Sie Ihr eigenes, ganz persönliches Repertoire aufbauen können. Natürlich ist meine Vorgehensweise nicht die allein seligmachende. Gerade in der Kunst ist vieles möglich. Einige Möglichkeiten, wie man sich dem Thema Oper nähern kann, empfinde ich zwar als ungeeignet, aber es steht Ihnen frei zu tun, was Ihnen gefällt. Also legen Sie los: Stürzen Sie sich auf Barock- oder Belcanto-Opern. Werden Sie ein Stimmenfanatiker oder ein Freak, der bei alten Aufnahmen vor Begeisterung ausflippt. Fixieren Sie sich ganz auf Leben und Karriere eines einzigen Sängers oder einer Sängerin, und werden Sie Experte auf diesem Gebiet. Werden Sie, wenn es denn sein muß, einer von diesen Opernfans. Bitte sehr!

Aber geben Sie bitte nicht mir die Schuld daran!

6

Ein Ausflug an den Broadway
oder
Es muß nicht immer Klassik sein

Schlager sind Lieder, geschrieben, veröffentlicht und gesungen, gepfiffen und gesummt von der großen unmusikalischen Öffentlichkeit; die höher kultivierten Klassen dagegen verspotten gern die quälenden Ohrwürmer, die von Ozean zu Ozean in jeder Gestalt und Form gehört werden, und machen sie schlecht.

CHAS. K. HARRIS, KOMPONIST VON AFTER THE BALL

Ich muß einfach herumhüpfen, wenn ich singe. Aber vulgär ist das nicht. Mir ist einfach danach. Ich fühle mich nicht sexy, wenn ich singe. Wenn das so wäre, wäre ich in irgendeiner Anstalt und irgendwie sexbesessen.

ELVIS PRESLEY

Wir sind jetzt so populär wie Jesus.

JOHN LENNON

Vermutlich war Ihnen, als Sie das Buch zur Hand genommen haben, gar nicht klar, daß Sie schon eine ganze Menge mehr über Opern wissen, als Sie gedacht hätten. Jeder, der schon einmal *Show Boat*, *My Fair Lady* oder die *West Side Story* gesehen hat, hat eine Form der Oper gesehen. Jeder, dem die *Lustige Witwe* oder der *Bettelstudent* gefallen hat, ist ihr schon ziemlich nahe gekommen. Oder stehen Sie mehr auf Popmusik? Was, denken Sie, sind wohl *Jesus Christ Superstar*, *Tommy* und *Evita*? Und *Hair*, *Cats* und *Starlight Express*? Genau: das Wort mit dem O.

Eine solche Auflistung löst immer wieder Kontroversen aus. Ich habe in Kapitel 2 schon kurz Sondheim und Webber angesprochen, die beiden führenden Repräsentanten dessen, was man gemeinhin als »musikalische Komödie« im späten 20. Jahrhundert bezeichnet. Aus unerfindlichen Gründen werden beide von ihren jeweiligen Fürsprechern oft gegeneinander ausgespielt, als wäre der Broadway nicht breit genug für beide! Ist er nicht! Ist er doch! Ist er nicht! Ist er doch! Auf diesem Niveau spielt sich der Streit ab. Aber sehen wir uns das Ganze einmal genauer an.

Andrew Lloyd Webbers und Tim Rices erste Show war ein fünfzehnminütiges Kindermusical namens *Joseph and the Amazing Technicolor Dreamcoat*. Ein Erfolg fast von Anfang an – vor allem, nachdem ein Londoner Kritiker namens Derek Jewell das Werk auf den Seiten seiner Zeitung »entdeckte«. Über die Jahre wurde die kleine Show immer größer, bis sie ihre wahre, elefantöse, Webbersche Inkarnation in den Broadway-Produktionen der achtziger und neunziger Jahre erlangte. Der nächste Versuch des Erfolgsduos, den Webber gleich von Anfang an als»Oper« bezeichnete, war *Jesus Christ Superstar*, gefolgt von einer weiteren »Oper«, *Evita*, der dritten und letzten Lloyd Webber/Rice-Show. Die trauen sich was! Wie können sie sich anmaßen, ihr dürftiges kleines Werk einem Vergleich mit den Meilensteinen Verdis, Puccinis und anderer auszusetzen! So oder ähnlich schrieben einige Kritiker. Und so denken viele immer noch.

Sie denken so, weil sie entschlossen sind, die fast vollkommen fiktive Trennung zwischen U- und E-Kultur aufrecht zu erhalten, der sie ihr Leben verschrieben haben. Traurig zu sagen, daß sich viele Zeitungen und Zeitschriften diesem Irrtum angeschlossen haben, mit dem Ergebnis, daß viele der wichtigsten Broadway-Musicals von Theaterkritikern besprochen werden. Sie aber haben nicht die leiseste Ahnung davon, wie Musik auf der Bühne funktioniert und behandeln selbst ein durchkomponiertes Musical (in dem fast jedes Wort gesungen wird), als sei es eine Art Theaterstück, das unerklärlicherweise pausenlos von Musik begleitet wird. Und so erleben wir das traurige Schauspiel, daß die Sondheim- und Webber-Shows in den Seiten der *New York Times* besprochen werden, als wären sie mit den Stücken eines Eugene O'Neill oder Athol Fugard eher verwandt als mit der *Zauberflöte* oder der *Carmen* (die beide weit mehr gesprochene Dialoge enthalten als *Das Phantom der Oper*).

Mit anderen Worten: Das Ganze ist eine dumme und willkürliche Trennung. Würde sie dieser Kunstgattung nicht so schaden, könnte man sie einfach nur belächeln.

Die ganze Sache wird noch lächerlicher, wenn man bedenkt, daß, sobald eine Broadway-Show ein gewisses Alter erreicht hat, sie oft eine Meile weiter nördlich im New York State Theater wieder auftaucht. In diesem Haus, das gleich neben der Metropolitan Oper liegt, führt die New York City Opera jedes Jahr ihre klassischen Musicals auf. Dann plötzlich schwärmen die Truppen der Musikkritiker aus und melden sich zu Wort, leider zwanzig bis dreißig Jahre zu spät, um noch etwas ändern zu können.

Woher kommt diese blöde Trennung in U- und E-Kultur? Seit der Zeit der Minnesänger gab es – entsprechend den gesellschaftlichen Klassen – eine hohe und eine niedere Kultur. Komponisten haben sich allerdings immer des Materials beider Welten bedient.

Nehmen wir ein Beispiel aus der Renaissance: Eine Menge Messen dieser Zeit tragen den Titel *L'homme armé*. »L'homme armé« war ein Volkslied und damals so unglaublich populär, daß selbst die hochgestochensten Komponisten es in ihre kunstvoll gewebten kontrapunktischen Gotteshuldigungen einarbeiteten. Ungefähr das gleiche wäre es, wenn heute eine Schwemme von »Eleanor Rigby«-Sinfonien über uns hereinbrechen würde.

Das gäbe ein Geschrei!

Halte ich denn soviel von der heutigen Popmusik, daß ich meine, sie ginge als Kunst durch? Ja, allerdings. Ich glaube auch, daß die besten und klügsten Beispiele einer Broadway-Show als Oper durchgehen, egal welchen Maßstab Sie anlegen wollen. Ich glaube sogar, daß eine Show, die sowohl im Westend als auch am Broadway ein Mißerfolg war, als Oper durchgeht. Wenn Sie, liebe Leser, gestatten, werde ich einen der besten Flops, die das Mekka der Musicalszene je erlebt hat, genauer unter die Lupe nehmen. Die Rede ist natürlich von *Chess*, dem Meisterwerk von Tim Rice und den ABBA-Jungs.

Ursprünglich als Doppelalbum veröffentlicht – vielleicht erinnern Sie sich daran – war *Chess* die Kopfgeburt von Tim Rice, dem ehemaligen Texter Lloyd Webbers, sowie von Benny Andersson und Björn Ulvaeus, der männlichen Hälfte von ABBA, dieser für die siebziger Jahre so typischen schwedischen Megagruppe. Das Ganze schien nicht allzu vielversprechend: ABBA galt als europäischer Teenyrock, zugegebenermaßen ansteckend, aber furchtbar flach (im Vergleich zu den dahingeschiedenen und sofort heiliggesprochenen Beatles). Von Rice dachten alle, er sei nach der Trennung von seinem komponierenden Partner längst in der Versenkung verschwunden. Einige Jahre zuvor hatte er mitansehen müssen, wie sein Text zu dem Song »Memory« abgelehnt und stattdessen der des Regisseurs Trevor Nunn genommen worden war, was dazu führte, daß er in einem Anfall von Verbitterung seine Beziehung zu Lloyd Webber beendete.

Chess war Rices Gegenoffensive, sein Versuch, zu zeigen, daß er auch ohne Lloyd Webber einen Hit landen könne. Die Geschichte, die in der Zeit des Kalten Krieges spielt, ist eine Parabel über den Kampf zweier Schachspieler – der eine Amerikaner, der andere Russe. Doch es geht darin nicht nur um die Überlegenheit im Schach, sondern auch um die Liebe zu der gleichen Frau, einem ungarischen Flüchtling namens Florence. Die Einzelheiten des Plots sind hier eigentlich nicht wichtig, nur insofern, als sie Rice die Chance gaben, sich – durch die Dichtung verschlüsselt – zu Verhältnissen zu äußern, die sein eigenes kompliziertes Liebesleben ziemlich getreu widerspiegelten. Der Russe ist nicht nur Objekt von Florences Zuneigung, sondern auch das seiner ewig leidenden Frau. In dem Duett »I Know Him So Well«, das wegen seines bitteren Untertons bemerkenswert ist, singen die beiden Frauen von der Unmöglichkeit, ihn glücklich zu machen. Es war kein Geheimnis, daß Rice eine offene Affäre mit Elaine Paige, der weiblichen Hauptdarstellerin von *Chess* (und *Evita*), hatte, obwohl er noch mit seiner geduldig leidenden Frau Jane verheiratet war. *Chess* war eben nicht nur Rices Versuch, kommerziellen Erfolg auch ohne Lloyd Webber zu haben, es war auch ein Blick in seine eigene komplizierte, zynische, aber doch zutiefst menschliche Psyche.

Wie der Zufall es so wollte, kam *Chess* in London fast gleichzeitig mit dem *Phantom der Oper* auf die Bühne. Das *Phantom* scheuchte es einfach vom Platz. Von Anfang an war *Chess* vom Pech verfolgt: Michael Bennett, der Regisseur der Show, erkrankte schwer und starb kurz vor der Londoner Premiere. Der allgegenwärtige Trevor Nunn sprang ein und übernahm Bennets medienwirksame Konzeption, für die New Yorker Neuauflage aber gab er der ganzen Show ein völlig neues Gesicht (neue Kulissen, neue Rollen, neue Songs, neues Buch, jede Menge neuer Dialoge). Keine der beiden Produktionen vermochte das emotionale Zentrum der Show angemessen einzufangen, und so wurde die Broadway-Version weitgehend von der Kritik verrissen. Schon nach wenigen Monaten stellte man *Chess* 1988 wieder ein – im grellen Licht der grausamen Stadt bedeutete das das Ende.

Einige Monate später besuchte ich Rice in seinem früheren Landhaus in der Nähe von Cambridge. Wir kamen auf *Chess* zu sprechen. Er gab seine Bühnenmängel zu – Mängel, die vielleicht wirklich unüberwindbar waren –, und wartete gleich mit dieser Grabinschrift auf: »War aber doch ein tolles Album«.

Und so ist es – vom ersten Chor bis zur letzten Note der letzten Hymne ist *Chess* ein vollendetes Werk, das im Lauf der Jahre an Format gewinnen wird. (Erinnern Sie sich dann bitte daran, daß Sie das an dieser Stelle zuerst gelesen haben!) Seine zeitbedingten Mängel – darunter fallen auch der unbeabsichtigte Wettbewerb mit dem alles niederwälzenden *Phantom* und das unglückselige Zusammentreffen mit Michael Gorbatschows Perestroika, die den sowjetischen Buhmann aus dem allgemeinen Sprachgebrauch entfernte – wird man vergessen. Seine eingängigen Melodien, seinen geschickten Aufbau, seinen verwirrenden Eklektizismus (Bennys und Björns Stilvielfalt ist größer und vollendeter als die Webbers im *Phantom*) und Rices bittersüße Texte aber wird man irgendwann gebührend zu würdigen wissen. All das nämlich macht *Chess* zu einem der wichtigsten Musikwerke der achtziger Jahre, einer Epoche, die im Hinblick auf ihre Opern- und Musiktheater-Triumphe bemerkenswert war.

Die Show beginnt mit dem trügerisch fröhlichen »Merano«, einer bitteren Ode an die Freuden des Touristenschröpfens in der malerischen Stadt in Südtirol, die nach dem Ersten Weltkrieg als Kurort in

Mode kam. Von Rockmusik keine Spur: Die allerersten Noten werden von einer Flöte gespielt, die bald vom Horn begleitet wird. »Ist das ›The Sound of Music?‹« fragt die erste Bühnenanweisung. »Tirolerhüte, Lederhosen, Jodeln und Tanzen. Schneebedeckte Berggipfel und eisige Flüsse. Trauben und die Annehmlichkeiten eines Kurorts.«

Die Musik marschiert mit Chor und Orchester fröhlich weiter, bis der Amerikaner ankommt: Sein Auftritt, begleitet von wichtigtuerischen Drums und harten Gitarren-Licks ist einer der eindrucksvollsten überhaupt.

Der Russe sieht seinen Gegner im Fernsehen; seine Berater versuchen ihn davon zu überzeugen, daß der Amerikaner nur ein bißchen Bobby-Fischer-verrückt sei. Aber er weiß es besser: Sein Gegner ist gerissen wie ein Fuchs. Er entläßt seinen Betreuer Molokov in einem bitteren Duett und grübelt über seinen erwählten Beruf nach: »Who needs a dream? Who needs ambition? Who'd be the fool in my position?« (Wer braucht schon einen Traum? Was soll der Ehrgeiz? Wer wäre der Narr in meiner Position?) singt er in »Where I want to be«.

Das Turnier eröffnet mit der beißenden Nummer des Schiedsrichters »The Opening Ceremony«. »This is not the start of World War Three«, singt er, »no political ploys / I think both your constitutions are terrific so / Now you know – be good boys« (Das ist nicht der Beginn des Dritten Weltkriegs, kein politischer Zeitvertreib / Ich finde, eure beiden Verfassungen sind klasse / Jetzt wißt ihr's – seid brave Jungs). Da preisen die Vermarkter im Chor ihre zum Schachspiel passenden Produkte, indem sie mit ihren T-Shirts und Schachspielen hausieren gehen, und das mit einer gefühllosen Verve, die 1984 etwas an den Haaren herbeigezogen wirkte, heutzutage aber mit all dem widerwärtigen »Auf nach Disney World«-Kommerz, der auch die Olympischen Spiele geprägt hat, eher untertrieben und harmlos wirkt.

Das folgende Quartett »A Model of Decorum and Tranquillity« ist eine der elegantesten und ausgeklügeltsten Nummern, von den Komponisten mit erstaunlicher Raffinesse zusammengesetzt. Die beiden Lager streiten über jeden nur denkbaren Aspekt des Matches, unter anderem auch darüber, woher das Holz für das Schachbrett kommen sollte. Zurück im Hotel schimpft Florence, die Assistentin des Amerikaners, ihn wegen seines ungehobelten Benehmens. (»You want to lose your only friend?« – Willst du deinen einzigen Freund verlieren?) Dann offenbart sie sich in einer von *Chess*' Showstoppern, der unerschrocken spöttischen Arie »Nobody's Side«, in der sie ihrer pessimistischen Philosophie Luft macht, daß man nämlich niemandem trauen darf. »Everybody's playing the game / But nobody's rules are the same / Nobody's on nobody's side« (Jeder spielt das Spiel / Aber die Regeln sind bei jedem anders / Niemand ist auf niemands Seite).

Dieser Song, auf Platte von der Paige gesungen, bringt den boshaften Geist von *Chess* auf den Punkt und hat vielleicht zu seinem Scheitern beigetragen. Wer kann schon eine Oper lieben, in der jede Figur ein intrigantes, egoistisches Miststück ist? (*Evita* hat doch aber allen gefallen, oder?) Und doch ist dieser Song so kraftvoll, so voller trotziger Angst, daß aus der biestigen Florence eine unwiderstehliche Figur wird, eine einsame Frau, die nie etwas verspricht, nie Pläne macht und die, wo sie nur kann, ein bißchen Liebe mitnimmt.

Das erste Spiel läuft ab wie im Stummfilm. Das Orchester erzählt in der titelgebenden Nummer »Chess«, was geschieht. Themen, die schon zu einem früheren Zeitpunkt aufgetaucht waren, werden hier kombiniert und miteinander verwoben, so daß wir nicht nur dem Match gut folgen können, sondern auch dem, was emotional mitschwingt. Es überrascht daher nicht, wenn sich Florence in der nächsten Szene mit dem Russen in einem Privatzimmer eines Bergrestaurants trifft. Was als Geschäftstreffen beginnt, entwickelt sich schon bald in eine ganz andere Richtung. Zögernd verliebt sich das Paar in »Mountain Duet«, einer reizenden Ballade, die den Geist Amors in einer schimmernden Mondlichtnacht in den Alpen einfängt.

Florence kommt zurück und verläßt in »Florence Quits« den Amerikaner zugunsten ihres neuen russischen Liebhabers. Die bittere Konfrontation mit ihrem vorherigen Partner gehört zu den großen melodischen Rückblenden der Show, mit einem rockigen, stampfenden Refrain, der in einem ähnlich bitteren Zusammenhang im zweiten Akt wiederkehrt.

Der Russe, hingerissen von Florence, versucht in den Westen überzulaufen. In einer komischen Nummer, dem »Embassy Lament«, beklagen zwei Bewerber um den Preis des Upper-Class-Trottels des Jahres – bekannt auch als britische Beamte – den Anstieg der von den Überläufern verursachten Schreibarbeiten. »Though we're all for / Basic human rights it makes you wonder / What they built the Berlin Wall for« (Auch wenn wir alle für / Basis-Menschenrechte sind, wundert man sich doch / wozu sie die Berliner Mauer gebaut haben).

Der erste Akt endet mit dem aufrührerischen und patriotischen

»Anthem«, in dem der Russe singt, daß kein Land ihm je seine Heimat im Herzen ersetzen könne. Der Song erinnert, und das vermutlich mit Absicht, an Elgars »Land of Hope and Glory«, eine Anspielung darauf, daß eben jeder Herd, Heim und Vaterland liebt. Natürlich hat das viele verstört: Wie stand es nun wirklich um *Chess*' wahre politische Neigungen? Wie konnte eine Show trotz Perestroika den Bösen so wohlwollend gegenüberstehen?

Sie tut es eben. Der zweite Akt setzt ein Jahr später ein. Schauplatz ist Bangkok, wo der siegreiche Russe seinen Titel gegen einen neuen Herausforderer aus der Sowjetunion verteidigen muß. Und da ist natürlich auch wieder der Amerikaner, der für das Fernsehen über das Match berichtet. In »One Night in Bangkok« preist (und verhöhnt) er die fleischlichen Freuden der thailändischen Hauptstadt. Zurück in ihrem Hotel sinnt Florence in dem zarten »Heaven Help My Heart« über ihre nicht mehr ungetrübte Beziehung zu dem Russen nach.

Die Dinge verschlechtern sich schlagartig, als Svetlana, die Frau des Russen, von Moskau eingeflogen kommt, um ihrem Mann in seiner Stunde der Not beizustehen. In einem schlimmen Streit – »Argument« – trennen sie sich, zumindest für die Dauer des Turniers. Was nun folgt, ein Duett für die beiden Frauen mit dem Titel »I Know Him So Well«, ist Rices vollendetstes Werk, eine herzerweichende Betrachtung der immanenten Unmöglichkeit menschlichen Glücks. Das Gefühl von Bitterkeit kommt durch die musikalische Setzweise deutlich zum Ausdruck: Der Anfang des Duetts ist schlicht gehalten, doch die Musik verdichtet sich bis zu einer vernichtend düsteren Klimax. »Wasn't it good? / Wasn't he fine? / Isn't it madness / He won't be mine? / Didn't I know / How it would go? / If I knew from the start / Why am I falling apart?« (War es nicht gut? / War er nicht prima? / Ist das nicht verrückt? / Er soll nicht mein sein? / Wußte ich nicht, / wie es kommen würde? / Wenn ich es doch von Anfang an gewußt habe / Warum bricht dann bei mir jetzt alles zusammen?)

An diesem Punkt verrennt sich die Show in den komplizierten Schlagabtausch eines Psychokriegs. Der Amerikaner ist nämlich im Besitz von Informationen über die Aktivitäten von Florences Vater während des Ungarnaufstands gegen die Sowjets 1956, und damit erpreßt er jetzt den Russen. Ist auch egal. (Was am Ende von *Figaros Hochzeit* passiert, weiß auch niemand so genau.) Es reicht wohl, wenn ich sage, daß der Amerikaner, frustriert durch den Verlust Florences an seinen Erzrivalen und unfähig sie durch Köder oder durch

Betrug zurückzugewinnen, sich auf die bewegendste Arie der Show stürzt, das grimmige »Pity the Child«.

Diese brillant aufgebaute Nummer untersucht die unglückliche Kindheit des Amerikaners: kaputtes Zuhause, abwesender Vater, lieblose Mutter mit einer Reihe austauschbarer Liebhaber, Verlust jeglicher Art menschlichen Kontakts, der ihn vielleicht zu einer ausgeglicheneren Persönlichkeit gemacht hätte. Der Kritiker der *Times* machte sich über diese Gefühlsregungen lustig, aber »Pity the Child« ist ein emotional überwältigender Song, dessen Intensität sich immer weiter steigert, bis der Amerikaner am Ende zu der entmutigenden Erkenntnis kommt: »Pity instead the careless mother / What she missed / What she lost when she let me go / And I wonder does she know / What she lost when she let me go / And I wonder does she know / I wouldn't call – a crazy thing to do / Just in case she said who?« (Hab lieber Mitleid mit der lieblosen Mutter / Was ihr fehlte / was sie verloren, als sie mich gehen ließ / Und ich frage mich, weiß sie / ich würde nicht anrufen – wäre doch verrückt / Wenn sie dann fragte: Wer?)

»Pity the Child« ist der Höhepunkt von *Chess*, gleichzeitig sein schönster Song – das abschließende Rockgitarren-Solo ist schon allein den Preis des Albums wert – und die Kulmination von Rices bitterer Weltsicht. In »Endgame« wird der Rest des Plots abgespult: Der Russe besiegt mühelos seinen Herausforderer, realisiert dann aber, daß er im Siegen sowohl Florence als auch Svetlana verloren hat. Niemand ist auf niemands Seite: Am Ende der Show ist der Amerikaner allein, ist Florence allein, ist Svetlana allein und ist auch der Russe allein. »You and I / We've seen it all / Chasing our hearts' desire / But we go on pretending / Stories like ours / Have happy endings« (Ihr und ich / wir haben es doch erlebt / haben die Sehnsucht aus unseren Herzen vertrieben / Aber wir geben weiter vor / Geschichten wie die unsere / hätten ein Happy End). Klar, und schönen Tag noch!

Vielleicht ist jetzt klar geworden, warum *Chess* ein kommerzieller Reinfall war. (Das Album war ein Riesenhit, und einer der Songs war auch mal in den Charts ganz oben.) Rice hat hier mit einem Zynismus, der eines da Ponte würdig gewesen wäre, die heiklen Probleme moderner Liebe und Beziehung behandelt, aber keine Lösungen gefunden. Vertraue nicht auf die Liebe, denn sie ist von vornherein zum Scheitern verurteilt. Vertraue keinem anderen Menschen, denn niemand ist auf niemands Seite. Wir leben in keiner heilen

Zirkuswelt, wir leben in einer Hund-frißt-Hund-Welt, und je schneller wir das begreifen, desto besser. Das ist zumindest Rices düstere Weltanschauung.

Ist das denn aber so weit weg von *Così*? Das 18. Jahrhundert hat die Narrheit und Kurzlebigkeit der Liebe nicht weniger verachtet. Da Pontes Geschichte von den beiden jungen Männern, die, durch eine Wette dazu herausgefordert, die Freundinnen tauschen und dabei entdecken, daß es genauso leicht ist, sich in das eine Mädchen zu verlieben wie in das andere, ist, gelinde gesagt, voller Mißtrauen. Und *Così* ist eine Komödie! Wir sollen auch noch lachen, wenn die dummen Weiber auf die allzu fadenscheinige »Albaner-«Verkleidung hereinfallen. Am Ende, wenn die Maskerade aufgedeckt wird und die beiden Schwestern zu ihren ursprünglichen Partnern zurückkehren sollen, so, als wäre nichts passiert, sind sie natürlich total bestürzt.

Ist *Chess* wirklich so tragisch? Wenn man Rices Prämisse akzeptiert, dann ist alles andere nur folgerichtig und unvermeidbar – nicht mehr als die Ausarbeitung eines nicht so göttlichen Plans menschlichen Unglücks. Und das ist doch im humanistischen Sinn komisch. Am Ende von *Chess* hat jede Figur ihr bestes Gambit gespielt und entweder gewonnen oder verloren. Der Russe hat seinen Ehrgeiz; der Amerikaner hat seinen Jammer; Florence hat ihre Unsicherheit. Und ist nicht jeder von ihnen auf seine Art glücklich in seinem speziellen Unglück?

Hier tritt die Musik wieder auf den Plan. Rices Texte wirken auf dem Papier unerträglich trostlos: Nichts wie weg, und zwar schnell! Doch die Partitur von Andersson-Ulvaeus verbessert sie, badet sie im Balsam ihres lyrischen Stils, so daß sie doch zumindest plausibel erscheinen – und gar nicht so unglücklich. Der Schlußsong »You and I«, der alle Hauptfiguren so einsam wie Wolken am blauen Himmel dastehen läßt, ist entwaffnend warm. Mit anderem Text versehen könnte die Musik locker als Ausdruck des Triumphs wahrer Liebe durchgehen.

Tatsache ist, daß »You and I« vom Charakter her der Trauriger-aber-klüger-Haltung des letzten *Figaro*-Aktes oder dem himmlischen Terzett aus Richard Strauss' *Rosenkavalier* näher ist als dem allgemeinen Geschmuse, mit dem *Der Barbier von Sevilla* schließt. Die letzten Noten werden vom Horn gespielt, mit dem die Show einige Stunden zuvor in so bukolischem Glanz begonnen hatte. Doch die Musik hier zeugt von Resignation und Hinnahme: Es ist eine Musik für Erwachsene, nicht für Kinder, denn hier haben die Geschichten kein Happy-End wie im Märchen.

Ist *Chess* also eine Oper? Sicherlich bedient sich das Musical klassischer Opernthemen. Es transportiert seine Story durch ausschließlich musikalische Mittel, bietet für jede Rolle ein oder mehrere ausgefeilte Stücke, in denen die jeweilige Figur ihr inneres Wesen ausdrücken kann. Trotz all seiner dramaturgischen Mängel, die sich auf der Bühne als unüberwindbar gezeigt haben, drückt es seine grundlegende Botschaft klar aus. Die Orchesterzwischenspiele sind handwerklich gut gearbeitet und ansprechend, die Ensembles mitreißend. Was wie eine Ente läuft und wie eine Ente quakt, ist vermutlich auch eine ...

Na, ist doch egal, wie wir es nennen. Wir müssen jedes Werk, das für sich beansprucht, Kunst zu sein, fair und unparteiisch beurteilen, ohne uns zuviele Gedanken darüber zu machen, in welche Kategorie es letztendlich gehört. Ist *Chess* nun eine Oper oder nicht? Ich glaube schon, aber es steht weder mir noch Ihnen zu, das zu entscheiden. Wir sollten uns dieses Werk einfach vorurteilsfrei anhören, es nach seinen eigenen Maßstäben bewerten – hat es das erreicht, was es sich vorgenommen hat? – und es dann in Richtung Nachwelt auf den Weg schicken, versehen mit unseren auf die Rückseite des Pakets geklebten, vorläufigen Werturteilen. Soll die Nachwelt sich dann ihr eigenes Urteil bilden.

Das Opernrepertoire ist angefüllt mit den Leichen einstmals hochgeschätzter Werke und Komponisten (das ist Ihr Vorhang, Giacomo Meyerbeer!), die in Ungnade gefallen sind. *Robert le diable* war einst der Opernhit schlechthin, so berühmt, daß Liszt bei fast jedem Konzert aufgefordert wurde, seine Klavierparaphrase dieser Oper als Zugabe zu spielen. Heute liegt das Werk zusammen mit Meyerbeers anderen großen Opern wie *Le prophète*, *L'étoile du nord* und *Le pardon de Ploermel* schön gemütlich in der Umlaufakte der Geschichte. Ändert das irgend etwas daran, daß er unbestritten die dominierende Opernpersönlichkeit Frankreichs in der Mitte des 19. Jahrhunderts war? Nein? Aber das macht ihn auch nicht automatisch zu einer Kraft, die auch heute noch Bedeutung hat. (Anders als bei Wagner, der Meyerbeer übrigens aus Eifersucht und Antisemitismus verachtete: Seine Kraft wirkt immer noch.)

Das Schicksal von *Chess* oder irgendwelchen größenwahnsinnigen Broadway-Musicals oder von jeder unkomplizierten ernsten Oper kann ich nicht voraussagen. *Porgy and Bess* scheint sich seinen Weg ins Repertoire gebahnt zu haben. Ich bin allerdings kein so großer Fan speziell dieses Werks, dessen liberale und gute Absichten heute qualvoll gekünstelt und durchsichtig erscheinen. Auch Leonhard Bernsteins *Candide* hat wohl den Übergang ins Opernhaus ohne großen Aufhebens geschafft, und doch ist es trotz all seiner aufgeblasenen guten Laune nicht halb so gut wie das mühelos leichte Meisterwerk Bernsteins, die *West Side Story*.

Hier ergänzten Sondheims perfektes Buch und der adäquate Text Bernsteins Genie so kongenial, daß das eigentlich ein Modell für jeden Komponisten sogenannter E-Musik hätte abgeben können – hat es aber nicht, dank der Trennung in U- und E-Musik. Tatsächlich war es genau diese Trennung, die Bernstein vom richtigen Weg der *West Side Story* abgebracht und zu seinen »ernsten« Werken wie etwa der *Messe* geführt hat. Der arme Lenny, sonst bei so vielen Fragen der Musik so wunderbar weise, fiel auf den ältesten Trick herein, vergeudete soviel Zeit, weil er versuchte, etwas zu sein, was er nicht war.

Es ist ja nicht so, daß er kein Vorbild direkt vor seiner Nase gehabt hätte. Es gab ja schließlich Jerome Kerns herrliches *Show Boat*. Diese zukunftsweisende Show von 1927 ist nicht nur das erste große Broadway-Musical, es kann auch als eine der ersten amerikanischen Opern gelten. (Zu seiner Zeit entstanden in Europa zwei Meisterwerke: Alban Bergs *Wozzeck* und Puccinis letztes Werk *Turandot*.) An Anspruch und Umfang kommt ihm nichts gleich. Nicht einmal *Porgy and Bess*, das ihm oberflächlich gesehen vielleicht ähnlich ist, kommt an *Show Boat* heran. Kern hat nicht nur hinreißende Klassiker wie »Bill« oder »Can't Help Lovin' Dat Man« für die Show geschaffen; mit »Ol' Man River« schrieb er das vermutlich großartigste Lied, das je von einem Amerikaner komponiert wurde, eine Schubert-ähnliche strophisch angelegte Komposition, gleichzeitig einfach und perfekt – besser geht es nicht.

Was, wenn Bernstein der *West Side Story* treu geblieben wäre? Hätte die amerikanische Oper nicht eine vollkommen andere Richtung eingeschlagen? Was, wenn jüngere Komponisten gesehen hätten, wie Bernstein sich mutig gegen die Kräfte dieser falschen Zweiteilung aufgelehnt und die Musik geschrieben hätte, die ihm sein Herz und nicht sein Kopf diktierte? Vielleicht wären uns 25 Jahre trockener, akademischer Phrasendrescherei von Leuten wie Leon Kirchner und die Retro-neo-pseudo-Puccinismen eines Gian Carlo Menotti erspart geblieben. Nun denn, es hat nicht sollen sein. So mußte die von Rockmusik (von indischer Musik, von Nadia Boulanger und so weiter) beeinflußte Revolution eines Philip Glass eben bis in die siebziger Jahre warten.

Sollten Sie wieder einmal die Melodie von »Maria« oder »Pinball Wizard« oder »Don't Cry for Me, Argentina« vor sich hin singen, denken Sie daran: Das, was Sie da singen, ist Oper. Das soll Sie nicht stören. Ist ja auch völlig egal, wie wir es nennen, solange wir es als das anerkennen, was es ist. Wie Shakespeare schon sagte: Eine Rose, wie immer man sie nennt, duftet doch gleich süß.

7

Über Sänger und Gesang
oder
Warum spinnen die alle?

Ein widerlicher, biestiger, faulköpfiger, blechhalsiger, bösartiger, schweinischer, schreiender, rasender, brüllender, verwirrender, proletosender, krakeelomanischer, verrückt gewordener Arsch von Frau übt mit einem Rohling von Gesangslehrer so schreckliches Geheul in der Wohnung unter mir, daß ich fast durchdrehe.

EDWARD LEAR

Der gute Sänger sollte nichts weiter sein als ein fähiger Interpret der Ideen seines Meisters, des Komponisten.

GIOACCHINO ROSSINI

Erwecke deine Stimme und der Saite Klang,
und Engel werden geboren bei deinem Gesang.

ROBERT HERRICK, UPON HER VOICE

Wie schwer ist es eigentlich, Opernsänger zu sein? Macht man denn nicht einfach den Mund auf und singt? Sieht doch ganz einfach aus – ist es aber nicht.

Warum nicht? Können wir nicht alle singen, wenn auch nur heimlich unter der Dusche? Stellen wir uns nicht alle vor, wenigstens ab und zu, auf einer Bühne zu stehen und ein Lied zu schmettern? Vielleicht nicht unbedingt wie Pavarotti oder die Sutherland, aber wenigstens wie Elvis oder Madonna. Geben Sie's zu: Denken Sie nicht auch jedesmal, wenn Bob Dylan den Mund aufmacht, daß Sie besser singen können als er? Können Sie wahrscheinlich auch.

Sicher, es stimmt schon, manche Leute sind von Geburt an mit einer schönen Stimme gesegnet, so wie andere mit einer außergewöhnlichen sportlichen Begabung. Man entdeckt diese nicht plötzlich, wenn man über zwanzig ist; fast jedem größeren Sänger ist in ziemlich frühem Alter schon aufgefallen, daß dieses bemerkenswerte Talent in ihm schlummert. Natürlich muß eine Stimme sich noch verändern und reifen, so wie der Körper es auch tut. Erst wenn die Pubertät mit ihren hormonellen Verwüstungen vorbei ist, kann man wirklich herausfinden, welche Art von Stimme man nun hat. Aus einem Knabensopran wird nicht zwingend ein guter Tenor. Im Barock entwickelten sich oft die besten Knabensoprane nur mit Hilfe des rechtzeitig angesetzten Skalpells zu männlichen Sopranen.

Tatsächlich ist die Stimme eng mit dem Alter des Körpers und seiner Entwicklung verbunden, so daß zur Gesangsausbildung notwendigerweise auch ein detailliertes praktisch-medizinisches Wissen gehört, das andere Musiker nicht brauchen. Trotzdem haben Sänger das Gefühl, auf fachmännische medizinische oder gesangstechnische Hilfe von außen angewiesen zu sein. Mancher Profisänger kehrt selbst mitten in seiner Karriere ab und zu ins Studio seines Lehrers zurück, um ein paar Auffrischungsstunden zu nehmen oder ein paar schlechte Angewohnheiten, die sich eingeschlichen haben, zu korrigieren. Nicht weniger eng und dauerhaft ist das Verhältnis zwischen Sänger und Arzt. Verständlich, daß jeder Sänger, sobald es um Probleme mit seinem Instrument geht, sofort für einen irrationalen Hypochonder gehalten wird. Aber ihm bleibt schon aus reiner Notwehr nichts anderes übrig.

Ein Sänger spricht nicht von »seiner Stimme«. Es ist immer »die Stimme«, eine mysteriöse, unfaßbare Kreatur, die irgendwo zwischen dem Zwerchfell und den Mandeln lauert und von der das Leben des Sängers oder der Sängerin abhängt. Die Beziehung zwischen beiden ist halb-symbiotisch: Die Stimme ist der Parasit, der Sänger nur der Wirt; die Stimme fordert, der Sänger gibt. Wenn Pavarotti im Hochsommer mit einem Schal um seinen Trillionen-Lire-Hals herumläuft, sieht das vielleicht affektiert aus. Für ihn aber ist das kein Witz. Die kleinste Andeutung einer Erkältung versetzt einen Sänger in totale Panik, besonders im heutigen Jet-Zeitalter. Flugzeuge und Erkältungen verhalten sich zueinander wie Benzin und angezündete Streichhölzer. Sobald ein Sänger auch nur ein winziges bißchen krank ist, versetzt ihn die Aussicht auf einen Flug in Angst und Schrecken, denn wenn er am Ankunftsort aussteigt, kann aus dem, was vorher nur ein leichter Schnupfen war, eine kapitale Erkältung geworden sein, die zu der bekannten Ansage vor dem Konzert führt: »Meine verehrten Damen und Herren, obwohl Miss Pazzo heute indisponiert ist, hat sie sich freundlicherweise bereit erklärt ...« (Jubel vom Publikum, exzellente Kritiken am nächsten Tag und so weiter.)

Stellen Sie sich vor, wie es für Sie wäre, jeden Morgen arbeiten zu gehen und nicht zu wissen, ob das Werkzeug, das Sie brauchen, überhaupt noch da ist. Stellen Sie sich vor, Sie kommen am Tag einer wichtigen Verhandlung ins Büro und müssen feststellen, daß alles weg ist: Computer, Schreibtisch, Telefon, Sekretariat, alles. Oder vielleicht noch schlimmer: Alles ist da, aber in so desolatem Zustand, daß nichts richtig funktioniert. Und nur Sie merken es. Wie ginge es Ihnen da? Und Ihrem Chef?

Sie würden sich genauso fühlen wie eine kranke Sängerin. Frustriert. Wütend. Erschrocken. Gedemütigt. Vielleicht würde man Sie sogar feuern. Auf die Bühne zu gehen und eine Oper nicht in absoluter stimmlicher Topform zu singen, heißt, das Risiko einer karrierebeendenden Katastrophe einzugehen. Kein Wunder, daß Sänger alle verrückt sind.

Was ist nun eigentlich das Besondere an einer großen Stimme? Welche Faktoren beeinflussen die Stimmbildung? Marylin Horne, eine große Mezzosopranistin, sagte einmal, ihre Gesangstechnik bestünde zu neunzig Prozent aus richtigem Atmen. Klingt das nicht simpel? Was könnte natürlicher sein als Atmen? Nicht daß, sondern wie man atmet, entscheidet darüber, wie gut man singen kann.

Marylin Horne, die mit fünf schon sang, hatte insofern Glück, als ihr Lehrer ihr von Anfang an richtiges Stehen und Atmen beibrachte. Wer die Horne jemals gehört oder noch besser: wer sie auf der Bühne gesehen hat, konnte sich dabei einen lebendigen Eindruck von ihrer Technik verschaffen. »Jackie«, wie ihre Freunde sie nennen, hat wahrscheinlich die beste Haltung aller öffentlich auftretenden Sänger. Sie steht nicht einfach da, sie »pflanzt sich auf«, als hätte sie auf der Bühne Wurzeln geschlagen, und (so nennt sie das) »denkt sich aus«, wie sie ihre Stimme über das Rampenlicht hinweg in den weiten Hohlraum des Saales steuert. Sie hat enormen Erfolg damit: Was immer man von ihrer künstlerischen Arbeit halten mag, man kann nicht behaupten, ihre Stimme sei nicht raumfüllend.

Der große Bariton Cornell MacNeil behauptete gern, um singen zu lernen, brauche man keinen Lehrer. Er selbst brauche einen Lehrer für alle möglichen Aspekte der Oper, aber nicht fürs Singen; das könne er von Natur aus. »Das Problem beim Singen ist«, erzählte er seinem Kollegen, dem Opernstar Jerome Hines (nachzulesen in dessen faszinierendem Buch *Great Singers on Great Singing*), »daß die Leute es so kompliziert machen. Für mich war es immer etwas ganz Natürliches, jedenfalls bis ich Karriere machte. Dann mußte ich anfangen, Sprachen und Gesangsstile zu lernen. Und darauf konzentrierte ich mich, denn ich hatte wirklich keine stimmlichen Probleme.« Damit steht er nicht allein. So große Stimmen wie Adelina Patti, Amelita Galli-Curci, Luisa Tetrazzini und, etwas näher an unserer Zeit, der Tenor Mario del Monaco waren alle großenteils oder ganz Autodidakten.

Andere, mit denen Hines sprach – und sein Buch ist ein Who is Who der Nachkriegs-Opernszene –, sprechen vom Verhältnis des Körpers zur Art der Stimme (Marylin Horne etwa ist stimmlich wie körperlich kräftig), von der Bedeutung der Intelligenz für die Stimmbildung, von der richtigen geistigen Verfassung und sogar vom Einfluß des Wetters. Ich nehme an, daß nicht einmal die großen Sänger wirklich verstehen oder ausdrücken können, was dahintersteckt, wenn man den Mund aufmacht und ein schöner Ton herauskommt.

Dieser Erklärungsnotstand verbindet sie mit den Athleten. Überhaupt: Sänger mögen den Vergleich mit Sportlern. Wie Athleten leben sie damit, daß ihre Karriere nicht unendlich ist, daß ihre besondere Fähigkeit sie eines Tages verlassen wird. Egal, über wieviel Intelligenz, Ausdauer und so weiter sie verfügen: All diese Eigenschaften sind nichts, verglichen mit der Stimme, die sie früher hatten.

Wie Athleten kennen auch Sänger Tag und Stunde ihres Abschieds vom Berufsleben nicht. Das Ende kann sich so langsam anschleichen, daß der Künstler selbst der letzte ist, der es merkt. Wie oft haben wir schon die Phrase eines verbrauchten Sportlers gehört, er fühle sich gerade jetzt in der Form seines Lebens. Viele, die mit der sorglosen Ignoranz der Jugend gesegnet sind, fragen sich nie, woher ihr Talent kommt, bis es sie plötzlich verläßt. Weil es immer da war, glauben sie fälschlicherweise, daß es auch weiterhin immer da sein werde. Daß es sie je verlassen könnte, ist unvorstellbar. Und so ist der letzte Eindruck, den wir von manchem einst großen Mittelstürmer haben, der eines Mannes, der auf seinem Geldsack sitzt, während zehn oder zwanzig Jahre Jüngere seinen Sturz feiern, als hätten sie in einer kriegerischen Auseinandersetzung einen feindlichen Häuptling besiegt.

Bei Sängern ist es genauso. Obwohl Verehrer der Sänger ihre Lieblinge bei unzähligen Abschiedsvorstellungen feiern – die Sutherland, um das jüngste Beispiel zu nennen, schien noch jahrelang weitersingen zu wollen, die Bedeutung des Wortes »Abschied« mit immer spitzfindigeren Umschreibungen neu definierend –, wir anderen finden, der Charme eines schrägen, wackeligen Gesangs wird schlicht überschätzt. Aber wer außer uns Kritikern, deren Boshaftigkeit angeboren ist, hat den Mut, es einem Sänger oder einer Sängerin zu sagen, wenn er oder sie abgesungen ist? Den haben nämlich verdammt wenige Intendanten und Dirigenten.

James Levine, der künstlerische Leiter der Met, hat dafür eine interessante Entschuldigung. Als er noch jünger war, hatte Levine regelmäßig Sänger engagiert, die, um es gnädig zu formulieren, ihre Blütezeit schon hinter sich hatten. Er tat das einerseits, um sich einen Kindheitstraum zu erfüllen und mit Männern und Frauen zu arbeiten, die er von klein auf verehrt hatte. Noch wichtiger aber war ihm, daß er auf diese Weise der Öffentlichkeit eine aussterbende Art der Gesangskunst präsentieren konnte, bevor sie ganz verschwunden war. Levine meinte, es lohne sich, Renata Scotto auch unterhalb ihres früheren Niveaus zu hören, denn sie könne einem jüngeren Publikum vermitteln, wie Opern früher gesungen wurden. Ein Argument, über das man streiten kann, aber Levine sah es eben so.

Einmal schlägt jedoch jedem die Stunde. Opernkarrieren dauern zwar im Prinzip länger als die von Sportlern, aber gerade diese Kunstform braucht für ihre Weiterentwicklung frischen, talentierten Nachwuchs. Also ist es gut, daß Karrieren einmal zu Ende gehen und daß Sänger lernen, sich elegant zurückzuziehen. Da jedoch jede Diskussion darüber am Ego eines Sängers kratzt, ist es schier unmöglich, ihn davon zu überzeugen, daß Arbeit, Alter und die Veränderungen des Lebens ab fünfzig ihren Tribut fordern. Anders als die selbstsicheren, verwöhnten und viel zu gut bezahlten Sportler brauchen Opernsänger egal welchen Alters die tägliche Vergötterung durch ihr Publikum. Es wäre fast leichter, ihnen die Gagen zu kürzen, als ihnen den Applaus vorzuenthalten, in dem sie sich so gerne sonnen. Ist auch verständlich, schließlich gehört außergewöhnlicher Mut (und außergewöhnliches Talent) dazu, sich mehr als drei Stunden mit der schwierigsten aller darstellenden Künste auf eine Bühne zu stellen. Aber genau das macht auch jede rationale oder leidenschaftslose Stellungnahme über den Zustand einer Stimme so kompliziert.

Da gibt es ein Wort, das in Diskussionen um die Oper fast nie verwendet wird: Objektivität. Nichts bringt das Blut der Opernfans so in Wallung wie eine leidenschaftlich und gnadenlos geführte Debatte, in der große Stimmen von damals und heute gegeneinander ausgespielt werden. Immer wird es Leute geben, die die heutigen Diven inbrünstig preisen. Ihre Gegner aber sind eine noch größere Kohorte. Sie behaupten, niemand käme an die großen Stimmen von einst heran – Tetrazzini, Schaljapin, Caruso, Melba, die De-Reszke-Brüder. Das seien eben noch Zeiten gewesen, als Männer noch Männer waren und Hühnergerichte und Fruchtdesserts die Namen der verehrten Damen trugen. Die Tatsache, daß es nur wenige oder gar keine Aufnahmen der genannten Stimmen mehr gibt, spielt für sie keine Rolle. Der Ruf eines Sängers des goldenen Zeitalters ist sogar umgekehrt proportional zur tatsächlich existierenden Zahl der Tondokumente.

Waren denn die Sänger früher (egal wann, suchen Sie sich irgendeine historische Phase aus) besser als heute? Zu dieser Frage hat es schon so viele dumme und snobistische Äußerungen gegeben, daß es jetzt an der Zeit ist, endlich Klarheit zu schaffen. Die Antwort lautet: Jein.

Die Idee eines goldenen Zeitalters ist komplette Fiktion und hat ihren Ursprung im Garten Eden. Da heißt es dann, alles sei früher besser gewesen: die Menschen gepflegter, Luft, Essen und Wasser sauberer, die Straßen sicherer, alles billiger und die Opernsänger, verdammt nochmal, einfach besser als heute. Wen kümmert es, daß sich diese Vorstellung bei genauerem Hinsehen in Luft auflöst. (Können Sie sich die hygienischen Bedingungen im Garten Eden vorstellen, geschweige denn das moralische Klima – lagen da nicht die Löwen bei den Lämmern, und liefen Adam und Eva nicht splitternackt herum?) Die Idee eines goldenen Zeitalters übt doch nur deshalb so starke Reize aus, weil wir uns mit dem Gedanken trösten können, daß die Menschen eines Tages sogar auf unsere schrecklichen Zeiten nachsichtig zurückblicken werden – auch wenn diese Menschen vielleicht nur wir selbst sind, inzwischen alt und senil geworden.

Sie beginnen wohl zu ahnen, daß meine Einstellung, besonders wenn es um Opern geht, eine andere ist. Mich machen Plattenaufnahmen von angeblich echten Aufführungen höchst mißtrauisch, denn als Abbild künstlerischer Leistung sind sie kompletter Betrug. Mit Betrug meine ich nicht, daß der Name auf dem Etikett nicht zu der Stimme der Aufnahme gehört. Ich glaube schon, daß, wenn Caruso drauf steht, auch Caruso drin ist und er persönlich singt. Mit dem Vorwurf des Betrugs meine ich zweierlei: Erstens ist das Bild des eigentlichen goldenen Opernzeitalters (zu datieren etwa um die Jahrhundertwende), das man durch Plattenaufnahmen bekommt, höchst eigenwillig. Die Aufnahmetechnik steckte noch in den Kinderschuhen, und nicht jede große Stimme war für die Konservierung geeignet. Manche Sänger nahmen viele Edison-Walzen und akustische Platten auf, andere nur wenige oder gar keine. Das Medium selbst setzte dem Umfang des Materials Grenzen. Es war einfach nicht machbar, Wotans gesamten Abschied aus Wagners *Walküre* auf einer Edison-Walze unterzubringen; also hat man lieber Zugaben und Dakapos aufgenommen. Die frühen Aufnahmen waren auch nicht in der Lage, den akustischen Gesamteindruck eines Orchesters einzufangen. Instrumente, die deutlicher als andere hervortraten, tauschte man oft aus – und verzerrrte damit das musikalische Gesamtbild. Außerdem konnte man selten mehr als zwei Sänger gleichzeitig aufnehmen. So können wir uns heute kaum vorstellen, wie die großen Stimmen in einer Aufführung wirklich gewirkt haben, wir kennen das, was die Aufnahme uns vermittelt.

Natürlich läßt sich ungefähr bestimmen, wie sie gewirkt haben. Natürlich sind gewisse Qualitäten, beziehungsweise ihr Fehlen, auf den alten »historischen« Aufnahmen hörbar. Alma Gluck, die aus

Rumänien stammende amerikanische Sopranistin, die 1909 ihr Debüt an der Met gab, stellt sich als ganz ordentlicher, aber doch eher uninteressanter Sopran heraus, wogegen Emma Calvé den Zuhörer geradezu elektrisiert. Die Stimme des großen Caruso klingt (für meine Ohren) eigenartig gewöhnlich, obwohl seine Musikalität untadelig ist. Aufregender finde ich da schon Aufnahmen seines Zeitgenossen John McCormack. An seine Technik und seinen Sinn für Interpretation kommen heutige lyrische Tenöre nicht heran. Hören Sie sich Giovanni Martinelli an, den vielleicht wichtigsten Nachfolger Carusos, wie er Lenskys Arie aus *Onegin* auf italienisch und völlig »unrussisch« singt. Hören Sie die hinreißende Maria Jeritza in einer Arie aus Erich Wolfgang Korngolds *Die tote Stadt* und weinen Sie. Einige Kritiker und Gesangshistoriker haben aus diesem bißchen Material riesige Luftschlösser konstruiert. Vielleicht haben sie recht, wenn sie, sobald von gewissen, für den Laien obskuren Personen aus der ersten Hälfte dieses Jahrhunderts die Rede ist, in Überschwang verfallen – vielleicht auch nicht. Vielleicht spinnen auch sie. Die Sache ist nur so: Genau wird man es nie wissen. Aber gerade das macht wohl einen Teil des Vergnügens aus.

Lassen Sie mich an dieser Stelle etwas einfügen, was für die Fans des *Phantoms der Oper* von besonderem Interesse sein dürfte. Wenn Sie den Roman gelesen haben, wissen Sie, daß darin die Pariser Oper – dieses herrliche, von Charles Garnier entworfene Gebäude, eines der Glanzstücke der musikalischen Architektur der Welt – eine wichtige Rolle spielt. Gaston Leroux, der Autor des Romans, verwendete große Sorgfalt darauf, den Schauplatz korrekt zu beschreiben, und wenn Sie je in dieser Oper gewesen sind, konnten Sie sicher feststellen, daß seine Beschreibung auf den Punkt genau stimmt. »Sogar der See?« fragen Sie. Ja, sogar der berühmte unterirdische See. Interessanter für unsere Diskussion ist aber, daß Leroux auch ein geheimes Versteck voller Grammophonplatten erwähnt. Sie sollen in einer der unterirdischen Ebenen der Oper vergraben sein. Im Buch wird am Schluß direkt vor der Tür dieser Geheimkammer das Skelett von Erik, dem Phantom, gefunden. Ich hatte immer angenommen, das ganze sei reine Fiktion, doch bei einer Führung durch die gesamte Pariser Oper, die ich 1987 mitmachte, entdeckte ich zu meiner Überraschung – und der des Führers –, daß dem nicht so war. Auf der staubigen Tür eines verschlossenen und versiegelten Raumes war ein Schild angebracht, auf dem zu lesen stand: »Schenkung von M. Alfred

Clark, 28. Juni 1907. Raum, der die Grammophonplatten enthält.« Keiner darf diese Zeitkapsel vor dem Jahr 2007 öffnen. Was verbirgt sich wohl wirklich hinter dieser Tür? Das sicher zu sagen, ist unmöglich. Alfred Clark war damals Direktor einer Berliner Plattenfirma in Paris, also ist anzunehmen, daß die Kammer eine Sammlung der Waren seiner Firma enthält. Nach ihrer Öffnung könnte sich durchaus herausstellen, daß sie die bedeutendste Sammlung französischer Gesangskunst um die Jahrhundertwende enthält, die es je gab. Bisher allerdings hat die Opernverwaltung alle Bitten, die Kammer zu öffnen, abgelehnt.

Vielleicht gibt es in einigen Jahren in Paris wirklich noch etwas zu entdecken. Im Prinzip aber ist heute jeder irgendwie bekannte Sänger auf LP oder CD zu haben. Das Problem ist nicht die Verfügbarkeit von Aufnahmen, sondern die Hexerei, die in den Aufnahmestudios betrieben wird. Damit wären wir bei meinem zweiten Einwand gegen Operneinspielungen. Seit Glenn Gould uns gezeigt hat, daß das Aufnahmestudio als Realitätsersatz dienen kann, haben Musiker Plattenaufnahmen dazu genutzt, um mit außermusikalischen Mitteln Klänge zu schaffen, die auf der Bühne einfach nicht reproduzierbar wären. Herbert von Karajan – auch jemand, der genau wußte, daß Plattenaufnahmen keine Liveauftritte sind und umgekehrt – brachte Mirella Freni, eigentlich ein lyrischer Sopran, dazu, auf Platte die Aida zu singen. Ich fragte die Freni einmal, warum Karajan gerade sie, die Leise, für eine der schwierigsten Rollen Verdis ausgesucht hatte. »Der Maestro sagte zu mir: ›Mirella, ich mag es nicht, wenn die Aida schreit‹«, antwortete sie. Sie konnte also mit ihrer normalen Gesangstechnik so singen, wie es ihrem Stimmvolumen angemessen war, und mußte sich nicht darum kümmern, ob sie die Metropolitan Opera oder das Große Festspielhaus in Salzburg, zwei riesige Säle, mit ihrer Stimme füllen könnte. Dazu war der Toningenieur da. Ist Mirella Freni also eine große Aida? Kann sie die Aida überhaupt singen? Und wieder heißt die Antwort: Jein.

Das waren also zwei der Gründe, warum ich Aufnahmen nicht so recht traue und den ganzen Enthusiasmus für alles, was früher einmal war, mit Vorsicht genieße. Vor allem finde ich aber, hat es keinen Sinn, sich nach etwas zurückzusehnen, das es vielleicht nie gegeben hat. Zu leicht übersieht man dabei die sehr lebendigen Stärken der Oper unserer Zeit. Ich denke, es spricht vieles dafür, daß die Oper nie besser war als heute.

Moderne Sänger müssen sich, auch wenn sie sich – genau wie ihre Kollegen von damals – allmorgendlich mit Vokalisen einsingen und sich dann an ihr Rollenstudium machen, mit einem zusätzlichen Handicap auseinandersetzen, das den Stars von gestern im Grunde unbekannt war: Der direkte Bezug zu dem, was sie singen (es sei denn, sie haben sich auf moderne Musik spezialisiert) wird von Jahr zu Jahr geringer. Als die Tetrazzini und all die anderen aktiv waren, sangen sie Musik von Komponisten, die, wenn sie nicht noch lebten, doch gerade erst beerdigt worden waren. Um Arturo Toscanini, der fraglos ein großer Dirigent war, wird immer ein so großer Wirbel gemacht. Doch als Toscanini die Weltpremiere von Puccinis *Turandot* dirigierte, war das Musik von jemandem, den er noch persönlich gekannt hatte. Er mußte nicht erst versuchen, eine Verbindung zu Puccinis Zeit, Ort und Ethos herzustellen. Das alles war ihm schließlich vertraut. Er wußte genau, auch ohne lange die Partitur zu analysieren, was Puccini mit dieser oder jener musikalischen Geste meinte. Der Dirigent von damals konnte bei einem Großteil der Aufführungen darauf bauen, daß er seinen Musikern nicht erst alles vorbuchstabieren mußte. Da debattieren wir heute lang und breit darüber, ob der Tenor versuchen sollte, ein hohes C am Ende des ersten Aktes von *La Bohème* zu bringen. Daß das damals eine müßige Frage war, können wir uns kaum vorstellen.

Aber es war so, und auch heute gibt es in manchen Bereichen der Musik solche Selbstverständlichkeiten. Denken Sie nur an den Rock and Roll: Die Sprache der musikalischen Verständigung, die heute jede beliebige Garagenband kennt, ist immer noch die gleiche wie die der großen Bands der fünfziger und sechziger Jahre. Gewisse rhythmische und harmonische Grundmuster verstehen sich von selbst, die muß man nicht schriftlich festhalten. So war es auch bei den Musikern des goldenen Zeitalters. Sie sangen und spielten Musik ihrer Zeit. Die Opernstars von heute nicht.

Das soll aber nicht heißen, daß moderne Sänger nicht neben ihren Kollegen von damals bestehen könnten. Nehmen wir beispielsweise die Tenöre: Pavarotti und Domingo können es mit jedem ihrer Vorfahren in jeder erdenklichen Kategorie aufnehmen. McCormack und Beniamino Gigli etwa, zwei berühmte, fabelhafte Tenorstimmen, kommen, was die reine Schönheit des Klanges angeht, nicht an Pavarotti heran. Nicht einmal Caruso könnte mit Domingo, was die Kraft seiner Stimme sowie Umfang und Bandbreite seines Repertoires angeht, mithalten. Die Sänger von heute kennen ihr Handicap; sie müssen nicht nur besser als ihre Vorgänger sein, sondern auch noch mehr von ihrer Materie verstehen. Und im großen und ganzen tun sie das auch.

Die Bedingungen, unter denen ein moderner Opernsänger seinen Beruf ausübt, sind ungleich schwieriger als die einer früheren Generation. Er muß per Flugzeug enorme Entfernungen zurücklegen und gleich nach der Landung die schwierigsten Rollen singen ohne auch nur mit der Wimper zu zucken. Er muß mit einer sich ständig verändernden Gruppe von Kollegen zusammenarbeiten und trotzdem irgendwie einen Teamgeist finden. Und er muß, wenn er in den Opernhäusern der ganzen Welt singt, mit extrem verschiedenen akustischen Bedingungen zurechtkommen.

Doch der moderne Opernbetrieb hat auch seine guten Seiten. Dazu gehört vor allem die umfassende musikalische Vorbereitung. Der Nachteil der oft großen zeitlichen Kluft zwischen Komposition und heutiger Aufführung zeigt sich als musikalischer Vorteil. Sänger, Dirigenten und Orchester kennen die Partituren, die sie spielen, praktisch auswendig, und sie spielen sie mit einer technischen Perfektion, die schlicht und einfach jenseits der Möglichkeiten früherer Generationen war.

Auch der Stellenwert einer Inszenierung hat sich verändert. In den vergangenen Jahrzehnten ist die Bedeutung des Regisseurs enorm gestiegen, und von zeitgenössischen Sängern wird erwartet, daß sie sowohl singende Schauspieler als auch große Sänger sind. Sagen Sie das mal einem McCormack, der auf der Bühne so schrecklich hölzern wirkte, oder seinen Kollegen, den Vertretern der Hände-hoch-Schule. Nur wenige Sänger machten sich überhaupt Gedanken über schauspielerische Nuancen oder psychologisches Feingefühl. Doch heute kommt das Publikum ins Theater, um bei Neuinszenierungen gerade das zu sehen. Sänger müssen sich also nicht nur um die musikalische Qualität kümmern, sondern auch um viele dramatische Aspekte. Natürlich sind die zweitrangig. Niemand erwartet ernsthaft, daß Pavarotti sich in diesem Stadium seiner Karriere noch in einen singenden Laurence Olivier verwandelt, und wenn man ein Publikum vor die Wahl stellen würde, ob es lieber einen großen Sänger hätte, der ein bißchen schauspielert, oder einen großen Schauspieler, der ein bißchen singt, würde es sich mit Recht immer für ersteren entscheiden.

Ich hoffe, Sie können sich jetzt besser vorstellen, wie komplex das

Operngeschäft geworden ist, und bringen ein bißchen Sympathie für die armen Sänger auf.

Das Singen an sich aber ist heute nicht viel anders als vor hundert oder zweihundert Jahren. Die Opernhäuser – vor allem die neueren Datums – sind natürlich viel größer, als Mozart es sich auch nur hätte vorstellen können. Der Gesangsmechanismus ist dem Menschen angeboren und damit immer noch genau derselbe, mit dem schon Og, der Steinzeitmensch, das erste »Lied auf den Tod eines Mastodons« sang.

Sänger müssen, bedingt durch die spezielle Lage ihres Instruments, wissen, wie es funktioniert. Ein Pianist hat es da leichter: Er setzt sich einfach an die Tasten und spielt los. Wenn ihm irgendetwas am Ton nicht gefällt, holt er entweder den Klavierstimmer oder den Klavierbauer, damit der Fehler behoben wird. Er muß keinerlei Ahnung von Wirbeln und Resonanzböden, Filzen und Flanschen und dem ganzen Drum und Dran haben. Natürlich *sollte* er eine Ahnung davon haben, aber unbedingt nötig ist es nicht – anders als etwa ein Oboist, der sein Rohrblatt selbst herstellt und so direkter mit der Tonqualität zu tun hat, die er seinem Instrument entlockt.

Sänger aber müssen sich mit vielen physiologischen Aspekten beschäftigen, zum Beispiel:

- Was läuft bei der Atmung ab? Welche Funktionen haben Brustkorb, Zwerchfell, Lunge, Bauchmuskulatur (dazu gehören äußere und innere Schrägmuskel, gerade und quere Bauchmuskel), breiter Rückenmuskel, Blutkreislauf und selbst so mysteriöse Dinge wie nicht-phonetisierter Alveolardruck.
- Wie funktioniert das mit dem Kehlkopf, der die Tonhöhe kontrolliert? Welche Funktionen haben Stimmbänder und ihre angrenzenden Gewebe wie etwa Ring- und Schildknorpel sowie innere und äußere Kehlkopfmuskulatur?
- Wie wirken die Resonanzräume? Dazu gehören Siebbein-, Stirn- und Kieferhöhle, Naso-, Oro- und Hypopharinx, Nasenhöhle, Mund und Zunge.

Wenn ein Sänger diese grundlegenden Zusammenhänge begriffen hat, muß er lernen, die Stimme zu kontrollieren. Zu verstehen, wie und warum der Körper arbeitet, ist nur das Vorspiel, wenn man den komplexen Prozeß beherrschen will, der abläuft, wenn ein Sänger den

Mund aufmacht. Kontrolle über den Atem zu haben, so stellt Jackie Horne es dar, ist ein ganz wichtiger Aspekt der Technik eines Sängers. Vor allem die Kontrolle über den Druck bei der Bauchatmung ist grundlegendste Voraussetzung für das Singen. Perfekte Beherrschung von Tonhöhe und Dynamik – etwas, das allen großen Sängern zu eigen ist – kommt hieraus.

Auf eine Sache aber haben nicht einmal die größten Sänger Einfluß, und das ist die Klangfarbe der Stimme, das Timbre. Was ist der Unterschied zwischen Gigli und den Hunderten aktiver Sänger im 20. Jahrhundert? Läßt man alle Fragen von Geschmack und Technik beiseite, bleibt nichts weiter übrig, als daß Giglis Stimme einfach einen schöneren Klang hatte. Möglicherweise liegt das schlicht und ergreifend nur an den stimmbaren oder unstimmbaren Hohlräumen des Schädels. In diesen Hohlräumen, in den Löchern im Kopf, läuft die vokale Resonanz ab und hilft so, jeder Stimme ihren bestimmten und einzigartigen Klang zu verleihen. Und daran kann keiner irgendetwas ändern, es sei denn, man öffnet den Schädel.

Diese ganze Singerei ist etwas höchst Kompliziertes – aber das macht ja auch ihre Schönheit aus. Da es fast immer unendlich viele Variablen gibt, die mit hineinspielen, wird es nie völlige Übereinstimmung darüber geben, was große Gesangskunst oder was eine große Opernaufführung ausmacht. Entsprechend gibt es schon lange rivalisierende Gruppen, deren Meinungen in Sachen darstellende Kunst weit auseinandergehen – durchaus eine Parallele zu der endlosen Debatte unter Komponisten über den Vorrang von Wort oder Musik.

Wer war die größere Sopranistin, die Callas oder die Tebaldi? In den 1950er Jahren konnte man über diese Frage durchaus in eine Schlägerei geraten. Die Callas, behaupteten ihre Anhänger, war die herausragende singende Schauspielerin dieser Zeit, eine so dynamische und magnetisierende Darstellerin, daß man ihr ihre diversen technischen Defizite vergeben und stattdessen die Kraft ihrer Charakterdarstellung in Rollen wie der Norma (schwelgerisch) hervorheben müsse. (Im Klartext: Ist doch piepegal, wenn sie nicht singen kann.) Ach ja? erwiderten die Tebaldi-Fans. Unser Mädchen steht vielleicht herum wie eine Statue, aber sie ist eine wunderschöne Statue mit einer hinreißenden Stimme. Und wozu geht man denn überhaupt in die Oper? (Im Klartext: Ist doch piepegal, wenn sie steif ist wie 'ne Zigarre.)

Wer hatte recht? Wieder einmal kann man diese Frage nicht eindeutig beantworten: Wie sich nämlich herausstellt, haben beide Parteien recht. Die Callas war offenbar eine Sängerin, die man einfach erlebt haben mußte. Ich habe das nicht, und deshalb kenne ich ihre künstlerische Wirkung nur von Aufnahmen. Und auf der Platte ist davon nicht viel zu spüren. Ihre vielen stimmlichen Probleme, die zum Teil durch ihre divenhaften Mätzchen abseits der Bühne, darunter ihre stürmische Romanze mit Aristoteles Onassis, verschlimmert wurden, überdecken einfach alle ihre Versuche, musikalisch-dramatisch etwas auszudrücken. Ohne die körperliche Anwesenheit der Frau scheint die Stimme körperlos und haltlos. Wären die Aufnahmen der Callas ein Probeband für ein Vorsingen, sie würde die Rolle niemals bekommen.

Im Gegensatz dazu schlägt sich die Tebaldi auf Platten fabelhaft. Man kann ihr stundenlang lauschen, ohne sich an dem Klang sattzuhören. Aber ich bin zu jung, um sie je auf der Bühne gesehen zu haben, und was man so hört, war sie wirklich keine gute Schauspielerin. Fairerweise muß man sagen, sie betrat die Opernszene zu einer für sie höchst ungünstigen Zeit. Fairerweise muß man der Callas zugute halten, daß sie den gesamten Begriff dessen, was ein Opernsänger ist, neu erfunden hat. Alles in allem ist die Callas die bedeutendere Erscheinung, nicht nur wegen der Art, wie sie unsere Vorstellung vom opernhaften Singen verändert hat, sondern auch wegen der Wirkung, die sie auf das ganze Repertoire hatte. Ohne ihre Norma hätte es vielleicht gar keine Wiederbelebung des Belcanto-Repertoires gegeben.

Das gleiche gilt heute für Pavarotti und Domingo. Ihr grausames Schicksal ist es, daß sie im ewigen zeitgenössischen Gleichmarsch ineinander verhakt sind. Aber ist es nicht blödsinnig, zwischen den beiden wählen zu wollen? Müssen wir das denn? Keiner kommt Pavarotti an stimmlicher Schönheit gleich; keiner kommt Domingo an vokalem Glanz und musikalischer Intelligenz gleich. Auch wenn sie normalerweise in einen Topf geworfen werden, viel haben sie – außer dem zum Teil gleichen Repertoire – nicht gemein. (Wobei Domingos Repertoire vermutlich inzwischen zehnmal umfangreicher ist als das Pavarottis.) Die Oper profitiert von allen beiden.

Glauben Sie bloß nicht, das wüßten die beiden nicht. Einmal saß ich mit Pavarotti in seinem New Yorker Apartment, sprach mit ihm über seinen geplanten Auftritt als Othello, eine Rolle, die er zum ersten Mal singen sollte. Es ging darum, wie er die Rolle einstudieren wolle. Die Noten lagen offen am Klavier, und ich fragte ihn, halb scherzhaft, ob er denn ein oder zwei Arien mit mir durchgehen wolle. »Nein«, sagte Pavarotti, »ich wäre zu befangen.« »Kommen Sie, Luciano«, sagte ich, »wir sind doch nur zwei Jungs, die hier herumsitzen und über Verdi plaudern, wird doch keiner was davon erfahren.« »Nein«, erwiderte er, »ich bin noch nicht soweit.« »Okay«, sagte ich, »sagen Sie mir, wie Sie die Rolle lernen.« Statt einer Antwort griff er nach unten – und holte die *Othello*-Aufnahme mit Domingo hervor. Warum auch nicht? Niemand singt den Othello besser.

Was nur zeigen soll, daß die sogenannte Rivalität zwischen grossen Sängern zum großen Teil nur in den Köpfen ihrer Fans existiert. Die Callas und die Tebaldi waren sicher klug genug zu erkennen, daß jede von der Existenz der anderen nur profitieren konnte, daß sie Figuren waren, die sich gegenseitig ergänzten, keine Gegensätze. Ich habe nie gehört, daß Pavarotti oder Domingo je eine böse Bemerkung über den anderen gemacht hätten, auch wenn sie sicherlich ihre privaten Eifersüchteleien pflegen. Wie es unterschiedliche Pferde für unterschiedliche Rennen gibt, so gibt es für bestimmte Rollen bestimmte Sänger – und unterschiedliche Publikumsarten für verschiedene Sänger. Nicht jeder ist mit Joan Sutherlands Stimme gesegnet; und doch war die Sutherland in jeder Rolle, die eine dramatische Stärke verlangt, die nicht ausschließlich aus der Stimme kommt, hoffnungslos fehlbesetzt. Egal, in welcher Sprache sie sang, was herauskam, war Einheitsbrei. Machte sie das zu einer schlechteren Sängerin? Nicht jede Rolle verlangt nach der Stimmgewalt einer Sutherland, Callas, Tebaldi, eines Pavarotti oder Domingo. Nicht jede Rolle paßt zu jedem.

Und das erklärt die ewige Dynamik des Singens. Gäbe es keinen Pavarotti, wären dann Domingos Qualitäten so deutlich hervorgetreten? Gäbe es keinen Domingo, würde Pavarotti dann, und damit ist kein Wortspiel beabsichtigt, so großen Raum einnehmen?

Zur Abwechslung ist die Antwort einfach ein Nein. Viel Spaß.

8

Das Erlebnis Oper
oder
Was nun?

Ich hasse Darsteller, die großen Kunstwerken nicht gewachsen sind: Ich sehne mich danach, sie zu vernichten. Wären meine Kritiken feurige Blitze, keine vernünftige Lebens- oder Feuerversicherung würde den Antrag eines Sängers, der innerhalb meiner Reichweite auftritt, akzeptieren.

GEORGE BERNARD SHAW

Alle Sänger haben diesen Fehler: Gebeten, für ihre Freunde zu singen, sind sie nicht besonders geneigt; ungebeten, hören sie überhaupt nicht wieder auf.

HORAZ, SATIREN, 35 V. CHR.

Der Komödiant äfft den Menschen nach – oder doch dessen Gestalt.
Der Opernakteur, er äffet nur einen Aff.

AMBROSE BIERCE

Sie haben den Spielplan studiert, sich eine Karte gekauft, und jetzt sitzen Sie bequem auf Ihrem Sitz. Überall um Sie herum lesen gutgekleidete Leute in ihren Programmheften oder unterhalten sich leise mit ihren Nachbarn. Plötzlich merken Sie, daß das Licht aus- und der Vorhang aufgeht. O Gott, Sie sind wirklich in der Oper! Und jetzt, was sollen Sie tun?

Entspannen Sie. So schlimm ist es gar nicht. In diesem Kapitel machen wir einen gemeinsamen Ausflug in die Oper, und ich erkläre Ihnen, was Sie dort erwartet, wann und warum.

Fangen wir mit etwas Unangenehmem an: den Kosten. Oper ist nicht billig und war es wahrscheinlich auch nie. Es kostet viel Geld, Sänger, Chor und Orchester zu engagieren, Bühnenbilder und Kostüme zu entwerfen und herzustellen, einen Raum, der für musikalische Aufführungen geeignet ist, zu unterhalten oder zu mieten sowie Management und Personal bereitzustellen. Zwei Eigenschaften machen ein Opernhaus in den mageren neunziger Jahren zu einer besonders problematischen Einrichtung: hohe Gesamtkosten und das fast völlige Fehlen eines Produktivitätszuwachses.

Gesamtkosten lassen sich verringern, und viele Opernhäuser haben genau das getan: Sie haben Produktionen übernommen oder vereinfacht, Aufgaben des Personals reduziert und zusammengefaßt und, noch drastischer, teilweise sogar die Länge der Spielzeiten verkürzt. Aber im Bereich der eigentlichen Produktion erreicht man nicht viel, wenn man etwa die Aufführung der *Tosca* aus Gründen der Zeitersparnis um die Hälfte kürzt. (»Müssen wir denn *jeden* Abend den zweiten Akt spielen?« – »Aber Chef, da ist doch ›Vissi d'arte‹ drin!«) Mit leichten Abweichungen von einigen wenigen Minuten dauern Opern am Ende des 20. Jahrhunderts genauso lange wie am Ende des vorigen.

Oper ist also teuer und wird jedes Jahr teurer. Spitzensänger und -dirigenten erhalten Spitzengagen. Opernhäuser sind bekannt dafür, daß sie über die Summen, die sie einem Star zahlen, Schweigen bewahren. Man weiß aber, daß die Met für die Laufzeit einer Inszenierung eine

Topgage von 12 000 Dollar pro Abend zahlt. (Jemand wie Pavarotti oder Domingo kann selbstverständlich mit Solokonzerten und einmaligen Auftritten in Fußballstadien und Arenen sehr viel mehr verdienen – für das Konzert der »Drei Tenöre« im Sommer 1996 im Münchner Olympiastadion bekam jeder, auch José Carreras, eine Million Mark.) Auch Orchester, traditionell gewerkschaftlich gut organisiert, sind sehr teuer im Unterhalt und machen dem Management nur widerwillig Zugeständnisse. Das alles kostet viel Geld.

Also, Sie haben für Ihren Platz fünfzig, hundert Mark oder noch mehr gezahlt. Sicher, Sie kommen auch billiger an eine Karte, und viele Häuser reservieren ein paar Plätze für das gemeine Volk oder bieten sogar Stehplätze an. (Vor allem in deutschen und österreichischen Opernhäusern haben Stehplätze Tradition.) Der Stehbereich ganz oben im Olymp ist meist vollgestopft mit partiturbewaffneten Studenten. Erfahrene Operngänger behaupten gern, sie erinnerten sich besonders gut an Aufführungen, bei denen sie solche Legenden wie die X oder den Y vom Stehplatz aus zum Preis von einer Tasse Suppe erlebt hätten. Trotzdem: Sitzen ist immer besser als Stehen, vor allem, wenn Sie älter als fünfundzwanzig sind.

Ich höre Sie schon fragen: Ist es das wirklich wert? Warum sollte ich für einen Platz in der Oper die dicke Kohle hinblättern, wenn ich ..., wenn ich ..., wenn ...

Wenn was? Eine Karte für ein Konzert von Madonna wird Sie wahrscheinlich auch einen Batzen Geld kosten, wenn Sie überhaupt an eine herankommen. Karten für Profi-Tennis-Turniere kosten mindestens so viel wie Opernkarten, und nicht einmal Fußball ist noch so billig, wie er mal war. Fahrt, Unterkunft und Karten, um in Bochum *Starlight Express* zu sehen, leistet man sich auch nicht alle Tage. Also jammern Sie nicht wegen der hohen Preise, sondern bedenken Sie lieber, was Sie für Ihr Geld bekommen, nämlich die Dienste von Hunderten bestausgebildeter Profis auf und hinter der Bühne. Die Theaterleute haben ihr Leben hart gearbeitet, um Ihnen das künstlerische Niveau bieten zu können, das Sie heute erwartet. Musiker studieren jede Kleinigkeit so lange und intensiv wie Mediziner, doch sie verdienen im allgemeinen nur einen Bruchteil dessen, was ein Arzt bekommt. Mißgönnen Sie ihnen diesen Verdienst nicht auch noch.

Nehmen wir also an, Sie haben Ihr Sparschwein geschlachtet und sich dazu durchgerungen, ein oder zwei Opernkarten zu kaufen. Schon taucht das nächste Problem auf: Was soll man anziehen?

Kein Grund zur Aufregung! Eigentlich können Sie anziehen, was Sie wollen. Allerdings – das muß ich zugeben – bin ich in Kleiderfragen hin- und hergerissen. Einerseits sollten Sie sich wohlfühlen und sich nicht von Ihrer Umgebung einschüchtern lassen; schlampig sollten Sie andererseits aber auch nicht aussehen. Je älter ich werde, desto mehr weiß ich es zu schätzen, wenn die anderen Opernbesucher wie Damen und Herren gekleidet sind, und ich mag es einfach, wenn ich in der Oper meinen Smoking tragen kann, ohne gleich für einen Kellner gehalten zu werden. Alle Männer sehen im Smoking toll aus, und eine formell gekleidete Gesellschaft hat etwas an sich, das Höflichkeit und gutes Benehmen fördert. Sich für die Oper feinzumachen, gibt außerdem Frauen eine wasserdichte Ausrede für den Kauf neuer Klamotten (»Glaubst du wirklich, ich gehe in diesem alten Fummel in die *Oper*? Willst du denn nicht, daß ich gut aussehe?«) Der Herr im Smoking und die juwelenbehängte Dame an seiner Seite sind einfach das perfekte Opernpaar. Natürlich nicht jeden Abend. Heutzutage gilt: große Abendgarderobe nur bei der Premiere, das heißt am ersten Abend einer Aufführung.

Junge Leute möchten sich natürlich anziehen, wie junge Leute sich heutzutage eben anziehen, und das ist genauso in Ordnung. Nur eine Bitte: Sauber sollte es schon sein – und möglichst auch gebügelt.

Jetzt sitzen Sie also auf Ihrem Platz. Bevor die Vorstellung beginnt, wäre es gut, noch einen Blick ins Programmheft – oder manchmal auch: in die dicke Programmbibel – zu werfen. Nehmen Sie sich ein paar Minuten Zeit, und machen Sie sich mit der Besetzung und, falls Sie die Handlung nicht kennen, mit der Inhaltsangabe vertraut. Nichts ist ärgerlicher für Ihre Umgebung, als wenn Sie während einer Aufführung in Ihrem Programm blättern, es gegen das Licht halten oder, noch schlimmer, sinnlos die Anzeigen lesen, weil Sie sich so langweilen. Während der Show gehört das Programm auf Ihren Schoß, in Ihre Handtasche oder unter den Sitz. Man sollte es weder sehen noch hören.

An vielen internationalen Bühnen, vor allem aber in Amerika, sind Ober- oder Übertitel inzwischen Standard geworden. Ich liebe sie und kann mir keinen einzigen Grund denken, warum man sie nicht überall einsetzen sollte. Obertitel bringen auf einem Bildschirm direkt oberhalb der Bühne die Übersetzung des Librettos. Natürlich nicht wortwörtlich, sie geben nur einen ungefähren Eindruck dessen wieder, was die Personen gerade singen. Sie sind Wegweiser, mit deren Hilfe das Publikum den Weg durch die Oper finden kann. Die Idee dazu stammt natürlich aus den USA – Amerikaner sind berühmt für ihre Abneigung gegen Fremdsprachen und gegen Hausaufgaben. Es ist also ein hoffnungsloses Unterfangen, einem Amerikaner zu erzählen, er solle vor einem Opernbesuch seine Hausaufgaben machen, das heißt, das Libretto lesen und versuchen herauszufinden, wie der Klang der italienischen oder deutschen Texte zur englischen Bedeutung paßt. Mangelnde Vorbereitung führte aber dazu, daß Generationen amerikanischer Opernbesucher wie versteinert dasaßen, wenn in *Figaros Hochzeit* da Pontes Scherze über sie hinwegrauschten.

Obertitel sind in den USA seit den frühen Achtzigern allgemein gebräuchlich. Von Anfang an wurden sie vom Publikum geliebt und von einigen versnobten Kritikern gehaßt, die vor allem zwei Einwände gegen sie vorbrachten: Der erste, eher abstrakte Einwand war, daß man durch die Kurzfassungen des Textes die Ausdruckskraft des Sängers schmälern und die Pointe ruinieren würde, wenn jeder den Witz schon auf dem Bildschirm lesen könne, bevor der Sänger überhaupt den Mund aufmacht. Der zweite, praktischere Einwand lautete: Obertitel seien a) ungenau, b) nicht treffend formuliert und c) kaum auf die Handlung abgestimmt.

Mag sein. Aber Protest Nummer zwei ist von der Praxis weitgehend widerlegt worden. Und Einwand Nummer eins ist schlicht und einfach lächerlich. Wenn die Oper komisch ist, lachen die Leute eben – haben sie das nicht schon immer getan? Und was ist denn so schlimm daran, wenn sie ein bißchen zu früh lachen und der Sänger den eigentlichen Witz erst einen Takt später bringt? Ist Oper eine Art Test, ob die Reaktionsfähigkeit des Publikums im normalen Bereich liegt? Mir ist lieber, die Leute reagieren überhaupt und sitzen nicht schweigend und mürrisch da.

Es ist dunkel und still geworden. Plötzlich rauscht Applaus auf. Sie geraten für einen Moment in Panik. Was machen die da? Wem applaudieren sie? Zu sehen ist niemand. Warum jetzt? Es ist doch noch gar nichts passiert?

Beruhigen Sie sich. Es ist nur der Dirigent, der im letzten Moment in den Orchestergraben huscht. Wenn Sie im Parkett sitzen, können Sie ihn wahrscheinlich erst sehen, wenn er auf sein Podest steigt und sich verbeugt. Die Leute auf den billigeren Plätzen haben ihn schon vor Ihnen gesehen und ihn begrüßt.

Anders als das Symphonieorchester, das vor den Augen des Publikums spielt, ist das Opernorchester in einem Graben vor der Bühne untergebracht. Opernmusiker sollen gehört, aber nicht gesehen werden, eine Idee, die Wagner auf die Spitze trieb. In seinem für eigene Werke entworfenen Festspielhaus in Bayreuth plazierte er das Orchester ganz unter der Bühne. Um sicherzugehen, daß es auch wirklich niemand sehen konnte, ließ er noch ein Vordach bauen, das sich wie ein gigantischer Baldachin über den Orchestergraben wölbt und die Musiker vor den Blicken der Zuschauer schützt. Damit lassen sich natürlich wunderbare Effekte erzielen. Kaum ein Moment ist so aufregend wie der Beginn des *Rings* in Bayreuth: Alle Türen sind geschlossen, schwere Vorhänge bedecken die Ausgänge, und das Publikum ist völlig in Dunkelheit gehüllt. Plötzlich grummelt ein leises Es aus den Tiefen hervor wie ein Ton aus grauer Vorzeit, kündet von der Entstehung des ganzen Universums; und wahrhaftig, das gesamte Vorspiel zum *Rheingold* entwickelt sich aus dieser mystischen Dunkelheit. Dann, beim Tonartwechsel nach As, schießt der Vorhang nach oben, und wir sehen, wie sich die Rheintöchter im Fluß vergnügen. Und – o Gott – sie sind nackt!

Bayreuth ist das einzige Opernhaus der Welt, in dem das Orchester absolut unsichtbar ist; in anderen Häusern sollte man es einfach ignorieren. Das ist aber manchmal gar nicht so einfach, besonders wenn der Dirigent von einem hohen Podest aus herumfuchtelt und man ständig vom Heiligenschein seiner Haare oder seinen wild gestikulierenden Armen abgelenkt wird. Aber die einzigen, die ihn wirklich sehen müssen, sind die Akteure, also ignorieren Sie einfach auch ihn.

Konzentrieren Sie sich auf die Bühne. Der große Vorhang hat sich gehoben, und höchstwahrscheinlich bekommen Sie jetzt eine Chorszene zu sehen. Viele Opern beginnen mit einem großen Chor, ob es nun fröhliche Bauern sind oder leidende Leibeigene. Anfangs werden Sie allein schon von der Größe des Spektakels vollkommen überwältigt sein. Oper ist viel, viel prächtiger als ein durchschnittliches Musical, sogar prächtiger als die etatsprengenden englischen Musical-Shows. Zeffirellis Bühnenbilder für die *Tosca*-Produktion der Met sind nicht einfach nur Bühnenbilder:

Sie sind teilweise Nachbauten der Kirche von Sant' Andrea della Valle, des Farnese-Palastes und des Castel Sant' Angelo in Rom. Die Bühnenbilder wären nur dann noch prachtvoller, wenn sie die römischen Originalgebäude selbst wären – und glauben Sie es oder nicht, das wurde vor ein paar Jahren bei einer Fernsehproduktion (mit Domingo als Cavaradossi) tatsächlich gemacht.

Wenn Kulissen wirklich prächtig sind, wird das Publikum an dieser Stelle wieder anfangen zu klatschen. Ich halte das für dumm, auch wenn der Bühnenbildner sich darüber vermutlich freut. Aber der Applaus stört zwangsläufig die Musik, also versuchen Sie, sich mit Ihrer Anerkennung bis zu einem günstigeren Zeitpunkt, zum Beispiel wenn der Akt oder die Oper vorbei ist, zurückzuhalten.

Ein anderer Vorgang, der oft überflüssigen Applaus hervorruft, ist die Verwandlung der Bühne. Wenn Ihre Oper mit modernster Technik ausgestattet ist, können die Kulissen himmelwärts gehoben oder erdwärts gesenkt werden. Welche Richtung sie auch nehmen, für die Massen ist das immer ein willkommener Anlaß zu Gejohle. An der Met begann die leidige Tradition in den Sechzigern mit einem spektakulären Bühnenbild für Strauss' *Frau ohne Schatten* und ging weiter bis zu Zeffirellis *Tosca*: Im letzten Akt sehen wir zuerst Cavaradossi, wie er in seinem Verlies die berühmte Arie »E lucevan le stelle« singt. Die Doppelstockbühne wird dann durch die Hydraulik abgesenkt, und schon sind wir zur Schlußtragödie oben auf dem Castel Sant' Angelo. Das ist aufregend. Aber bitte nicht die Kulissen bejubeln. Sie können es nicht hören, und dem Rest von uns verdirbt der Lärm nur den Musikgenuß.

Und weil das gerade so gut paßt, erzähle ich Ihnen noch, was am Schluß der *Tosca* passiert. Tosca springt – so sieht es der Plot vor – vom Dach der Burg in den Tiber. (Wer je in Rom war, kann bezeugen, daß das ein geradezu olympischer Sprung wäre. Höchstwahrscheinlich würde sie nur auf den Gehweg vor der Burg plumpsen.) Wie auch immer, man erzählt sich, daß bei einer Aufführung die Sopranistin, die die Tosca spielte, brav (auf eine versteckte Matratze) sprang – und wieder hochfederte. Ich selbst habe das nie erlebt, aber ich war bei einer Aufführung mit zwei höchst »grazilen« Stars in den Hauptrollen: Luciano Pavarotti und Montserrat Caballé. Madame Caballé verschmähte den Sprung zugunsten eines vornehmen Wegwatschelns von der Bühne. Am Schluß verschwand sie, würdevoll dahingleitend, in den Kulissen.

Psst, da singt jemand!

Vielleicht ein Sopran. Oder ein Tenor. In der Oper werden Sie verschiedenen Stimmgattungen und -kategorien begegnen, und um einige davon machen manche Leute ein ziemliches Getue. Dann reden sie bedeutungsschwanger über »lirico-spinto« oder »dramatisch«, meist in Zusammenhang mit so vertrauten Wörtern wie Tenor oder Sopran. Was hat das nun wieder zu bedeuten?

Es gibt im Grunde sechs Stimmlagen: Sopran, Mezzosopran, Alt, Tenor, Bariton und Baß.

Der Mezzosopran liegt etwas tiefer als der reine Sopran und wird oft mit dem noch tieferen Alt verwechselt, aber Mezzo und Alt sind durchaus unterschiedliche Lagen. Das gleiche gilt auch für Bariton und Baß (der Baß ist tiefer). Doch es gibt noch Unterabteilungen: zum Beispiel den Baßbariton, der so eine Art Leichtschwergewicht unter den Stimmlagen ist, und den Countertenor, eine oft schauerlich falsettierende Männerstimme (kommt der Kastratenstimme noch am nächsten). Außerdem gibt es Kategorien für bestimmte Stimmtypen und Stimmumfänge – Fächer genannt –, zum Beispiel den Koloratursopran (ein Sopran, der auf hochfiligranen Gesang spezialisiert ist) oder das Spinto-Fach (der Zusatz »Spinto« bedeutet einfach nur, daß es sich um schwierigere Rollen für Sopran oder Tenor handelt). Fast jeder Opernsänger, den Sie zu hören bekommen, gehört zu einer dieser Gattungen.

Und was singen sie jetzt? Sehr wahrscheinlich eine Arie. Wir haben unsere Fachbegriffe in einem früheren Kapitel bereits geklärt; es kann aber nicht schaden, sie hier noch einmal kurz zu wiederholen. Eine Arie ist ein einzelnes Lied, das normalerweise einen Gefühlszustand beschreibt. Die Handlung entwickelt sich darin nicht wesentlich weiter, aber wir erfahren eine Menge über das emotionale Wohlergehen (normalerweise labil) und den allgemeinen Gemütszustand (normalerweise schlecht) des Charakters. Wenn zwei Solisten zusammen singen, heißt das Duett, drei singen ein Terzett, vier ein Quartett und so weiter bis hin zu Sextett, Septett und sogar Oktett (selten). Sind es noch mehr, wird es ganz schön schwierig, einzelne Stimmen noch voneinander zu unterscheiden. Aus größeren Ensembles wird dann meist ein Chor der Dienerinnen, Speerträger, Matrosen oder anderer Hilfskräfte, aus denen ein Opernchor besteht.

Die Akte (es können ein, zwei, drei, vier oder sogar fünf sein) halten sich im allgemeinen an bewährte dramatische Grundmuster: Sie enden an einem Höhe- oder Tiefpunkt mit einer großen Arie oder einem Chor. Der Einschnitt ist unüberhörbar. Ein Akt kann zwanzig Minuten kurz sein (Puccini), aber auch mehr als eine Stunde dauern (Wagner). Manche Opern haben keine Pausen, entweder wegen ihrer formalen Anlage (*Das Rheingold*, *Salome*, *Elektra*, *Pagliacci*, *Caval-*

leria rusticana) oder aus Gründen der Aufführungstradition (*Der fliegende Holländer*, *Wozzeck*). In manchen Häusern spielt man, um Zeit zu sparen, zwei Akte hintereinanderweg, nur mit einer kurzen Pause dazwischen (etwa in der *Bohème* zwischen zweitem und drittem Akt). Im wesentlichen hält man sich jedoch an die Aufführungsvorgaben von Komponist und Librettist.

Was aber, wenn Sie eine Karte für *Rigoletto* in der Erwartung gekauft haben, Männer in Strumpfhosen zu sehen, der Vorhang sich aber über dem Ufer von Lower Manhattan hebt und die Bühne mit Typen bevölkert ist, die aussehen, als hießen sie Gino oder Fat Tony? In diesem Fall sind Sie in Jonathan Millers Mafia-Fassung von Verdis Klassiker gelandet und können einen ersten Blick auf eine radikale Neuinszenierung werfen.

Ich habe dieses Phänomen schon vorher angesprochen, aber vielleicht sind doch noch einige Bemerkungen hinzuzufügen. Da der Nachschub an neuen Werken, die ins Repertoire aufgenommen werden könnten, immer dünner geworden ist (so kann man es auch ausdrücken, denn die Türen zum Repertoire bleiben, sobald ein neues Werk anklopft, fest verschlossen), mußte sich die Kreativität der Operninterpreten neue Bereiche suchen. Man kann von so gebildeten und motivierten Typen wie den Opernmachern nicht erwarten, daß sie den ganzen Tag herumsitzen und immer dieselbe Melodie summen, oder? Also taten die Regisseure das, was Regisseure am besten können: Sie erfanden alles neu, pfuschten an allem herum und versuchten, jedem Stück den eigenen Stempel aufzudrücken.

So kamen wir zu einer Despina im Szenecafé (in Peter Sellars Inszenierung von Mozarts *Così fan tutte*), zu Carmen zwischen Hispano-Gangs in Los Angeles und einem modernen *Boris Godunow*, bei dem in schlechtsitzenden kommunistisch-grauen Einheitsanzügen statt in Brokatroben um die Macht im Kreml gekämpft wird. Wie ich schon sagte, ich habe keine innere Abneigung gegen solche radikale Neuinszenierungen, tendenziell sind sie mir sogar lieber als die konventionellen. Aber gut gemacht müssen sie schon sein.

Jonathan Miller, der weiter oben bereits erwähnte englische Theatermann, hat mir einmal gesagt, er brauche, wenn er eine Oper in eine neue Zeit und an einen neuen Ort transponieren wolle, eine exakte Analogie. Es reiche eben nicht, eine Oper, sagen wir mal, vom Florenz des 17. Jahrhunderts nach Skokie, Illinois, des 20. Jahrhunderts zu übertragen. Zwischen den beiden Gesellschaften müsse es einen

Zusammenhang geben, der Handlung, Dramatik und Emotionen an beiden Orten plausibel macht. Als Miller die *Tosca* um mehr als ein Jahrhundert verjüngte, indem er sie ins faschistische Italien versetzte, funktionierte das. Der Chef einer Geheimpolizei (Scarpia, der Schurke) kann zu beiden Zeiten gleich schurkisch sein, und die Operndiva Tosca sieht in der Mode der vierziger Jahre genauso schick aus wie in der Kleidung der napoleonischen Ära.

Also machen Sie sich nichts daraus, wenn das, was Sie sehen, nicht ganz dem entspricht, was Sie nach dem Lesen der Inhaltsangabe erwartet hatten. Lassen Sie sich mitreißen, seien Sie Ihr eigener Kritiker und entscheiden Sie selbst, ob und wie gut der Regisseur seine Aufgabe gelöst hat. Hat es funktioniert? Wenn nicht, warum nicht? Nicht nur einzelne Individuen haben verschiedene Meinungen, sondern sogar ganze Städte. Jean-Pierre Ponnelle hat einmal den *Fliegenden Holländer* als Traum, oder besser gesagt: als Alptraum des Steuermanns inszeniert. San Francisco war begeistert, doch als die Aufführung an die Met kam, buhte New York sie geradezu von der Bühne, und sie wurde schnell wieder abgesetzt. Die Leute in San Francisco sind abenteuerlustig; das Publikum an der Met, dem Bühnenbilder wie aus dem Märchenbuch am liebsten sind, ist es nicht.

Aber vielleicht zäume ich das Pferd von hinten auf. Was Sie wirklich interessiert, ist vielleicht gar nicht, ob der Regisseur die Welt um etwas Neues bereichert hat, sondern ob die Sänger etwas getaugt haben. Gehen die Leute nicht deshalb in die Oper?

Ich sagte es bereits: Ich nicht. Aber wer bin ich, daß ich mich gegen den Strom stelle? Sie wollen über Sänger reden – gut, reden wir über Sänger.

Wie beurteilen wir eine Stimme?

Jeder hat da so seine Vorlieben – ich selbst achte beim Hören auf drei Dinge. Erstens auf die Qualität der Stimme selbst: Ist sie angenehm? Möchte ich diese Person die nächsten drei Stunden singen hören, oder ist das Geschrei einer gequälten Katze erträglicher? Eine Stimme sollte voll und rund klingen, die Töne des gesamten Registers sollten mühelos und weich gebildet werden, und sie sollte keine hörbaren Lücken haben. Sie sollte nicht wackeln, und die Töne sollten sauber gesungen sein.

Zweitens: Wie wird die Stimme eingesetzt? Weiß der Sänger überhaupt, wie er mit ihr umgehen muß? Kann er sie färben, schattieren, oder singt er alle Noten gleich, ohne einen Gedanken an die

Bedeutung der Passage zu verschenken? Ist die Technik solide, die Atmung korrekt? Habe ich den Eindruck, daß der Sänger sein Instrument unter Kontrolle hat, oder könnte die Stimme plötzlich kippen? Ich möchte mich beim Zuhören wohlfühlen, und Sie sich sicher auch.

Und schließlich:

Was bringt der Sänger oder die Sängerin an musikdramatischem Können mit? Wird der Text deutlich und überzeugend vorgetragen? Sind die dramatischen Nuancen der Rolle adäquat oder innovativ ausgearbeitet? Sieht der Sänger auf der Bühne gut aus, bewegt er sich gut? Ist er glaubwürdig in seiner Rolle? Sehe ich ihn gern auf der Bühne?

Eigentlich gar nicht so kompliziert.

Stellen Sie sich diese Fragen, wenn Sie in der Oper sitzen und einem Sänger zuhören. Sie werden Ihnen helfen, sich ein eigenes Urteil zu bilden.

Warum empfehle ich Ihnen nicht gleich ein paar gute Sänger und Sängerinnen? Sänger kommen und gehen, und alles, was wir jetzt diskutieren, wäre in ein paar Spielzeiten schon längst wieder überholt. Was hätten Sie davon, wenn wir hier auf die Karrieren von Elena Suliotis oder Roberta Peters eingingen?

Welches Interesse hätten Sie daran, wenn ich hier den Gesangsstil des Baritons Robert Merrill genau analysieren würde? Ich habe bewußt jeden direkten Kommentar über zeitgenössische Sänger vermieden und stattdessen versucht, Ihre Aufmerksamkeit auf allgemeinere Aspekte einer Opernaufführung zu lenken. Sie wollen trotzdem wissen, wer denn nun gut ist, gut war, oder von wem Sie sich eine Platte kaufen könnten?

Jetzt werden Sie aber wirklich persönlich. Also gut, wenn Sie darauf bestehen, gebe ich Ihnen eine Orientierungshilfe. Die unten erwähnten Sänger gehören zu meinen Favoriten – vielleicht auch bald zu Ihren. Einige sind noch aktiv, andere schon im Ruhestand. Alle sind gut auf Platte vertreten, und Sie werden Ihnen höchstwahrscheinlich begegnen, wenn Sie in Plattenständern und CD-Stapeln wühlen.

Vergessen Sie nur nicht, daß Werturteile dem Wandel der Zeit unterworfen sind und nicht unbedingt die Meinung der Verlagsleitung wiedergeben.

Soprane und Mezzosoprane

Leontyne Price, Helen Donath, Hildegard Behrens, Mirella Freni, June Anderson – eine stilistisch zwar sehr unterschiedliche Gruppe, aber sie deckt den Großteil des Repertoires ab. Leontyne Price war eine unvergleichliche Sopranistin, deren Aida oder Leonora in *La forza del destino* (*Die Macht des Schicksals*) einzigartig waren. Durch die charakteristische Färbung ihrer Stimme (einige Experten hören einen »schwarzen« Klang heraus) ist sie so leicht wiederzuerkennen wie Ella Fitzgerald. Es gab kaum eine Rolle, in der sie nicht triumphierte. Die Price ist ein Paradebeispiel dafür, was man aus einer Karriere machen kann, wie man sie verlängert und zu seinem Vorteil nutzt. Noch heute ist sie eine beliebte Persönlichkeit der amerikanischen Musikszene.

Helen Donath ist eine Amerikanerin, die tat, was viele andere amerikanische Sängerinnen und Sänger vor zwanzig Jahren taten: Sie zog nach Deutschland, heiratete, ließ sich dort nieder und machte eine gewaltige Karriere. Die Donath hat eine zarte, leichte Sopranstimme, ideal für Partien wie der der Sophie in Strauss' *Rosenkavalier* (hören Sie sich die Solti-Aufnahme an) oder der Eva in Wagners *Meistersinger* (empfehlenswert die Karajan-Einspielung). Man kann sich nicht vorstellen, daß irgend jemand irgendwo ihre Glanzrollen besser gesungen haben könnte als sie.

Hildegard Behrens hat, wenn ich dies schreibe, ihren Zenit eindeutig schon überschritten, aber ihre Auftritte waren reinste Feuerwerke. Die deutsche Sopranistin war sowohl bei Strauss als auch bei Verdi zu Hause. Ihr Fach sind die besonders dramatischen Opernrollen (in Peter Halls grauenhafter Bayreuther *Ring*-Inszenierung mußte sie als Brünnhilde kopfüber festgeschnallt auf einer Art Riesenschild »Heil dir, Sonne« singen). Sie war phantastisch in *Idomeneo* an der Met, stahl selbst Pavarotti die Schau, und niemand war als Elektra in Strauss' großer Oper überzeugender durchgeknallt als sie.

Mag sein, daß Karajan keine brüllende Aida mochte und deshalb Mirella Freni für die Rolle genommen hat. Aber die Freni schafft es mühelos, uns vergessen zu lassen, daß ihre Stimme eigentlich viel besser zur Mimi als zur äthiopischen Prinzessin paßte. Mirella Freni und Pavarotti waren daheim in Modena beide von der gleichen Amme genährt worden, und in jenen Tagen muß wirklich etwas im italienischen Wasser gewesen sein. Wie der große Tenor hat auch sie eine volle Dosis lyrischen Empfindens abbekommen – keine leidet in Puccini-Opern so ergreifend und rührend wie sie. Zierlich und schön hat die Freni das Klischee einer Operndiva nicht bedient. Trotzdem war keine würdevoller als sie.

June Anderson sieht aus wie Joan Sutherland, und sie singt sogar wie Joan Sutherland, aber für meine Begriffe ist sie die weitaus interessantere und kultiviertere Künstlerin. »La Stupenda« (die Sutherland war tatsächlich unter diesem Spitznamen bekannt) ist nichts als eine Blenderin, die außer Hochleistungstechnik nicht viel zu bieten hat. June Anderson hat die Technik auch, aber nicht die Manierismen der Sutherland. Sie setzt ihre Stimme ein wie ein Musikinstrument und sieht sich nicht einfach nur als Wunder der Natur. Wenn sie die Wahnsinnsarie aus der *Lucia di Lammermoor* singt, hört das Publikum zu, gebannt von der Schönheit der Musik und den Gefühlen des armen verrückten Mädchens – nicht nur von der Stimme selbst. Sie ist eine echte Musikerin, und in ihrem Fach gibt es nicht viele, die das von sich behaupten könnten.

Mezzosoprane haben mit Bratschern gemeinsam, daß sie keine große Beachtung finden, obwohl viele von ihnen wirklich großartig sind. Eine Mezzosopranistin möchte ich besonders hervorheben: Tatiana Troyanos. Was war sie doch für eine unbeschreibliche Sängerin, eine vollendete Künstlerin voller Grazie und Tiefe. Ihr prächtiger griechisch-amerikanischer Mezzo konnte einem Schauer über den Rücken jagen. Den Oktavian im *Rosenkavalier* oder den Cherubino in *Figaros Hochzeit*, ihre beiden großen Rollen, spielte sie mit Intelligenz und großer Leidenschaft. Bis heute können ihr da nur wenige das Wasser reichen. Was für ein Kontrast war das zum gezierten (und manchmal etwas affektierten) Gesang der Frederica von Stade! In der Welt der Oper war Platz für sie beide. Leider gibt es nur noch eine.

Tenöre, Baritone und Bässe

Placido Domingo, Luciano Pavarotti, José Carreras, James Morris, Samuel Ramey. Mittlerweile sind die »Drei Tenöre« ein solches Phänomen geworden, daß ich zögere, sie überhaupt noch zu erwähnen. Tatsache ist aber, daß sie wirklich die besten Tenöre sind und zwei von ihnen zu den größten gehören, die es je gab. Carreras ist ein feiner, intelligenter Sänger, dem – wie der Freni – immer Partien angeboten wurden, die im Grunde viel zu schwer für ihn waren. Dann erkrankte er auch noch schwer an Leukämie, doch er überstand nach wirklich heldenhaftem Kampf die Krankheit und konnte 1990 seinen Platz an der Seite von Pavarotti und Domingo einnehmen, als die drei Amigos in Rom ihr epochales Konzert zum Höhepunkt der Fußball-Weltmeisterschaft gaben. (Am Tag dieses Konzerts wartete in der Ewigen Stadt eine Eintrittskarte auf mich, aber ich saß in Hamburg fest. Verzweifelt versuchte ich irgendeinen Flug von Deutschland nach Rom zu bekommen. Leider – für mich – stand Deutschland an diesem Abend im Finale, und ich kam deshalb einfach nicht in dieses verdammte Konzert.)

Was kann man zu den beiden anderen noch sagen? Pavarotti ist ein riesiger Mann und hat die für italienische Opern vielleicht schönste lyrische Tenorstimme der Geschichte. Neben ihm klänge Caruso wie der Arien schmetternde Pizzabäcker. Nie hat jemand den Rodolfo in *La Bohème* mit größerer Schönheit und Inbrunst gesungen als Lucianissimo; niemand hat mehr Leidenschaft in die jetzt zum Klischee verkommene Arie »Nessun dorma« fließen lassen. Wenn er – was durchaus noch vorkommt – in Hochform ist, ist Pavarotti mit seiner unvergleichlichen Stimme und seinem speziellen Timbre eines der großen Gesangswunder der Erde. Millionen von Menschen auf der ganzen Welt sind begeistert von ihm.

Trotzdem kann auch er ab und zu ein bißchen Rat und Hilfe gebrauchen – und wir Kritiker sind ihm da natürlich gern zu Diensten. Als Pavarotti Anfang der achtziger Jahre in San Francisco seinen ersten Radames in *Aida* sang, war ich von diesem Schritt in Richtung schwereres Fach nicht gerade begeistert und schrieb das auch in der *Time*. Ein paar Tage später war meine Kritik auf den Titelblättern der italienischen Zeitungen: »Luciano, paß auf deine Rollen auf!« schrie eine Schlagzeile und verwies im folgenden Artikel darauf, daß *Time* diese Fehlentscheidung mißbillige. Kurz danach gab Pavarotti die Rolle ab.

Domingos Stimme erkennt man vielleicht nicht gleich auf Anhieb, weniger charakteristisch ist sie dennoch nicht. Wo Pavarotti lyrisch ist, ist Domingo dramatisch. Seine Stimme hat einen dunkleren, schwereren Klang, was vielleicht ihre baritonale Herkunft verrät, schafft aber mühelos die Höhe, die ein echter Tenor haben sollte. Diese Flexibilität und die Belastbarkeit seiner Stimme haben es Domingo ermöglicht, ein erstaunlich großes und vielseitiges Repertoire von über hundert Rollen aufzubauen – und es werden immer mehr. Er beherrscht alle Stile, kennt alle Nationalschulen, singt Puccini ebenso wie Verdi, Massenet und Bizet und sogar Wagner (Siegmund und Tristan). Domingo singt nicht nur, er spielt auch sehr gut Klavier, dirigiert professionell und fängt an, sich vorsorglich in die Probleme einer Opernverwaltung einzuarbeiten, denn irgendwann kommt auch für ihn der Tag seines Abschieds von der Bühne.

Pavarotti und Domingo sind zwei der bemerkenswertesten Stimmen unserer oder irgendeiner anderen Zeit. Denken Sie daran, wenn mal wieder jemand den früher so viel besseren Zeiten nachtrauern sollte.

Bässe und Baritone sind angeblich weniger sexy als Tenöre, doch die beiden Amerikaner Morris und Ramey sind auf den internationalen Bühnen offenbar gut angekommen. Morris ist inzwischen einer der großen Wotane, ein singender Schauspieler, der seine Rollen nicht nur mit einer mühelosen Stimme zum Leuchten bringt, sondern der auch über eine bemerkenswerte musikalische Intelligenz verfügt. Ramey ist zwar kein so guter Schauspieler wie Morris, aber sein Tonumfang ist vielleicht größer, und im italienischen Baßrepertoire kommt ihm niemand gleich.

Das waren einige wenige bedeutende Sängerinnen und Sänger unserer Zeit; von den Größen der Vergangenheit war noch überhaupt nicht die Rede. Falls Sie mehr zum Thema erfahren möchten: Es gibt jede Menge durchaus empfehlenswerte Bücher über die Stars von heute und anno dazumal. Dennoch rate ich Ihnen: Hören Sie möglichst viel, damit Sie sich Ihr eigenes Urteil bilden können.

Denn darum geht es doch, will man Opernfan sein. Mir wäre es natürlich lieber, Sie würden sich mit Ihrem Eifer den Werken selbst widmen und nicht den Darstellern. Aber tun Sie ruhig, was Sie nicht lassen können, es hat ja auch seinen Sinn. Schließlich sind es die begeisterten Fans, die die Opernhäuser auf der ganzen Welt füllen. Um ehrlich zu sein, es gibt wenige Momente im Leben, die phantastischer sind als der kollektive Rausch, in den ein Publikum verfällt, wenn plötzlich eine neue Stimme ihren Kokon verläßt und Sie dabei Zeuge sind. Ein Gefühl von Erregung und sogar Gefahr ist in der Luft: Kann das sein? Ist er oder sie ES? Ist das die Stimme, auf die wir gewartet haben? Und dann hören Sie den Jubel, der das Auditorium wie die Wellen des Meeres überrollt. Die Arie ist zu Ende, der Dirigent legt den Taktstock nieder, der Sänger fällt für einen Moment aus der Rolle, um den Jubel der Menge entgegenzunehmen, die Hand auf dem Herzen, die Augen himmelwärts gerichtet. Wenn eine große Stimme wie ein Stern am Opernhimmel aufgeht, werden auch Sie es merken, und Sie können nur hoffen, dann dabei zu sein.

Da sitzen Sie nun: in der Oper! Schon gut, Sie können jetzt klatschen. Aber nicht pfeifen wie bei einem Popkonzert. Denn hier würde das bedeuten, daß es Ihnen nicht gefallen hat. Lieber rufen Sie»bravo!« wie der Typ neben Ihnen in der Lederkombi.

War doch ganz einfach, oder?

9

Die Zukunft der Oper oder Wie geht es weiter?

Wenn es nach mir ginge, würde ein junger Mann, der zu komponieren beginnt, nie darüber nachdenken, ob er Melodiker sei oder Harmoniker, Realist,Musiker der Zukunft oder was es sonst noch für pedantische Phrasen gibt, die der Teufel sich ausgedacht haben mag. Melodie und Harmonie sollten einfach die Mittel in der Hand des Künstlers sein,mit denen er Musik macht.

GIUSEPPE VERDI

Die wichtigste Aufgabe des Komponisten ist – und wird es auch immer sein –, Musik zu schreiben, die die Herzen seiner Zuhörer zu seiner Zeit erreicht und bewegt.

RANDALL THOMPSON

Tatsache ist, daß es keine Regeln für die Komposition von Musik gibt und daß es nie Regeln gab und es auch nie geben wird – oder bestenfalls Daumenpeil-Regeln; aber Daumen können unterschiedlich lang sein wie Ohren.

GEORGE BERNARD SHAW

In einer wöchentlich ausgestrahlten amerikanischen Fernsehshow gab es eine Weile lang einen Running Gag über Spaniens Generalissimo Francisco Franco. Der Dauerwitz lautete: General Franco ist immer noch tot. Woche für Woche war der Faschistengeneral, der wohl ewig zum Sterben gebraucht hatte, tot wie ein Türpfosten. Steif, kalt. Lag sechs Fuß tief unter der Erde. Besah sich die Radieschen von unten. Geschichte.

Vor nicht allzu langer Zeit hätte man das auch von der Oper sagen können. Durch einen zufällig zustande gekommenen Komplott von Opernhassern und Opernfans schien diese Kunstform, wie die klassische Musik allgemein, eigentlich schon tot, zumindest aber ein totkrankes, völlig überaltetes Relikt einer sterbenden Kultur zu sein, reif zur Verschrottung. Für die Opernfeinde war sie eine unmoderne, eurozentrische, elitäre und teure Kunst, die irgendwie allein durch ihre Existenz einen Affront gegenüber der Allgemeinheit darstellte. Die Fans, die nur noch in den Erinnerungen an ihre Kindheit während der fünfziger Jahre lebten, erklärten, alles an der modernen Oper – Werke, Sänger, Dirigenten, Bühnenbildner und Regisseure – sei der Oper ihrer goldenen Jugendzeit augenscheinlich unterlegen; ohne die Callas sei das Leben einfach kein Leben mehr. Weder politisch korrekt noch künstlerisch lebensfähig war die Oper bereits auf dem Weg ins Jenseits.

Nur zehn Jahre später ist alles ganz anders. Während ich dieses Buch schreibe (1994), hat die Oper den Ruf der zweifellos vitalsten aller darstellenden Künste. Was früher als geradezu lächerlich alt galt – und deshalb die gnadenlose Parodie der Marx Brothers in *A Night at the Opera* auch völlig verdiente –, ist jetzt »in«. Die Oper ist heute die Kunstform mit der größten Anziehungskraft und der stärksten Wirkung auf junge Leute. Sie ist wieder da und nimmt Rache.

Warum? Was ist passiert? Nach all dem Gerede vom Tod der Hochkultur im allgemeinen und der klassischen Musik im besonderen: Was hat die Oper wieder auf die Beine gebracht, und wer hat sie wieder in den Ring geschickt? Es gibt wahrscheinlich Dutzende wichtiger und unwichtiger Gründe, aber wenn Sie mich fragen, ich finde, man kann sie alle auf einen reduzieren: Die Komponisten haben wieder angefangen, Musik zu schreiben, die das Publikum hören will.

Damit meine ich nicht, daß die Komponisten den Leuten einfach gegeben haben, was sie hören wollten. Das hätte nichts gebracht, wäre auch nur ein ähnlicher Trugschluß gewesen wie der, dem die Meinungsforscher manchmal aufsitzen. Da befragen sie das gemeine Volk nach seinen Vorlieben und setzen ihm dann genau das vor, was es laut Umfrage haben wollte. Aus irgendeinem Grund ist der Zirkelschluß, der hinter dieser Logik steckt, noch nie richtig untersucht worden, aber die verheerenden Folgen sind allzu offensichtlich. Was der Mensch kennt, das kennt er eben, und davon will er mehr: Gnadenlos setzt man uns immer blödere Fortsetzungsfilme vor – das Rauschen wird zum Stellvertreter des Gedankens, das intellektuelle Abenteuer durch die sichere, aber dumpfe Wiederholung des Bekannten ersetzt. Solange wir fortfahren, uns von Popularitätsumfragen regieren zu lassen, werden wir führende Politiker haben, die die Wetterfähnchen der Popularität beobachten, um dann entsprechend zu »führen«.

Zum Glück ist die Musik nicht in diese Falle getappt. Erst vertrieben die Vertreter des totalitären Zwölfton-Systems das Publikum, das bis dahin neuer Musik nicht nur mit Toleranz, sondern sogar mit Genußbereitschaft begegnet war, und stellten dann diejenigen als ihrer Kunst unwürdig an den Pranger, die sie gerade zum Teufel geschickt hatten. Und wie ihre Mitstreiter in der politischen Arena erließen die Schulen der »modernen Musik« Edikte ähnlich der Breschnew-Doktrin und erklärten, daß es fortan kein Zurück mehr gäbe. Die Zwölfton-Methode, auch als serielle Musik bekannt, war für sie die Spitze der zivilisatorischen Errungenschaften, die beste aller möglichen Welten; einmal erreicht, so meinten sie, würde sie nie mehr von ihrem Platz verdrängt werden können. Der kleinste Hinweis auf Revanchismus, und die Panzer würden losrollen.

Na, Sie wissen ja, was passiert ist. Die serielle Musik ist inzwischen genauso tot und diskreditiert wie der Kommunismus. Was dann aber folgte, waren keine Neubearbeitungen von Beethoven und Brahms. Doch – zuerst vielleicht schon: George Rochberg, ein Abtrünniger des Serialismus und Pionier der humanistischen Konterrevolution, zitierte frühere Komponisten und klaute für sein drittes Streichquartett tatsächlich bei Beethoven. Es sah ganz so aus, als hätten die Marxisten-Leninisten doch recht gehabt: Was lag denn unter dem dornigen Dickicht der Dodekaphonie? Traditionelle Harmonie? Das Zurück-zur-Zukunft? Nicht ganz. Den Neinsagern war nur entgangen, daß Rochbergs Musik erst der Anfang war; um ein bedeutendes neues tonales System zu schaffen, mußten wir unsere Ohren erst von der ganzen Darmstädter Schule reinigen. Und wir mußten zu einer Marktwirtschaft mit neuen musikalischen Ideen zurückkehren, die wir zwei Jahrzehnte zuvor so achtlos verworfen hatten. Vielleicht ist weiß doch immer noch weiß.

Ätsch – die Komponisten wollten gar nicht zurück und wie Dvorák schreiben, und das Publikum wollte das erst recht nicht; ein Dvorák reicht. Wonach sich beide, Komponisten und Publikum sehnten, war eine in ihren eigenen Erfahrungen wurzelnde, aber verfremdete Musik. Etwas vertraut Unvertrautes. Sie wollten nicht mit der Nase auf intellektuellen Faschismus gestoßen werden, aber das ewig gleiche Futter wollten sie auch nicht vorgesetzt bekommen. Dann kam Philip Glass. Mit *Einstein on the Beach* platzten er und Robert Wilson in die Opernwelt – sehr zur Bestürzung nicht nur der Zwölfton-Hardliner, sondern auch der Traditionalisten, die mit der seltsamen neuen Kreatur namens Minimalismus gar nichts anfangen konnten. War das Oper? War das Musik?

Ein paar Jahre später erregte Glass noch einmal Aufmerksamkeit mit *Satyagraha*, und diese Oper – das garantiere ich Ihnen – wird zu den bleibenden Meisterwerken gehören. In *Satyagraha*, das viel konventioneller ist als *Einstein*, verbinden sich sowohl traditionelle als auch minimalistische Elemente zu einem strahlenden Ganzen. Es stimmt schon, in der Oper geht es im Grunde um nichts. (Eigentlich ging es doch um etwas, aber um was genau, ist schwer zu sagen, denn sie wird in Sanskrit gesungen.) Ja, einige der Melodien sind simple Tonleitern, sie werden immer und immer wiederholt. (Wenn das so einfach ist, warum ist dann früher niemand darauf gekommen?) Ich weiß, ich weiß ...

So wie ich die Geschichte der achtziger Jahre verstehe, ist *Satyagraha* das einzige wirklich wichtige Werk der wiederbelebten Oper – zumindest in den Vereinigten Staaten, vielleicht sogar weltweit. Hardliner wie Konservative mögen ihn dafür gehaßt haben, aber Glass hatte einen mächtigen Verbündeten: die Zeit. Er hatte seine künstlerische Reife nicht in den dreißiger, vierziger oder fünfziger Jahren erreicht, sondern in den sechziger und siebziger Jahren. Er kannte alles von Nadja Boulanger und Strawinsky bis zu Ravi

Shankar und Rock and Roll. Der Beginn von *Satyagraha* mag den Oldies im Publikum bei der Uraufführung ungewöhnlich erschienen sein, aber jedes Kind im Saal hörte eine klassische Rock-Akkordfolge heraus, auch wenn sie von den Streichern eines Symphonieorchesters gespielt wurde. Sie sollte signalisieren: Keine Angst, Leute, es wird euch schon gefallen, alles nicht so schlimm. Macht es euch einfach bequem und genießt diese Musik genauso wie jede andere Musik, die ihr gern hört. – Das tat das Publikum auch, wie man weiß.

Ich lebte in den achtziger Jahren in New York, reiste aber im Land und in der Welt herum. Wenn ich mich recht erinnere, hatte die Hälfte aller Artikel, die ich in diesem Jahrzehnt für die *Time* schrieb, mit Oper zu tun. Wie ich weiter vorne schon erklärte, ist die Zeitschrift der Oper gegenüber wegen ihrer fotogenen Optik aufgeschlossen, aber ich war um der Oper selbst willen da. Was ich sah, waren natürlich nicht nur neue Opern, sondern auch gewagte und innovative Neuinszenierungen von alten. Plötzlich zog die Oper die besten und größten Talente an: Sänger, Dirigenten, Komponisten, Bühnenbildner, Re-gisseure. Die Oper war nicht nur »in«, sie hatte wieder Klasse, und da war richtig was los. Ist es immer noch.

In den letzten Jahren hat es die neue Oper sogar geschafft, die Met zu knacken. Als Glass und Wilson 1976 *Einstein* aufführen wollten, mußten sie das Haus selbst mieten; 1992 war es die Met, die Glass zur Uraufführung seiner speziell in Auftrag gegebenen Oper *The Voyage* einlud. In der gleichen Saison stand auch John Coriglianos *The Ghosts of Versailles* auf dem Spielplan, und beide Werke waren volle Erfolge. In Chicago startete die Lyric Opera ihr ehrgeiziges Programm neuer amerikanischer Werke mit William Bolcoms *McTeague*. Dessen Premiere zog Kritiker aus den gesamten Vereinigten Staaten an, angelockt nicht nur von Bolcom, sondern auch vom Regisseur der Oper, dem ausgekochten alten Fuchs Robert Altman persönlich.

Noch immer wird viel über »Entstellung«, »modische Unsitten« und andere erlesene Übel genörgelt. Und es stimmt, es gab Exzesse, besonders seitens der Regisseure. Ich fand zum Beispiel Peter Sellars *Don Giovanni* in Spanish-Harlem eher amüsant als inspiriert, und es gibt noch wesentlich mehr haarsträubende Beispiele dafür, daß Regisseure Werke willkürlich aus ihrer ursprünglichen Zeit und ihrem ursprünglichen Ort herausreißen. Beam mich rauf, Scotty! – Aber manche Dinge können einfach nicht fliegen.

Dennoch überträgt sich die wiedererwachte Opernbegeisterung der letzten Zeit auch auf konventionellere Inszenierungen. Symbolisch dafür war der von Elijah Moshinsky dirigierte *Othello* von 1994 an der Met. Äußerlich hätte man die Inszenierung auch für eine von vor zwanzig Jahren halten können. Die Bühnenbilder waren repräsentativ, nicht abstrakt, die Zeit war eindeutig das 15. Jahrhundert und nicht das 21., und Othello war definitiv schwarz und kein Chinese oder Bewohner der Aleuten. Doch die Inszenierung hätte moderner gar nicht sein können. Moshinsky wußte von Anfang an, daß es in dieser Oper mehr als in anderen um die psychische Verfassung der Personen geht, und er achtete deshalb darauf, daß die Darsteller das Innenleben ihrer Charaktere auch in Taten und Gesten zum Ausdruck brachten. Den Othello beispielsweise ließ er bei dessen endgültigem Zusammenbruch am Ende des dritten Aktes, müde und von seinen Gefühlen übermannt, gequält den Kopf halten. Ohne übertrieben zu signalisieren, daß sein *Othello* für ein Publikum des ausgehenden 20. Jahrhunderts überdacht und neu erfunden worden war, hat Moshinsky die Oper sicher so neu interpretiert, als habe er sie auf den Mond transponiert.

Und glauben Sie nicht, die Darsteller könnten mit dieser neuen Art nichts anfangen. Für eine Inszenierung in Bonn versetzte Ken Russell, der skandalträchtige britische Film- und Opernregisseur, Richard Strauss' *Salome* in ein viktorianisches Bordell – mit Oscar Wilde als Zuschauer. Das erste Musikstück, das das Publikum zu hören bekam, war aber nicht von Strauss, sondern von Scott Joplin (der »Palm Leaf Rag«, wenn ich mich recht erinnere). An einer Stelle wurde die Sopranistin, die die Salome sang (Emily Rawlins), vom Tenor, der den Herodes sang, vergewaltigt, und ganz kurz gab es sogar nackte Haut zu sehen. Und wie fanden Sie das, Miss Rawlins?

Sie fand es toll. Nicht das Nacktsein an sich. Doch die pure Vitalität und Originalität der Ideen Russells hatten die ganze Besetzung angesteckt; alle standen hinter dem Konzept des Regisseurs und teilten seinen Sinn für Humor. Man darf das alles nicht allzu ernst nehmen, schließlich geht es hier um Oper, und Oper soll schockierend, vergnüglich, bewegend, vulgär, versnobt, fremdartig, skrupellos, unheilig und richtig frech sein. All das war Russells *Salome*.

Es ist also völlig in Ordnung, wenn Sie sich in der Oper amüsieren wollen. Alles, was Sie für den Spaß brauchen, ist das Geld für eine Eintrittskarte (unglücklicherweise kann sich die nicht jeder leisten) und eine Portion Unvoreingenommenheit. Setzen Sie sich und entspannen Sie; es tut wirklich nicht weh.

Oper nur für die sogenannten Opernfans ist pure Vergeudung. Warum sollten die den Spaß für sich allein haben? Lassen Sie sie ruhig Vorstellungen sezieren, bis sie umfallen. Sie wissen, was Ihnen gefällt. Sollen sie doch über die respektiven Meriten von Madame Tessituras Tosca debattieren, bis ihnen der Mund fusselig ist. Ihnen kann das egal sein. Schließlich ist die einzig wirklich wichtige Frage: Mag ich das? Ist das etwas für mich?

Mit der Erfahrung kommt die Kennerschaft. Wenn Sie das wollen, können Sie schon bald bei all diesen Leuten, die so mysteriös über Spinto-Rollen, Kopfstimme und Registerwechsel schwadronieren, mitreden. (Um ehrlich zu sein: Ich halte nichts davon.) Nach ein oder zwei Spielzeiten an Ihrer Oper, häufigerem Hören Ihrer Lieblingsplatten und vielleicht ab und zu einer Opernübertragung im Fernsehen werden Sie auf dem Weg zum Experten schon gut vorangekommen sein.

Soll die Oper eine Zukunft haben, muß sie jedem zugänglich sein, anders geht es nicht. Ich bin aber nicht so idealistisch zu glauben, daß alle Bürger, hätte man sie nur früh genug der Oper und »guter Musik« ausgesetzt, jetzt alle begeisterte Fans wären. Auch wenn ich das kaum existierende Niveau künstlerischer Bildung in unserer seit jeher philisterhaften westlichen Gesellschaft beklage, glaube ich nicht, daß Menschen ausschließlich durch Bildung zur Kunst finden. Die Liebe zur Kunst ist der Liebe zu einem Menschen sehr ähnlich; man weiß mehr oder weniger von Anfang an, ob sie eine Zukunft hat.

Was müßte also mit der Oper passieren, damit sie frisch und munter ins 21. Jahrhundert marschieren kann? Hier meine Empfehlungen:

– Nur Mut! Sorgt dafür, daß immer mehr neue Opern entstehen! (Den Begriff »Oper« darf man allerdings nicht zu eng sehen.) Ein junger Bursche namens John Moran hat eine fabelhafte Oper, *The Manson Family*, geschrieben, doch mit so Werken wie Tschaikowskys *Pique Dame* hat die fast nichts mehr gemein – außer, daß beide sensationelle Musikdramen sind, in denen Wahnsinn und Gewalt die Hauptrollen spielen. Für junge Komponisten ist die Oper – zumindest im weitesten Sinn des Begriffs – das perfekte Vehikel, um ihre Gedanken zu Kunst und Gesellschaft auszudrücken, und genau dieses soziale Bewußtsein unterscheidet sie von ihren kühlen Zwölfton-Vorreitern, die ganz bewußt nicht viele Opern geschrieben haben. Gerade das soziale Bewußtsein hat den Werken so breiten Zuspruch eingebracht. Aber war das nicht schon immer so?

– Runter mit den Eintrittspreisen! Es ist schwer vorstellbar, wie Opernhäuser das realistischerweise umsetzen sollen. Das hält mich aber nicht davon ab, es zu empfehlen. Sicher, in Deutschland kann man als Student für das gleiche Geld ins Kino wie in die Oper gehen. Doch wer seine Opernkarte regulär bezahlt, muß trotz erheblicher Subventionierung (die leider oft zu Lasten der künstlerischen Kreativität geht) tief in die Tasche greifen.

– Schluß mit dem Geschwafel! Oper ist weder eine Weltraumwissenschaft noch ein Mittel gegen Krebs noch eine Religion. Oper ist Kunst, sie befähigt uns dazu, herauszufinden, was uns zu Menschen macht – und deshalb ist sie so ungeheuer wichtig. Gleichzeitig bietet sie eine Mischung aus Unterhaltung und Sport, und es ist völlig in Ordnung, wenn Sie einfach nur dasitzen und nicht immer die tiefsten Sphären Ihrer Seele ausloten wollen. Manche gehen nur in die Oper, um sich zu vergewissern, daß der Sopran das hohe F in Mozarts *Zauberflöte* trifft. Mißgönnen Sie diesen Leuten ihre kleinen Freuden nicht, das Leben ist einfach zu kurz dafür.

– Buhen Sie ruhig! Ob das nun an unseren guten Manieren oder an unserer Naivität liegt: Wir machen es nicht oft genug. Unsere Untergebenen schreien wir an, unsere Kinder schlagen wir, den Hund treten wir, aber in der Oper sind wir die reinsten Miezekätzchen. Es ist zurecht aus der Mode gekommen, einen Sänger auszubuhen, der an einem hohen Ton scheitert. Aber es ist selbstverständlich in Ordnung, bei den Vorhängen am Schluß Ihrer Mißbilligung lautstark Ausdruck zu verleihen, wenn Sie finden, der Dirigent sei ein Schlächter oder der Regisseur gehöre erschossen. (Das ist auf jeden Fall besser, als ihn wirklich zu erschießen.) Machen Sie von Ihrem Wahlrecht Gebrauch: Wenn Sie die Aufführung schlecht fanden, sagen Sie das. Vergewissern Sie sich nur, daß Sie sie aus dem richtigen Grund schlecht finden. Richtig: »Ich fand diese Inszenierung schlecht, weil ich nicht der Ansicht bin, daß man den *Werther* verstanden hat, wenn man eine Liebesgeschichte unterdrückter Homosexueller im Kambodscha des 12. Jahrhunderts daraus macht.« Falsch: »Ich fand es schlecht, weil es so traurig war, als Rigoletto Gilda aus Versehen erstochen hat.« Sie sollten die Gründe für Ihre Beschwerde kennen und wissen, ob man gegen die Mängel etwas tun kann.

– Wacht auf, Opernverantwortliche! Kapiert endlich, daß man nicht ewig so weitermachen kann wie bisher! Die Lyric Opera in Chicago hat das endlich eingesehen und ist zu einem der aufregendsten Opernhäuser der Vereinigten Staaten geworden. Ihr einstiger Gegenspieler, die heute fast unbedeutende Mailänder Scala, sollte sich wünschen, jemand würde sie Lyric Opera Ost nennen. Also: an die Arbeit! Vergebt Aufträge für neue Werke oder grabt alte aus, von denen man lange nichts gehört hat! Sucht nach den besten Regisseuren, bringt sie mit Dirigenten zusammen, die nicht nur dasitzen und sich wünschen, sie könnten – wie damals Toscanini – noch mit Puccini ein Gläschen trinken gehen. Engagiert die besten Stimmen, die ihr finden könnt! Achtet dabei auch auf andere Eigenschaften: Frische, Schönheit, Bühnenpräsenz. Vergeßt nicht, Ihr tretet nicht gegen den Plattenmarkt an, sondern gegen Kino, Fernsehen und Theater, also richtet Euch danach! Stellt eine Show auf die Beine!

Das müßte reichen. Die Oper hätte schließlich nicht überlebt, wenn sie borniert alles Neue abgelehnt und auf Tradition gesetzt hätte. Bei näherer Betrachtung sind viele scheinbar »traditionelle« Gesetzmäßigkeiten (wie dicke Sänger) nicht mehr als gelegentliche Vorkommnisse, die sich aber irgendwie in den Köpfen festgesetzt haben. Auf keinen Fall sollten liebgewonnene Gewohnheiten die Arbeit derer behindern, die kreativ und mit großem Engagement Opern auf die Bühne bringen wollen.

Und um Kreativität und Engagement geht es letzten Endes bei der Oper – wie bei jeder anderen lebendigen Kunstform. Musiker sind keine Priester, die demütig einen Kanon wiederholen. Sie sollten eher Revolutionäre sein, die spielen, singen und komponieren, weil sie etwas über Musik, über das Wesen des Menschen und etwas darüber zu sagen haben, wie man dieses Wesen verbessern kann; weil sie außerdem etwas zu sagen haben über die Rolle unserer Gesellschaft in der sich weiterentwickelnden Geschichte dieser Kunstform und weil sie nicht nur unserer Generation, sondern – so sie Glück haben und gut genug sind – auch künftigen Generationen etwas zu sagen haben, kurz: weil sie eben etwas zu sagen haben.

10

Abenteuer Oper oder Finale ultimo

Von der Musik sagt man gern, sie sei die Sprache der Engel: Tatsächlich empfindet man keine andere menschliche Äußerung als so göttlich. Sie bringt uns der Unendlichkeit nahe.

THOMAS CARLYLE

Musik ist eine höhere Offenbarung als alle Weisheit und Philosophie.

LUDWIG VAN BEETHOVEN

1986 hatte ich das Glück, in Begleitung von Wladimir Horowitz die damals noch existierende Sowjetunion zu besuchen. Der Anlaß war Horowitz' Rückkehr in sein Heimatland, um in Moskau und Leningrad (heute wieder: Sankt Petersburg) einige Konzerte zu geben, und die *Time* fand, die Reise gäbe eine tolle Titelstory ab – hat sie auch. Ausgerechnet am Tag meiner Ankunft aber mußten die USA Libyen bombardieren, was den sowjetisch-amerikanischen Beziehungen einen empfindlichen Dämpfer verpaßte, und zwei Tage vor meiner Rückkehr passierte der Gau im Kernkraftwerk Tschernobyl – ich strahle heute noch im Dunkeln.

Das war natürlich alles ganz aufregend; zu allem Überfluß brach dann noch der KGB in die Residenz des amerikanischen Botschafters, Spaso House, ein und zerstörte Horowitz' Flügel, so daß er nicht üben konnte. Ein mindestens genauso denkwürdiges Ereignis aber war für mich die Begegnung mit dem russischen Komponisten Tikhon Khrennikow, dem damaligen ersten Sekretär der gesamtsowjetischen Komponistengewerkschaft, außerdem Mitgliedschaftskandidat des Zentralkomitees der Kommunistischen Partei und damit einer der mächtigsten Männer der sowjetischen Musik. Ich hatte um ein Interview mit Khrennikow gebeten, weil er anläßlich eines sowjetisch-amerikanischen Musikfestivals eine Reise in die USA plante, und ich dachte, ich bekäme so einen Vorsprung vor der Konkurrenz. Der Besuch war nicht unumstritten: Es hatte bereits Proteste gegen Khrennikows Teilnahme gegeben, vor allem von Leuten, die sich an seine führende Rolle im Zusammenhang mit der Resolution von 1948 erinnerten, einer offiziellen stalinistischen Denunziation einiger prominenter sowjetischer Komponisten. Besonders für Prokofiew und Schostakowitsch, zufällig Khrennikows Rivalen, wurde diese Resolution zu einer öffentlichen Demütigung. Ich bekam einen Interview-Termin, allerdings unter einer Bedingung: Nach dieser Episode durfte ich ihn unter keinen Umständen fragen. Zur verabredeten Stunde betrat ich das Gebäude der Komponistengewerkschaft mitten in Moskau und wurde sofort in einen riesigen rechteckigen Raum geführt, der von einem sehr langen Tisch dominiert wurde, an den ich mich setzen sollte. Während ich wartete, sah ich mich um: Der Raum war schlicht möbliert, doch an den Wänden hingen Porträts von einigen der größten Persönlichkeiten der russischen Musik – auch von Sergej Prokofiew, Dmitrij Schostakowitsch, Aram Chatschaturian und Nikolaj Miaskowski. Hmmm ...

Die Tür des Raumes öffnete sich, und herein stolzierte Tikhon der Große in Begleitung einer Handvoll Gefolgsmänner. Einer von ihnen hatte von einem Duell eine Narbe längs über das ganze Gesicht. Das Musikgeschäft muß hier ganz schön hart sein, dachte ich. Khrennikow war, wie sich herausstellte, ein kleiner, dickschädeliger Slawe mit winzigen Augen, die nicht ein bißchen zwinkerten. Er setzte sich mir gegenüber und starrte mich durchdringend an.

Das Interview wurde auf Russisch geführt. Ich fragte zuerst, ob er Englisch spräche, aber er schüttelte heftig den Kopf. »Sprechen Sie Deutsch?« fragte ich dann, worauf er energisch »Nein!« antwortete. Also wandte ich mich an meinen Übersetzer und legte los.

Worüber wir redeten, ist ganz unwichtig, weil seine Antworten alles andere als entgegenkommend waren – banale Plattitüden voller Sowjetgelaber, wertlos und abgedroschen. Interessanterweise wußte Khrennikow so gut wie nichts über die Trends der Neuen Musik im Westen, nur vom Minimalismus schien er irgendwie schon einmal gehört zu haben, und er zeigte sogar ein gewisses Interesse dafür. Meine Gereiztheit wuchs.

»Herr Khrennikow«, sagte ich, »ich stelle fest, daß Porträts von einigen der größten sowjetischen Musiker diesen Raum schmücken.«

»Da.«

»Prokofjew, Schostakowitsch.«

»Da.«

»Ich stelle auch fest, daß gerade diese Männer sehr unter der Resolution von 1948 gelitten haben. Die Resolution hat ihre Karriere ruiniert und sie in Lebensgefahr gebracht, teilweise auch durch Ihre Schuld.«

Ich konnte sehen, wie seine Augen Funken sprühten.

»Wie lautet Ihre Frage?« sagte das Narbengesicht, als ob es die nicht längst schon wüßte. Ich hätte damals gern gewußt, ob er eine Waffe trug.

»Meine Frage«, sagte ich, »lautet folgendermaßen: Wie kommt es, daß Sie, Herr Erster Sekretär, die Frechheit besitzen, in diesem Raum vor diesen Männern zu sitzen, deren Werk Sie denunzierten und deren Leben Sie zu ruinieren versucht haben, und darüber zu reden, wie großartig die sowjetische Musik ist?«

Stille. Mein offizieller Übersetzer versuchte, in seinem Sessel zu verschwinden. »Na los«, drängte ich ihn, und murrend tat er, wie ihm geheißen.

Die Wirkung war ungeheuerlich. Khrennikow sprang auf die Füße und fing an, mit der Faust auf den Tisch zu schlagen. »Wie können Sie es wagen, so mit mir zu reden?« schrie er auf Russisch; eine Übersetzung war dafür nicht nötig. Er starrte mich von seinen Einsfünfundsechzig herab an. Würde er gleich hinausstürmen? Den KGB rufen und mich schnellstens ins Lefortowo-Gefängnis werfen lassen? Aber nein, er wartete auf eine Antwort.

»Weil«, sagte ich, so langsam und ruhig ich konnte, »wenn Sie in die Vereinigten Staaten kommen, wird das die erste Frage sein, die man Ihnen stellt. Ich dachte, ich bereite Sie schon auf die Hartnäckigkeit amerikanischer Journalisten vor.«

Khrennikow starrte mich eine Weile an, dann setzte er sich – und begann plötzlich breit zu grinsen. »Da!« sagte er oder etwas in der Art.

Von da an war ich sein Liebling. Natürlich war ich am nächsten Tag zum Essen in die Komponistengewerkschaft geladen (das Essen war exzellent!). Und natürlich sollte ich am selben Abend sein Gast sein, wenn seine berühmte Oper aufgeführt würde – den Namen habe ich vergessen, vielleicht *Einhundert Teufel und ein Mädchen* oder *Weiße Nacht*. Wie sie auch hieß, sie war ziemlich langweilig, und meine Erinnerung beschränkt sich mittlerweile auf einen Haufen Bauern, die in Folklorekostümen herumhüpften.

So ist das eben: Man weiß vorher nie, wo das nächste Opernerlebnis lauert, deshalb muß man immer darauf gefaßt sein. Die gleiche Reise führte mich nach Leningrad. An einem der Abende, an denen Horowitz nicht spielte, entschloß ich mich, das berühmte Kirow-Theater zu besuchen. Ich konsultierte die Dame von Intourist im Foyer meines Hotels. Sie teilte mir mit, im Kirow liefe an dem Abend nichts Interessantes. Morgen könne ich Karten für die *Traviata* bekommen, aber heute gäbe es nichts Richtiges.

»Und was genau?« erkundigte ich mich, denn offenbar lief im Kirow doch irgendetwas.

»Nitschewo«, sagte sie; nichts.

»Nein, es gibt etwas«, beharrte ich.

»Nichts«, sagte sie. »Russische Oper«.

Jetzt kamen wir voran.

»Welche russische Oper?« wollte ich wissen.

»*I dekabristi*«, sagte sie, was soviel wie *Die Dekabristen* bedeutet. »Uninteressant.«

»Geben Sie mir eine Karte«, sagte ich. Am Abend fand ich mich neben meinem geschätzten Kollegen John Ardoin aus Dallas sitzend wieder, der auch gerade in der Stadt war, um über Horowitz' Magical Mystery Tour zu berichten. Ardoin, einer der besten Opernkenner und -kritiker amerikanischer Tageszeitungen, war aus demselben Grund im Kirow wie ich: um wirklich einmal diese legendäre Oper zu sehen und zu hören, die bis zu jenem Tag noch nie außerhalb Rußlands aufgeführt worden war.

John wußte auch nicht mehr über diese Oper als ich, aber vom ersten Moment an saßen wir da wie verzaubert. *Dekabristi*, das von einer antizaristischen Revolte in Sankt Petersburg handelt, war Juri Schaporins einzige Oper. Er arbeitete an ihr von 1920 bis zur Premiere 1953. Die außerordentlich lange Geburt dieses Werkes läßt sich dadurch erklären, daß jedesmal, wenn der arme Kerl sein Werk der Öffentlichkeit vorstellen wollte, wieder so ein stalinistischer Sprengsatz wie »Chaos statt Musik« hochgegangen oder die Resolution von 1948 erlassen worden war – immer wieder zog er es eilig zurück, um auf einen günstigeren oder zumindest weniger gefährlichen Moment zu warten. Im Juni 1953 fand schließlich die Uraufführung statt, drei Monate nach dem Tod Stalins (und Prokofiews).

Dekabristi ist ein großes, mutiges, opulentes Werk, das allen und überall gefallen würde: Stellen Sie sich eine Kombination von Tschaikowsky, Schostakowitsch und Chatschaturjan vor, und Sie bekommen eine ungefähre Vorstellung von Schaporins musikalischem Stil. Warum sich kein couragiertes Opernhaus – die New York City Opera? die English National Opera? – die Partitur bisher gesichert hat, ist mir völlig schleierhaft.

Oper ist zu einem kulturübergreifenden, weltweiten Phänomen geworden. Ich habe Verdis *Macbeth* in einer mittelalterlichen finnischen Burg gesehen und Wagners *Tannhäuser* im gigantischen Saal der japanischen Sendeanstalt NHK in Tokio. In den achtziger Jahren nahm ich an einigen amerikanisch-japanischen Musikseminaren in New York und Tokio teil, und so ergab sich vor einem ihrer Auftritte ein Interview mit der Avantgarde-Künstlerin Meredith Monk auf der Bühne einer Musikschule in Tokio. Auf der gleichen Reise hielt ich zusammen mit Kollegen eine Reihe von Vorlesungen über das amerikanische Musiktheater, ein Thema, das Japaner offenbar faszinierend finden. Während unseres Aufenthalts in Tokio hatten wir dann das Glück, einige Aufführungen neuer japanischer Bühnenwerke sehen zu können; die wiederum fanden wir faszinierend.

Oper eignet sich als Einführung in die Welt der ernsten Musik weit besser als zeitgenössische sinfonische Musik. Ihr Repertoire umfaßt alle Epochen der westlichen Musikgeschichte, und der Anteil an kreativen Werken war noch nie so hoch wie seit dem Ende des 19. Jahrhunderts. Sie zieht einige der besten Regisseure der Welt an – ganz zu schweigen von den besten Sängern. Sie findet an Orten statt, die entweder prunkvoll und historisch oder einfach außergewöhnlich sind – die oben erwähnte finnische Burg ist Austragungsort des jährlichen Savonlinna Opernfestivals in Nordostfinnland. Und natürlich ist sie in den großartigsten Städten der Welt zu Hause: in London, Paris, Venedig, Mailand, München, Moskau, New York, San Francisco, Chicago, Buenos Aires ...

Sie haben es gemerkt: Sobald es um Oper geht, gerate ich leicht ins Schwärmen, und ich möchte, daß es Ihnen bald genauso ergeht. In diesem Buch habe ich versucht zu zeigen, daß Oper wirklich etwas für jeden sein kann – ob auch für Sie, ist ausschließlich eine Frage des persönlichen Geschmacks. Sobald Sie Ihre Vorurteile überwunden haben, werden Sie feststellen, daß Liebe zur Oper weder angeboren, noch für die Beschäftigung mit dem Thema wesentliche Voraussetzung ist.

Die Opern selbst sind in ihrer Wirkung so universell und sprechen so fundamentale Themen des Lebens an, daß jeder, der es will, zum Opernfan werden kann, sei es im Opernhaus (so man sich die Karten leisten kann und die Möglichkeit zu Opernbesuchen hat) oder wenigstens unter dem Kopfhörer. Sie müssen nicht Universitätsprofessor oder UN-Dolmetscher sein, um Opern zu lieben. Sie müssen nicht Partitur lesen können – wozu? Viele berühmte Sänger können das genausowenig, und jedes Wort eines Librettos müssen Sie auch nicht verstehen.

Ich hoffe, dieses Buch hat Ihnen ein Bewußtsein für die Breite und Tiefe des Opernrepertoires sowie ein Verständnis des inneren Wesens der Oper vermitteln können. Vielleicht haben Sie sich, bevor Sie diese

Seiten gelesen haben, immer gewundert, warum der Tenor zum Sterben so lange braucht, warum alle immer in die falsche Person verliebt sind, und warum der Bariton immer so böse auf den Sopran ist. Vielleicht haben Sie gedacht, Operntraditionen seien unverbesserlich albern, die Handlungen der Opern unrealistisch und lächerlich. Und überhaupt: Den Leuten zuzuhören, wie sie ihre innersten Gedanken heraussingen, sei komplette Verschwendung von Zeit und Geld.

Ich hoffe, Sie fangen langsam an, Ihre Meinung zu ändern. Doch jetzt kommt erst noch der schwierigere Teil. Sie müssen raus an die Front und die Werke kennenlernen, die wir besprochen haben, und noch andere dazu, und Sie müssen sich entscheiden, was die Oper Ihnen zu bieten hat. Sie werden es nicht bereuen.

Mir fällt ein Cartoon aus dem *New Yorker* ein. (Ich glaube, er war von Chon Day.) Ein Mann mittleren Alters liegt in seinem Bett, die Decke unter seinem Kinn ordentlich und schützend festgestopft. Er ist offensichtlich krank, und seine Frau beugt sich besorgt über ihn. Die Bildunterschrift lautet: »Ich weiß, der Arzt sagt, es ist nur eine schwere Erkältung, aber für alle Fälle: Ich möchte ein letztes Mal Seite acht aus dem *Rosenkavalier* hören.«

Die unter Ihnen, die schon mit CDs aufgewachsen sind, verstehen vielleicht nicht ganz, was das soll. Aber Seite acht auf egal welcher alten LP enthält die wunderbare letzte Szene der Oper – von Baron Ochs' Niederlage bis hin zum fast schmerzhaft schönen Terzett und zum quecksilbrigen Schluß. »Das zehnte Stück auf der dritten CD« ist vom Klang her eben nicht dasselbe.

Diese arme leidende Kreatur hat recht: Oper ist Balsam für unsere wunden Seelen.

Diskographie (Auswahl)

Maßgeblich für die Auswahl der unten aufgelisteten CDs waren sowohl Qualität als auch Verfügbarkeit; LPs, die nicht mehr erhältlich sind, wurden in die Liste aufgenommen, wenn dies zweckdienlich erschien.

Adams *Nixon in China*. Orchestra of St. Luke's unter der Leitung von Edo de Waart; Elektra/Nonesuch. Eine brillante Aufnahme, die sowohl das Schreckliche wie auch das Wunderbare der Partitur einfängt.

- *The Death of Klinghoffer*. Sylvan, Maddalena; Chor und Orchester der Oper Lyon unter der Leitung von Kent Nagano; Elektra/ Nonesuch. Besser auf Platte als in der Oper.

Bartók *Duke Bluebeard's Castle* (*Herzog Blaubarts Burg*). Sass, Kovats; London Philharmonic Orchestra unter der Leitung von Georg Solti; London. Die beste zur Zeit erhältliche Aufnahme, dennoch sollten Sie versuchen, die alte LP-Einspielung von István Kertész zu bekommen.

Berg *Wozzeck*. Silja, Wächter; Wiener Philharmoniker unter der Leitung von Christoph von Dohnány; London. Diskophile werden anderer Ansicht sein, aber ich finde, die beste Fassung liegt irgendwo zwischen der alten DG-Einspielung unter Karl Böhm und der Version von Pierre Boulez bei CBS.

- *Lulu*. Stratas, Mazura; Orchestre National de France unter der Leitung von Pierre Boulez; DG. In dieser vollständigen Aufnahme mit allen drei Akten brilliert Teresa Stratas mit einer glänzenden Darbietung.

Bizet *Carmen*. Price, Corelli; Wiener Philharmoniker unter der Leitung von Herbert von Karajan; RCA Gold Seal. Eine elektrisierende Aufnahme einer elektrisierenden Oper. Ein noch größeres Vergnügen ist die alte Callas-Aufnahme unter Georges Prêtre bei Angel.

Britten *Death in Venice* (*Tod in Venedig*). Pears, Shirley-Quirk; English Chamber Orchestra unter der Leitung von Stuart Bedford; London. Aufnahme mit dem Tenor, dem die Oper gewidmet ist und der bei der Entstehung des Werkes dabei war.

Glass *Satyagraha*. Cummings, Perry; Chor und Orchester der New York City Opera unter der Leitung von Christopher Keene; CBS. Eine nicht ganz ideale Aufnahme – phantastisch gesungen, aber nicht besonders gut dirigiert – eines großartigen Werkes, das Besseres verdient hat.

Janácek *Jenufa*. Benacková und andere; Orchester der Janácek-Oper Brno unter der Leitung von F. Jílek; Supraphon. Die rein tschechische Besetzung mit der glänzenden Benacková in der Hauptrolle macht diese Aufnahme zu einem Muß.

Joplin *Treemonisha*. Solisten; Chor und Orchester der Houston Grand Opera unter der Leitung von Gunther Schuller; DG. Die einzige Aufnahme, und die ist wirklich gut.

Mascagni *Cavalleria rusticana*. Obraztsova, Domingo; Chor und Orchester der Mailänder Scala unter der Leitung von Georges Prêtri; Philips. Nicht zu vergessen auch die Einspielung mit Gigli unter Mascagni selbst, die es immer noch bei Angel gibt.

Leoncavallo *I Pagliacci* (*Der Bajazzo*). Callas, Di Stefano, Gobbi; Chor und Orchester der Mailänder Scala unter der Leitung von Tullio Serafin; Angel. Die Großen Drei (mit *Cavalleria*).

Massenet *Werther*. De los Angeles, Gedda; Orchestre de Paris unter der Leitung von Georges Prêtre: Angel. Der ideale Werther mit der idealen Charlotte. Halten Sie aber trotzdem Ausschau nach der Angel-Aufnahme unter Michel Plasson, mit Alfredo Kraus und Tatiana Troyanos in den Hauptrollen.

Messiaen *Saint François d'Assise*. Solisten; Chor und Orchester der Opéra de Paris unter der Leitung von Seiji Ozawa; Cybelia. Noch eine Aufnahme mit Original-Besetzung, meisterhaft geleitet von Ozawa.

Monteverdi *L'Incoronazione di Poppea* (*Die Krönung der Poppea*). Auger, Jones; City of London Baroque Sinfonia unter der Leitung von Richard Hickox; Virgin Classics. Entsprechend der gegenwärtigen Meinung der Wissenschaftler eine eher schlanke Version dieses üppigen Meisterwerks, gespielt auf Barockinstrumenten.

Mozart *Le nozze di Figaro* (*Figaros Hochzeit*); *Così fan tutte*; *Don Giovanni*. Janowitz, Fischer-Dieskau; Chor und Orchester der Deutschen Oper Berlin unter der Leitung von Karl Böhm; DG (acht CDs). Sicher, ein ganz schön teurer Brocken, aber niemand dirigierte Mozart mit mehr Liebe und Verständnis als Böhm in diesen inzwischen klassischen Aufnahmen aus den sechziger Jahren.
- *Die Zauberflöte*. Lorengar, Prey. Wiener Philharmoniker unter der Leitung von Georg Solti; London. Mehr als zwei Jahrzehnte war diese Einspielung unter den vielen anderen die erste Wahl.

Mussorgsky *Boris Godunow*. Sie wird zwar nicht mehr produziert, aber diese alte Karajan-Aufnahme der Rimksy-Korsakow-Version ist es wert, daß man sie aufspürt. Wer lieber die Urfassung hören will, sollte es mit Rostropowitschs Aufnahme bei Erato versuchen; in dieser ungekürzten Fassung singt seine Frau, die Sopranistin Galina Wischnewskaja, die Marina.

Offenbach *Les Contes d'Hoffmann* (*Hoffmanns Erzählungen*). Gruberowá, Domingo; Orchestre National de France unter der Leitung von Seiji Ozawa; DG. Domingo in einer seiner großartigsten Rollen und in absoluter Topform.

Puccini *La Bohème*. Freni, Pavarotti; Berliner Philharmoniker unter der Leitung von Herbert von Karajan; London. Alles andere als perfekt (die Berliner Philharmoniker spielen erstaunlich schlampig), aber doch im Hinblick auf die beiden Hauptsolisten erste Wahl.
- *Tosca*. Price, Di Stefano, Taddei; Wiener Philharmoniker unter der Leitung von Herbert von Karajan; London. Eine düster-schwere Aufnahme des »miesen kleinen Schockers«.

Schostakowitsch *Lady Macbeth von Mzensk*. Wischnewskaja; London Philharmonic Orchestra, Ambrosian Opera Chorus unter der Leitung von Mstislaw Rostropowitsch; DG. Eine großartige, aufregende Aufnahme; ich kann mir nicht vorstellen, daß jemand das Stück besser spielen oder singen könnte.

Strauss *Salome* und *Elektra.* Nilsson; Wiener Philharmoniker unter der Leitung von Georg Solti; London. Maßgeblich.
- *Der Rosenkavalier.* Crespin, Donath; Wiener Philharmoniker unter der Leitung von Georg Solti; London. Ein der besten aller je eingespielten Aufnahmen.

Tschaikowsky *Eugen Onegin.* Hworostowski, Focile; Orchestre de Paris unter der Leitung von Semjon Bychkow; Philips. Mit dem jungen sibirischen Matinee-Idol, dem Bassisten Hworostowski, in einer Rolle, die er inzwischen zu seiner gemacht hat.

Verdi *Othello* (*Otello*). Del Monaco, Tebaldi; Wiener Philharmoniker unter der Leitung von Herbert von Karajan; London. Heute ist sicherlich Domingo der großartigste Othello, aber vor einer Generation war das eben Mario del Monaco – bei dieser Aufnahme in Bestform.
- *Don Carlos.* Ricciarelli, Domingo; Chor und Orchester der Mailänder Scala unter der Leitung von Claudio Abbado; DG. Die französische, fünfaktige Version – wie es sich gehört.

Wagner *Der Ring des Nibelungen.* Nilsson, Windgassen; Wiener Philharmoniker unter der Leitung von Georg Solti; London. Die erste und immer noch die beste Aufnahme.
- *Tristan und Isolde.* Flagstadt, Suthaus; Philharmonia Orchestra unter der Leitung von Wilhelm Furtwängler; Angel. Der Klassiker – noch immer erhältlich, noch immer hörenswert.
- *Die Meistersinger.* Donath, Kollo; Chor und Orchester der Dresdner Staatsoper unter der Leitung von Herbert von Karajan; Angel. Zusammen mit Soltis *Rosenkavalier* auf der Liste der Top Ten aller Zeiten. Schwer vorstellbar, wie das noch überboten werden könnte.

Register

C

D

Y

Z

Hans Heinrich Eggebrecht

Musik im Abendland

Prozesse und Stationen vom Mittelalter bis zur Gegenwart. 848 Seiten nit 16 Seiten Abbildungen. SP 2301

»Musik im Abendland« – das ist die seit langem erwartete Musikgeschichte in einem Band des international renommierten Musikwissenschaftlers Hans Heinrich Eggebrecht. Sein großes Werk beschreibt und erzählt die Geschichte der Musik von der Entstehung der Mehrstimmigkeit im 9. Jahrhundert bis in unsere Zeit. Der Leser soll hier Musikgeschichte erleben, im Sinn existentieller Berührung. In vorbildlicher Weise ist es dem Autor gelungen, die Ansprüche, die sein Thema stellt, und die Verständlichkeit des Schreibens durch seine Art des Erzählens zu vermitteln.

»So beschert uns das Werk nicht nur einen Kosmos höchst qualifizierter Informationen, sondern auch reichlich intellektuelle An- und Aufregungen.«

Süddeutsche Zeitung

Michael Stegemann

Glenn Gould

Leben und Werk. 528 Seiten. SP 2284

»Das größte Verdienst Stegemanns liegt aber darin, Goulds Rolle als Gründerfigur und Prophet musikalischer Medienästhetik zu zeigen.«

Süddeutsche Zeitung

»Stegemann, als erklärter ›Gouldianer‹ seit Mitte der siebziger Jahre im Bann des Pianisten, ist außerordentlich akribisch vorgegangen: von der Beschreibung Torontos, Goulds Umfeld, das er nie verlassen hat, seiner Kindheit und Karriere bis hin zum frühen, jähen Ende nach einem Schlaganfall werden die Stationen dieser so exzentrischen wie hermetischen Existenz entwickelt, minutiös nicht nur die biographischen Details, sondern auch die Konzertprogramme und Sendungen, Aufnahmesitzungen, Hörspiel- und Videoproduktionen aufgelistet. Der Materialreichtum ist bestechend, neue Quellen wurden erschlossen, ungeahnte Details enthüllt.«

Frankfurter Allgemeine Zeitung

Albrecht Roeseler

Große Geiger unseres Jahrhunderts

Von Norbert Hornig durchgesehene und erweiterte Neuausgabe. 457 Seiten mit 16 Notenbeispielen. SP 2375

Albrecht Roeselers Buch über große Geiger unseres Jahrhunderts ist für die Liebhaber und die Kenner des Violinspiels geschrieben. Es enthält eine durchaus persönlich getroffene Auswahl von Künsterporträts, beschreibt die Interpretationskunst der großen Geiger und die charakteristische Kraft ihres Spiels: die europäischen Virtuosen der zwanziger und dreißiger Jahre wie Kreisler und Busch, die Geiger der russischen Schule wie Heifetz, Milstein und die Oistrachs, sowjetische Künstler, die erst im »Westen« zu Weltruhm gelangten, wie Kremer und Tretjakow. Geiger der Weltklasse wie Menuhin, Stern, Perlman und Zukerman porträtiert Roeseler ebenso wie »junge« Künstler, etwa wie Anne-Sophie Mutter und Frank Peter Zimmermann. – Norbert Hornig aktualisierte dieses Buch. Er skizziert die Geigenszene der neunziger Jahre, bewertet die Karrieren etablierter Geiger aus heutiger Sicht und erzählt von neuen Talenten.

»Wer in die faszinierende Welt der Musikrezeption tiefer eindringen will, sollte Roeselers Buch zur Hand nehmen und lesen; Seite um Seite – oder ziellos blätternd: In jedem Fall wird er darin viel über Musik – so ganz im allgemeinen – erfahren. Roeselers Buch ist weit davon entfernt, eine trockene biographische Abhandlung über die Geigerstars der jüngeren Vergangenheit und der Gegenwart zu sein. Denn da erzählt ein Begeisterter, welches Abenteuer Musik-Hören sein kann. Und dort, wo er ganz persönlich wird und nicht verhehlen mag, was ihm am Stile des einen oder anderen allseits bejubelten Nachfolgers Paganinis besonders oder so gar nicht zusagen mag, dort wird dieses Buch am spannendsten. Die Begeisterung springt über, weil Roeseler letztlich sich selbst und seine Reakionen ganz uneitel zu erklären vermag.«

Die Presse